ASCENSÃO DA NOVA DIREITA E COLAPSO DA SOBERANIA POLÍTICA

TRANSFIGURAÇÕES DA POLÍTICA SOCIAL

Coordenadora do Conselho Editorial de Serviço Social
Maria Liduína de Oliveira e Silva

Conselho Editorial de Serviço Social
Ademir Alves da Silva
Dilséa Adeodata Bonetti *(in memoriam)*
Elaine Rossetti Behring
Ivete Simionatto
Maria Lúcia Carvalho da Silva *(in memoriam)*
Maria Lucia Silva Barroco

Dados Internacionais de Catalogação na Publicação (CIP)
(Câmara Brasileira do Livro, SP, Brasil)

Ascensão da nova direita e colapso da soberania política : transfigurações da política social / organização Potyara Amazoneida P. Pereira. — 1. ed. — São Paulo : Cortez : Politiza, 2020.

Vários autores.
Bibliografia
ISBN 978-65-5555-012-2 (Cortez)

1. Cidadania 2. Conservadorismo 3. Democracia 4. Nova direita 5. Política social 6. Política social - Brasil 7. Política social - História I. Pereira, Potyara Amazoneida P.

20-40555 CDD-361.25

Índices para catálogo sistemático:
1. Política social e democracia   361.25

Maria Alice Ferreira - Bibliotecária - CRB-8/7964

Potyara Amazoneida P. Pereira (org.)

ASCENSÃO DA NOVA DIREITA E COLAPSO DA SOBERANIA POLÍTICA

TRANSFIGURAÇÕES DA POLÍTICA SOCIAL

São Paulo – SP

2020

Realização: Apoio:

ASCENSÃO DA NOVA DIREITA E COLAPSO DA SOBERANIA POLÍTICA: Transfigurações da política social
Potyara Amazoneida P. Pereira (Org.)

Capa: aeroestúdio
Preparação de originais: Agnaldo Alves
Revisão: Marcia Rodrigues Nunes
Editora-assistente: Priscila F. Augusto
Diagramação: Linea Editora
Coordenação editorial: Danilo A. Q. Morales

Nenhuma parte desta obra pode ser reproduzida ou duplicada sem autorização expressa da organizadora e do editor.

© 2020 by Potyara Amazoneida P. Pereira

Direitos para esta edição
CORTEZ EDITORA
R. Monte Alegre, 1074 — Perdizes
05014-001 — São Paulo-SP
Tel.: +55 11 3864 0111 | 3611 9616
cortez@cortezeditora.com.br
www.cortezeditora.com.br

Impresso no Brasil — outubro de 2020

À Marta Harnecker (*in memoriam*)

Sumário

APRESENTAÇÃO
Potyara Amazoneida P. Pereira.. 9

PREFÁCIO — Crise econômica, desgaste institucional e extrema direita
Osvaldo Coggiola.. 15

Parte I
APORTES ANALÍTICOS GERAIS

O enfraquecimento da noção de cidadania. Rumo a uma democracia iliberal
Josep Burgaya... 37

Pós-modernidade, tecnologias e novas relações de consumo
Marcos César Alves Siqueira.. 68

Reestruturação perversa dos fundamentos éticos da
política social: do *ethos* solidário à moral egoísta
    Potyara Amazoneida P. Pereira.. 87

Nova Direita, corporocracia e política social
    Camila Potyara Pereira 119

Parte II
APORTES REFLEXIVOS E PROPOSITIVOS SOBRE A AMÉRICA LATINA E O BRASIL

Unidade, Participação e Resistência: subsídios socialistas à
batalha de ideias
    Maria Auxiliadora César.. 141

Crise econômica mundial, extrema direita e impasses da
esquerda
    Gilson Dantas 155

Por uma revolução cultural na América Latina: reflexões
sobre o instrumento político e os momentos de sua
constituição
    Marta Harnecker 178

O Estado brasileiro: entre o velho e o novo no contexto
do capitalismo dependente
    Liliam dos Reis Souza Santos.. 221

SOBRE OS(AS) AUTORES(AS)... 253

Apresentação

Esta Coletânea, composta de oito textos de autores brasileiros e estrangeiros, constitui produto final da pesquisa realizada no Grupo de Estudos Político-Sociais — POLITIZA, do Programa de Pós-Graduação em Política Social da Universidade de Brasília (UnB), e financiada com uma Bolsa 1-A de Produtividade em Pesquisa do Conselho Nacional de Desenvolvimento Científico e Tecnológico (CNPq).

Seu título destaca as balizas mestras que delimitam o campo analítico de seu conteúdo integral: de um lado, a dominância burguesa da chamada *nova direita*, de outro, a concomitante e consequente degradação da *soberania política*. O termo *nova direita* designa um conjunto de princípios, ideias e práticas morais, resultante da fusão do neoliberalismo econômico com o neoconservadorismo político, social e cultural, o qual configura um feroz ataque capitalista ao Estado Social e à democracia. E *soberania política* refere-se à prerrogativa dos Estados modernos de exercer, como guardiões legítimos, o poder político que, atualmente, vem sendo expropriado por forças supraestatais globais a serviço do capital corporativo financeirizado.

Todos os seus autores vinculam-se, direta ou indiretamente, às pautas de estudo da política social do POLITIZA, sejam como pesquisadores deste Grupo — integrante do Diretório dos Grupos de Pesquisa do CNPq —, sejam como interlocutores-parceiros ou fontes referenciais relevantes.

Dentre eles, os dois estrangeiros — professor Josep Burgaya, da Universidade de Vic, Espanha, e a intelectual-militante socialista Marta Harnecker, nascida no Chile e falecida, recentemente, no Canadá — reafirmam, com suas respectivas produções, o seu já hipotecado apoio ao POLITIZA. Além destes, no Brasil, o professor Osvaldo Coggiola ratifica, como autor do percuciente Prefácio desta publicação, sua contribuição intelectual já prestada, em outros momentos, aos idealizadores desta obra.

Para efeitos didáticos, a Coletânea divide-se em duas partes igualmente críticas da regressiva conjuntura capitalista mundial, especialmente na América Latina e no Brasil, e de suas implicações para as árduas conquistas sociais dos movimentos democráticos.

A **primeira parte** denomina-se *Aportes analíticos gerais* porque, nela, as abordagens são mais abrangentes, do ponto de vista geopolítico ou territorial, e mais genéricas no trato da temática de fundo. Desse modo, as discussões efetuadas referem-se, primordialmente, a tendências, relações e processos dominantes de certa forma incidentes em situações particulares. É nesse âmbito que se agrupam os textos que, sequencialmente, tratam das seguintes questões:

- Do enfraquecimento da noção de cidadania e da consequente prevalência de uma democracia *iliberal*, isto é, de baixa intensidade, que, conforme **Josep Burgaya**, tem se restringido aos aspectos formais do sistema democrático. Por conseguinte, sob o império do mundo digital, manejado por algoritmos, o livre-arbítrio humano queda-se superficial e propenso a sobrepor as representações, eleições, instituições, divisão de poderes, à qualidade do conteúdo democrático que requer: cidadania livre, debate reflexivo e desenvolvimento de sociabilidades favoráveis ao estabelecimento de consensos decorrentes de deliberações informadas.

- Da crítica pós-moderna à modernidade, por ser esta considerada uma ditadura da razão. Contudo, denuncia **Marcos César Alves Siqueira**, a pós-modernidade constitui uma nova forma de dominação engendrada pelos mesmos mecanismos capitalistas agora pautados pelo relativismo estratégico e pela ortodoxia da desregulamentação. Por isso, a pós-modernidade avalia a acumulação flexível que responde, premeditadamente, pelo desmonte dos direitos sociais, pelos baixos salários e pelo esvaziamento do poder dos sindicatos trabalhistas. E, longe de produzir meras alterações nos arranjos produtivos, as políticas pós-modernas subsidiam mudanças no sistema de acumulação que priorizam a financeirização, a precariedade na esfera produtiva, a concentração de riqueza e o consumo conspícuo.

- Da reestruturação perversa dos fundamentos éticos da política social, caracterizada, por **Potyara Amazoneida P. Pereira**, pela substituição de seu *ethos* solidário pela moral egoísta que se rege pelo princípio da autorresponsabilização do indivíduo por seu bem-estar. A prevalência desta moral revela, por sua vez, a captura da política social por uma ética hedonista, própria de uma ordem social dominada por forças *neodireitistas* (resultantes da fusão do neoliberalismo econômico com o neoconservadorismo político, social e cultural), que privilegiam o individualismo possessivo e renegam a democracia.

- Da relação simbiótica entre a ideologia da *nova direita*, as corporações capitalistas em crescente poder de controle global e as políticas sociais, cujo manejo estratégico, na avaliação de **Camila Potyara Pereira**, tem um objetivo sub-reptício: fortalecer a *corpocracia*, isto é, o poder de grandes empresas privadas — controladas, disseminadamente, por um grupo de acionistas — que alcançaram *status* de sujeitos de direitos à proteção privilegiada do Estado. E disso decorre a privatização de tudo que é público; o repúdio às massas; o individualismo exacerbado; a meritocracia; o ódio ao diferente; as soluções personalizadas de conflitos, como a justiça com as próprias mãos, o armamento individual, as "carteiradas", as amizades influentes e a corrupção naturalizada.

A **segunda parte** intitula-se *Aportes reflexivos e propositivos sobre a América Latina e o Brasil*, porque possui escopo analítico e geopolítico mais delimitado. Embora os textos que a compõem contemplem reflexões abrangentes, o seu *lócus* preferencial de reflexão é o contexto latino-americano, incluindo o Brasil; ou, preponderantemente, a realidade brasileira. Ademais, é nesta parte que propostas de mudanças e de estratégias de ação se fazem presentes, acompanhadas de avaliações endógenas e recomendações procedimentais no campo da luta política.

O primeiro texto deste bloco é um *ensaio* no qual **Maria Auxiliadora César** questiona o tímido avanço das esquerdas, na contemporaneidade, após terem imposto a sua hegemonia ao conjunto da sociedade, para elaborar a seguinte reflexão: referenciada nos princípios da *unidade, participação* e *resistência*, preconizados por José Martí, a autora exorta a inserção estratégica dos setores progressistas na *batalha de ideias*, mencionada por Fidel Castro, para que contrarrestem, com coesão tática e conhecimento de causa, as falsas verdades veiculadas por sofisticados meios de comunicação a serviço do capitalismo. Não por acaso, pontua Maria Auxiliadora, José Martí conferia, sob a denominação de *Nuestra América,* um profundo significado de identidade à América Latina que, para além da unidade geográfica, requer unicidade cultural e política.

No texto seguinte, **Gilson Dantas**, ao tratar da crise econômica capitalista atual *vis-à-vis* o incremento da extrema direita e os impasses das esquerdas, dedica boa parte de suas considerações à América Latina e ao Brasil, especialmente à política levada a efeito por governos pós-liberais ou populistas. Sob esta ótica, e tendo em mente as tendências conjunturais globais do capitalismo que caminham na direção de uma *estagnação sincronizada,* sensível aos abalos sistêmicos destroçadores do mundo do trabalho, o autor discorre sobre a crise global do proletariado cuja magnitude exige atitudes contra-hegemônicas revolucionárias.

Mas é no texto de **Marta Harnecker** que a América Latina e a esquerda latino-americana ocupam centralidade. Focada neste continente, mas sem perder de vista o panorama mundial, a autora reivindica uma revolução cultural para a construção de uma sociedade em que o povo seja protagonista. E mais: empreende avaliação crítica da herança cultural da esquerda, portadora de práticas tradicionais que afetam a sua credibilidade, propondo controle interno e medidas preventivas e punitivas de malfeitos pessoais, organizacionais e gerenciais, nesse campo. Por fim, referenciada em Lenin, propõe a criação de uma instância política que ajude a superar a dispersão e a atomização do povo explorado e oprimido; e sirva de ponto de encontro e elo articulador entre aqueles que lutam contra um inimigo comum. A esta instância ela dá o nome de "instrumento político", e não "partido".

Finalizando, **Liliam dos Reis Souza Santos** enfoca o Brasil. E, no contexto de uma discussão que perpassa todos os capítulos desta Coletânea, põe em relevo as particularidades do Estado brasileiro em sua sempiterna dependência ao capitalismo internacional; uma dependência que, a par de moldar um desenvolvimento nacional marcado pela coexistência da modernidade com o conservadorismo, sempre se manteve herdeira de uma obscura e secular cultura escravagista e latifundiária. Isso demonstra, segundo a autora, o explícito caráter de classe do Estado brasileiro e seu contumaz desprezo pela democracia, fato que desnuda um histórico nacional de autoritarismo institucional, expresso, como na atualidade, em golpes contra a ordem republicana instituída e legitimada.

Concluindo, importa registrar que, com a publicação desta obra, o POLITIZA cumpriu o objetivo de divulgar suas análises recentes sobre realidades candentes que o inquietam e despertam-lhe perplexidades. Por isso, o Grupo espera ter contribuído com esclarecimentos e estímulos à perseverança, sem tréguas, na resistência democrática.

Realizar esta tarefa representou uma grande satisfação que, contraditoriamente, foi abalada, em pleno processo de finalização, pelo infausto evento do falecimento de Marta Harnecker: uma colaboradora profícua, incansável e de primeira hora desta e de muitas outras iniciativas anticapitalistas pelo mundo a fora, à memória da qual este livro é dedicado. Marta Harnecker, presente!

Potyara Amazoneida P. Pereira
Organizadora

Prefácio

Crise econômica, desgaste institucional e extrema direita

Osvaldo Coggiola

Até finais de 2013, o Brasil conheceu 1.133 assassinatos "com motivação política" desde a Lei de Anistia, um assassinato a cada onze dias, ao longo de três décadas, vitimando principalmente lideranças de movimentos populares. Dois terços dos inquéritos policiais a respeito não apontaram autoria nem mandante[1]. Contados os últimos cinco anos, essa cifra ultrapassou os 1.500. Não é incorreto qualificar essa violência como continuidade da repressão exercida pela ditadura militar, pois os repressores daquela se autoanistiaram (a "Lei de Anistia" foi promulgada pela própria ditadura militar, e nunca revogada), malgrado esforços da "Comissão da Verdade", em decisão convalidada pelos juízes da "democracia" (o Supremo Tribunal Federal), em 2010, decorrido um quarto de século do empossamento

---

1. NOSSA, Leonêncio. Sangue Político. As mortes na disputa pelo poder na era democrática. *O Estado de S. Paulo*, 13 de outubro de 2013.

do governo civil. Chamar isso de "sobrevivências da ditadura" ou de "entulho autoritário" não passa de um eufemismo.

Nos 40 anos transcorridos entre o fim da vigência do AI-5 [Ato Institucional n. 5] e a atualidade, o traço comum aos governos desse período foi a progressiva, e cada vez mais acentuada, desnacionalização da economia brasileira, a concentração financeira e o avanço aos solavancos do chamado "rentismo", isto é, a transformação do Brasil em plataforma privilegiada de valorização fictícia do capital nacional e internacional (ou interno e externo). Não foi um processo linear, longe disso, mas contraditório e eivado de marchas e contramarchas. A burguesia industrial e financeira brasileira acentuou, durante o período, seu entrelaçamento com o Estado e com o capital financeiro internacional. As crises econômicas internacionais abriram o caminho para governos independentes deste último, mas, malgrado isso, a tendência para o aguçamento da concentração econômica, financeirização e dependência externa se impôs, inclusive durante os governos "de esquerda" (reformistas, neodesenvolvimentistas, "lulistas" — ou seja, neopopulistas —, como quer que sejam qualificados).

Pois, em 35 anos de governo encabeçado por civis (produtos ou não de eleições presidenciais com voto popular), o período mais longo de governo foi o das coalizões políticas encabeçadas pelo Partido dos Trabalhadores, o PT, que duraram treze anos, bem mais do que um terço da existência da "democracia brasileira", durante os quais, entre outras coisas, a renda média do Nordeste (NE) cresceu quase 40%, promovendo o regresso à região de muita gente que a abandonara, e viabilizando investimentos por um valor de R$ 282 bilhões. A força político-eleitoral de Lula no NE teve mais alicerces, portanto, do que o [Programa] Bolsa Família. Isto coloca questões históricas e de alcance estratégico, do ponto de vista político. A reformulação da esquerda no Brasil só pode ter base num programa que parta desse período, e se escore no balanço do PT e seus governos. Destacar o "lulismo" do PT não é uma via rica para conclusões políticas e históricas que possam ir além da banalidade: Lula não teria chegado nem permanecido no governo sem o PT, e o embate político dentro deste nunca pôs em risco sua liderança. O "modelo Lula" foi o de dotar de certa estabilidade e identidade política ao financiamento da "reserva de mão de obra" (exército industrial de reserva) pela população assalariada, com programas sociais que não tocaram o lucro capitalista (e, no caso do comércio varejista, o incrementaram). O "modelo", no entanto, levava a marca da precariedade e da condicionalidade, devido à sua dependência de uma situação econômica conjuntural. Os programas sociais focalizados atingiram seu limite em termos de erradicação da miséria absoluta.

A natureza capitalista da produção e a crise da economia mundial impuseram um limite à ação paliativa do Estado. O governo Lula agradou tanto aos mais pobres quanto aos mais ricos, buscando viabilizar essa equação instável pela reconstituição de uma situação agroexportadora privilegiada; o crescimento econômico conjuntural não ocultou o processo de reprimarização. Durante os governos Lula/Dilma, houve aumento real do salário mínimo, aumento das aposentadorias, expansão do Bolsa Família e acesso de milhões de jovens às universidades (privadas) mediante créditos subsidiados, mas

> os governos de Lula e Dilma não produziram os meios necessários para tal política [...] Não houve qualquer reforma fiscal profunda e o sistema fiscal permaneceu regressivo. Créditos a baixas taxas — financiados em parte pelo Tesouro através de empréstimos com taxas mais elevadas —, subvenções às universidades privadas, possibilidade de deduzir dos impostos uma parte importante das despesas ligadas à saúde e ao ensino privado etc., explicam em parte o déficit orçamentário e o aumento de sua carga, atingindo, na véspera da crise, um peso equivalente ao pagamento das aposentadorias [...] e ao aumento da financeirização. A lógica da finança prevaleceu sobre a solidariedade nacional, o mercado sobre o serviço público. Os efeitos perversos da financeirização se implementam no nível macroeconômico. A lei votada [refere-se à EC-95] sobre a limitação das despesas públicas esclarece esses efeitos perversos: nenhuma limitação à alta da taxa de juros — que estão entre as mais elevadas do mundo — e, consequentemente, também nenhuma limitação à carga da dívida do Estado. Portanto, a redução do déficit

público implica necessariamente uma redução das despesas sociais, principalmente aquelas referentes às aposentadorias[2].

Caberia acrescentar que a lógica da "financeirização" não corresponde exclusivamente ao neoliberalismo dos anos 1990, que pegou esse bonde andando (o neoliberalismo foi, mundialmente, uma resposta à crise econômica que se alastrava desde a década de 1970), acentuando-o até o limite, mas inicialmente ao endividamento externo sem limites implementado pela ditadura militar, como meio para uma "modernização" que concluiu na desindustrialização do país e no agravamento de sua dependência e desenvolvimento desigual. Isso chegou, como vimos, até o esgarçamento territorial (a isso se refere a chamada "crise da infraestrutura", um eufemismo que oculta sua real origem e função econômica: infraestrutura de quê?), fonte de tendências centrífugas que ameaçam potencialmente a unidade nacional (a "crise do pacto federativo"). Foi a ditadura militar que criou as ORTNs [Obrigações Reajustáveis do Tesouro Nacional]: em 1965, os títulos públicos financiavam 55% do déficit fiscal, em 1966 financiavam já 86% e, em 1969, a dívida pública financiou integralmente esse déficit, e continua a fazê-lo, remunerando a sobra de caixa do capital financeiro aplicado em títulos públicos a ponto de comprometer as finanças públicas devido aos efeitos deletérios da dívida e da financeirização econômica. Em 1970, o Brasil possuía um percentual de exportações equivalente a mais do que o dobro da média mundial (11,8% contra 5,0%); em 1992, quando o neoliberalismo engatinhava, o Brasil já tinha caído para um terço daquela média (4,7% para 13,5%)[3]. Três grandes crises econômicas mundiais (1875-1893; Primeira Guerra Mundial; 1929-1942) foram o pano de fundo de um forte crescimento endógeno. Mas, a partir dos anos 1990, registrou-se forte queda

---

2. SALAMA, Pierre. Argentina, Brasil, Venezuela, populismo progressista dos anos 2000: a hora do balanço. *Revista da Sociedade Brasileira de Economia Política*, São Paulo, n. 51, p. 10-45, maio-ago. 2018 (s/p).

3. ALMEIDA, Paulo Roberto de. A inserção econômica internacional do Brasil em perspectiva histórica, *Cadernos Adenauer*, São Paulo, Fundação Konrad Adenauer, n. 2, 2000.

percentual brasileira na produção industrial global, configurando não uma oscilação conjuntural, mas uma queda histórica. A fatia do país na produção mundial, que era de 4,4% na década de 1980, caiu para 3,1% em 2011 e se situa atualmente em 2,5%, com tendência para cair mais ainda: esse é o pano de fundo da crise brasileira.

Econômica e politicamente, o PT e aliados no governo, expressão temporária de uma vasta (e, finalmente, frágil) aliança de classes, compreendendo desde os setores mais pobres e marginalizados, passando pela classe operária, até a burguesia empreiteira dependente do Estado (sob hegemonia social, embora não política, desta), não romperam com as duas heranças, a militar e a neoliberal; tentaram só suavizá-las e combiná-las com a melhora da situação social dos mais pobres e sem alterar basicamente o caráter aberrante da distribuição da riqueza que, de acordo com os dados da Receita Federal, vê 0,9% dos declarantes do Imposto de Renda deter um percentual da renda nacional equivalente a cinco vezes o percentual detido por 92% da população, um índice de concentração econômica sem paralelos no planeta entre nações de algum porte. Os governos "do PT" marcaram o final de um ciclo histórico da formação econômico-social brasileira. Do ponto de vista da economia nacional,

> de 2001 a 2011, o Brasil experimentou um ciclo de crescimento, cuja fase ascendente durou de 2005 a 2011. O crescimento, durante o período, foi principalmente impulsionado pelos ganhos brasileiros com a exportação de bens primários. A ampliação da atividade econômica também gerou crescimento para o setor industrial, incluindo a indústria de transformação. No entanto, devido à baixa taxa de investimento, não ocorreu ampliação da capacidade de acumulação de capital. Na prática, o ciclo observado se caracterizou pelo baixo avanço das forças produtivas[4]. Na segunda década do século XXI, o percentual do PIB

---

4. GRABOIS, Igor; COSENZA, Apoena Canuto. Crescimento dependente: aspectos do ciclo de crescimento econômico brasileiro entre 2001 e 2011. *Revista de Economia Política e História Econômica*, n. 41, janeiro de 2019, p. 96.

per capita brasileiro em relação ao dos EUA caiu para 26% (ele era de 36% no início da década de 1980)[5].

Nesse lamaçal afundou a neoburguesia petista ou "lulista" (Eike Batista, destacadamente, entre outros), baseada no extrativismo e nos contratos para obras públicas (sob esquemas de adjudicação ultracorruptos). As maiores construtoras brasileiras, que estiveram no centro da Lava Jato, encolheram drasticamente em curto espaço de tempo. Do auge, em 2015, a receita líquida do grupo que inclui Odebrecht, Andrade Gutierrez, Camargo Corrêa, Queiroz Galvão, Galvão Engenharia, UTC e Constran, caiu 85%, de R$ 71 bilhões para R$ 10,6 bilhões em 2018. A construção pesada fechou 1 milhão de vagas, 40% dos empregos perdidos pelo país nesse período. Esse foi o processo decisivo, sendo secundário, ou derivado, o fato de que

> só em agosto de 2011 o Banco Central inverteu o caminho dos juros, passando a reduzir a Selic. Como a situação externa [crise] não se reverteu, mas sim o contrário, isso não (foi) suficiente para fazer voltar a deslanchar o crescimento, mesmo com os estímulos pelo lado dos créditos e dos tributos[6].

Na crise do "modelo", devida à crise de seus pressupostos, o Brasil chegou a um ponto de virada de sua trajetória histórica e política. Nas palavras de Jorge Altamira, "a passagem do regime pseudodemocrático estabelecido em 1985 para um regime bonapartista potencial, compartilhado pelo Executivo e o alto comando militar, constituiu um retrocesso histórico, uma expressão da incapacidade da burguesia de governar com métodos que dissimulem sua dominação (a democracia) e o recurso obrigado a regimes de exceção que põem a nu a violência política do Estado".

---

5. SALM, Claudio Salm. *Interpretações sobre o Brasil contemporâneo*. Rio de Janeiro, Adufrj, 2018.
6. PAULANI, Leda. Tendências e contradições da economia brasileira. *Contra a Corrente*, Brasília, n. 8, 2012.

A crise econômica levou a uma monumental crise política, da qual o *impeachment* de Dilma Rousseff, produto de um golpe de Estado, e a ascensão da extrema direita, via Bolsonaro, foram expressão concentrada. O governo da direita cavernícola não fez *tabula rasa* das contradições acumuladas durante todo o período, ao contrário. Ele recolocou as questões do passado recente, incluída a não superação da herança política autoritária da ditadura militar, à luz das condições sociais (desemprego estrutural e forte tendência para a precarização do trabalho assalariado), econômicas (concentração e guerra econômica entre velhas e novas potências, acentuação da crise econômica mundial iniciada em meados da década de 1970) e políticas (aguçamento da luta de classes e tendência para as crises e guerras internacionais), prevalecentes em escala mundial e postas pelas duas décadas transcorridas desde o início do século XXI.

Em outubro de 2018, a vitória de Jair Bolsonaro no primeiro turno das eleições presidenciais, com 46% dos votos válidos emitidos, teve o efeito de uma bomba internacional e pôs o país em estado de comoção política. No mundo inteiro passaram a ser discutidas consequências do acesso da extrema direita ao poder, não já num país de pequeno ou médio porte (como Áustria, Holanda ou Hungria), mas de dimensões e população continental. Evocou-se até numa possível "Internacional Iliberal" de extrema direita, chefiada por Donald Trump e Bolsonaro, com os Orban e Duterte, Salvini e Le Pen, como comparsas. O fascismo renasceria como força política mundial na margem do Atlântico que o derrotou na Segunda Guerra Mundial. Bolsonaro cresceu eleitoralmente na última semana da campanha eleitoral, em especial nos dias prévios à eleição, até atingir pouco mais de 46% dos votos válidos emitidos; nas semanas prévias seus percentuais eram bastante inferiores a 30%. Até um mês antes das eleições, a candidatura (cassada) de Luiz Inácio Lula da Silva encabeçava as sondagens com percentuais situados entre 37% e 40%. O crescimento de Bolsonaro, qualificado de "surpreendente", não obedeceu a uma captação maciça de "indecisos", e não se baseou, exclusivamente, nem principalmente, na degringolada das candidaturas de Marina Silva (Rede), abandonada pelos evangélicos ao seu nicho ecológico original (menos de 1%), e Geraldo Alckmin (PSDB/Partido da Social Democracia Brasileira); o deslocamento de entre 10 e 13 milhões de eleitores em direção à candidatura do capitão fascista captou amplamente entre os eleitores iniciais de Lula. A "vanguarda bolsomínia" que saiu espancando mulheres e homossexuais pelas ruas (e arrancou as placas em homenagem de Marielle Franco, no Rio de Janeiro, e assassinou Mestre Moa do Katendê, em Salvador) se apoiou sobre uma vasta massa passiva e despolitizada que se inclinou nas urnas pelo candidato da extrema direita. Apoiadores de Bolsonaro realizaram pelo menos 50 ataques de rua em todo o país nos três dias posteriores a 7 de outubro: esse foi seu verdadeiro "voto"[7].

O pouco mais de 29% obtido por Fernando Haddad (PT), que deveria ser transformado em 30%, se considerados os votos presidenciais do PSOL [Partido Socialismo e Liberdade] (um fiasco eleitoral de 0,5%) e pelo PSTU [Partido Socialista dos Trabalhadores Unificados] (0,05%, uma votação marginal), não poderiam ser considerados como a perda de dez pontos percentuais (ou de 20-25% do total de seus votos) pelo "lulismo", na operação de transferência de seu caudal eleitoral para o "poste" da vez (que teria funcionado plenamente nas duas eleições de Dilma Rousseff). Dadas às características da situação política brasileira, originadas no golpe militar/parlamentar de agosto de 2016, e a polarização político-emocional da campanha eleitoral, os votos pelo PT, o PSOL e o PSTU foram *votos para a esquerda* em condições políticas repressivas, e independentemente do programa de suas siglas. Isto é corroborado por algumas boas votações obtidas pelo PSOL para governo de estado (SP e RJ, por exemplo) ou para cargos proporcionais (o PSOL passou de 6 para 10 deputados federais, a maioria de seus votantes votou pelo PT — Haddad — para presidente) e pela relativa recuperação eleitoral do PT em relação às eleições municipais de 2016.

---

7. COGGIOLA, Osvaldo. A perfeitamente resistível ascensão de Jair e Hamilton. *Le Monde Diplomatique Brasil*, São Paulo, n. 136, novembro de 2018.

Não foi, tampouco, uma "barragem nordestina" a uma ascensão fascista que conquistou 99% dos redutos tucanos, barragem alimentada pelo Bolsa Família: em que pese Haddad ter sido vitorioso na região Nordeste (e só nela, dentro das cinco regiões brasileiras), Bolsonaro venceu em cinco de nove capitais nordestinas, incluída Recife. Ainda assim, a chapa PT-PCdoB, apesar de estar composta por uma desconhecida e um semidesconhecido do grande público, que tinham só 4% das intenções de voto em inícios de setembro, ficou só dois pontos percentuais embaixo da chapa Lula-Leonel Brizola em 1998, quando o "antipetismo" jogava um papel marginal, ou não jogava papel nenhum. Na Câmara de Deputados, o PT ficou com 56 eleitos (as sondagens prévias lhe atribuíam 52), contra os 69 obtidos em 2014 (reduzidos a 61 depois da fuga provocada pelo afundamento do partido na lama da corrupção), ou seja, praticamente manteve suas posições, o que, depois da varrida da Lava Jato, deveria ser considerado quase um milagre, justificando a observação de Jânio de Freitas: "Com a exceção relativa do PT e mais do PSOL, os partidos desapareceram, fosse por falta absoluta de expressão, fosse porque dissolvidos nas inúmeras traições"[8]. Desde setembro, FHC [Fernando Henrique Cardoso] tentou, publicamente, unificar o vasto "centrão", a base política da Nova República, desde o PSDB até a Rede, passando pelo MDB [Movimento Democrático Brasileiro], o PPS [Partido Popular Socialista] de Roberto Freire e *tutti quanti*, colhendo um fracasso político, e depois eleitoral, espetacular.

O PSL [Partido Social Liberal] (a sigla de aluguel transformada da noite para o dia em *fourre-tout* do bolsonarismo) obteve 52 cargos de deputado, mas tratou-se de um conjunto cuja única "coerência" foi dada pelo fato de 21 deles serem policiais (sem contar os militares retirados[9]), ou seja, uma unidade não política, mas corporativa, acompanhada de uma cambada heterogênea de "traidores". O acompanhante do antigo capitão de artilharia na chapa presidencial foi um

---

8. *Folha de S.Paulo*, 7 de outubro de 2018 (s/p).
9. [N. Org.] da reserva.

general retirado (que provavelmente passará à história como autor da proposta de "Constituinte de Notáveis", "notavelmente" desastrada) filiado ao igualmente ignoto PRTB [Partido Renovador Trabalhista Brasileiro]. A base parlamentar de um governo Bolsonaro seriam as bancadas evangélicas/BBB (Bíblia, Boi e Bala), espalhadas em diversos partidos e que já controlavam (inclusive sob os governos petistas) quase 50% da Câmara e do Senado, que negociam até o último centavo das verbas públicas, acrescidas da contribuição policial/militar do PSL. A base política do candidato direitista não tinha sido construída por nenhum marqueteiro, mas pela progressiva criminalização da política e das lutas sociais, e pela sua aproximação às Forças Armadas, conquistada pela intermediação dos generais e brigadeiros Augusto Heleno, Oswaldo Ferreira, Aléssio Ribeiro Souto e Ricardo Machado, retirados. Bolsonaro construiu seu caminho como continuação da Minustah no Haiti (chefiada por Augusto Heleno, cabeça do programa de governo de Bolsonaro), da intervenção política brasileira (via PSDB paranaense) na deposição cívico-militar do governo Lugo no Paraguai, da intervenção militar no Rio (saudada por alguns como um ataque estratégico à "banda podre" da polícia carioca), do assassinato de Marielle Franco e Anderson Dias (não esclarecido), da tropa de choque nas favelas e dos assassinatos de jovens negros, da judicialização e militarização das lutas sociais e políticas.

Considerados isoladamente todos os partidos, o PT ficou como o maior partido da Câmara dos Deputados pela primeira vez, devido ao retrocesso eleitoral dos partidos neoliberal/fisiológicos do chamado "centrão". Certamente, como escreveu um analista externo, "os mercados se entusiasmaram com Bolsonaro": a Bolsa de Valores reagiu com uma alta de 4,57% e um volume recorde de negócios no *day after* do primeiro turno presidencial. O entusiasmo já existia antes: nos últimos dois meses de campanha, as doações do empresariado e da banca à chapa de Bolsonaro compensaram sua falta de tempo na propaganda eleitoral gratuita na televisão, indicando o caminho aos candidatos empresariais (como João Dória, que virou as costas a Geraldo Alckmin em favor de Bolsonaro) e pentecostais. O apoio dos mercados não seria, porém, garantia absoluta de estabilidade política para a Bolsonaro, num país mergulhado na pior crise econômica de sua história, com mais de 30 milhões de desempregados e subempregados, um retrocesso de 10% do PIB *per capita* em apenas dois anos (um índice de catástrofe bélica), uma dívida pública federal de R$ 4 trilhões e uma dívida total do Estado superior a R$ 5 trilhões, perfazendo uma dívida pública total de 80% do PIB (se considerada também a dívida privada, esta supera com folga 100% do PIB).

Como apontou um correspondente estrangeiro, "os custos do ajuste desgastarão quem ocupar a presidência, e com muita velocidade"; a única proposta econômica de Bolsonaro durante a campanha eleitoral, além de ataques aos direitos sociais, foi a criação de um superministério econômico unificando as pastas de Fazenda, Indústria, Planejamento e Secretaria-Geral, ou seja, governar com mão de ferro a economia, como se este recurso bastasse para superar a crise da acumulação capitalista, de raízes mundiais e não nacionais. Daí que, sem deixar de cuspir fogo contra Lula, Dilma e o PT, o *Estadão* conclamasse, em editorial de setembro, por um "pacto pela governabilidade", porque "uma vez fechadas as urnas, será necessário promover um grande entendimento nacional, que só funcionará se vencedores e vencidos reconhecerem o quadro de descalabro fiscal"; e insistisse, novamente em editorial em outubro, "por um pacto nacional", "alguma forma de convergência em torno de interesses comuns... que se espera do próximo governo e também dos partidos que lhe farão oposição". A chapa PT/PCdoB [Partido Comunista do Brasil], que já estava no centro (embora seu eleitorado fosse de esquerda), moveu-se para a direita, acenando para o mercado financeiro (depois de prometer enfrentar o "cartel dos bancos") e para o cadáver político dos partidos do "centrão"; e também para o alto comando militar.

Jair Bolsonaro, que votara o *impeachment* de Dilma Rousseff em nome e em memória do principal torturador da ditadura militar, anunciara, em 2014, sua intenção de concorrer ao Planalto em 2018. O semidesconhecido parlamentar democrata-cristão só tinha até então se notabilizado por ter defendido, em 1999, em entrevista à TV, o fechamento do Congresso e o fuzilamento de 30 mil pessoas durante a ditadura militar, o que foi visto como uma extravagância própria de um país que elegera como deputado o palhaço Tiririca. No mesmo ano de 2014, o presidente da Câmara, Eduardo Cunha, do MDB, que compartilhava o Poder Executivo com o PT, criava o "blocão" de 214 deputados que, em 2016, foi ampliado no "centrão", a tropa de choque de 280 deputados que votou o *impeachment* de Dilma. A movimentação era uma resposta tardia da coluna vertebral da "classe política" brasileira às mobilizações populares que, em 2013, tinham abalado o país. João Dória, eleito, em 2018, governador do estado mais rico e de maior colégio eleitoral (22%) da União, conduzia então um programa na TV que só entrevistava empresários.

No auge das mobilizações de rua pelo *impeachment* de Dilma, em 2016, dirigentes políticos do MDB e do PSDB, que esperavam colher institucionalmente (com Michel Temer) e eleitoralmente os frutos da empreitada golpista, subiram confiados no palanque montado na Avenida Paulista em frente à FIESP [Federação das Indústrias do Estado de São Paulo] e ao "pixuleco" de Lula, só para ouvir uma sonora vaia e vivas a Bolsonaro, manifestação que os obrigou a descer apressadamente do palco imaginário de sua glória. Os aprendizes de feiticeiro, herdeiros da ala civil do golpe militar de 1964, tinham soltado o gênio da garrafa[10], e não sabiam como reintroduzi-lo. As igrejas evangélicas, que em 2002 firmaram um pacto com Lula e indicaram seu candidato a vice, mudaram de lado. As manifestações em favor da intervenção militar e de Bolsonaro (promovidas frequentemente pelos mesmos grupos), que salpicaram a greve dos caminhoneiros de maio, foram pavimentadas por esse processo político. Sem esquecer a bancada

---

10. Eleito deputado federal em 12 de agosto de 2003, Jair Bolsonaro proferiu discurso na Câmara defendendo a entrada das milícias no Rio de Janeiro: "Quero dizer aos companheiros da Bahia — há pouco ouvi um parlamentar criticar os grupos de extermínio — que enquanto o Estado não tiver coragem de adotar a pena de morte, o crime de extermínio, no meu entender, será muito bem-vindo. Se não houver espaço para ele na Bahia, pode ir para o Rio de Janeiro. Se depender de mim, terão todo o meu apoio, porque no meu Estado só as pessoas inocentes são dizimadas".

"Bíblia, Boi e Bala" (BBB), que apresentou um "Manifesto à Nação", documento da Frente Parlamentar Evangélica, no qual, para além de orientar o voto dos seus fiéis militantes, sugerindo que brasileiros e brasileiras exercessem a cidadania "escolhendo seus candidatos pelo alinhamento deles com os valores do Reino de Deus", também conclamou o reordenamento da família, em seu formato nuclear, desconsiderando todo avanço acerca de novos arranjos familiares e de laços de solidariedade.

O apoio a Bolsonaro cresceu conforme se ascendia na escala da renda familiar (atingindo 70% na faixa superior a cinco salários mínimos); fato notável é que ele também crescesse na escala ascendente dos níveis de escolaridade, superando 60% entre os detentores de diploma de ensino superior, que tinham apoiado majoritariamente as chapas e governos encabeçados pelo PT na década precedente; um setor que crescera, espetacularmente, com programas como o Prouni e o Fies, e que ostenta hoje, no entanto, recessão e desemprego mediante uma taxa de inadimplência superior a 50%. O fator político estrutural da ascensão de Bolsonaro, porém, foi a cassação e a prisão de Lula. Empresários bancaram, com contratos de até R$ 12 milhões, o disparo maciço de calúnias e *fake news* contra a chapa PT/PCdoB via *WhatsApp*. O efeito disso foi bastante relativo, pois o que Bolsonaro dizia, num linguajar que não vacilava em usar termos chulos, era o que se podia ouvir sem aguçar o ouvido em muitos lugares nas ruas, táxis ou ônibus, em programas sensacionalistas de TV e também nos inúmeros programas das mais diversas igrejas evangélicas.

Para entender por que o fascismo prospera em determinado espaço, tempo e lugar, é prioritária a análise *política*, caso contrário o fenômeno seria perene e constante. A conjuntura política de 2018 criou as bases de sua prosperidade vitoriosa. Para uma concentração de seus partidários na Avenida Paulista, Bolsonaro transmitiu sua intenção de varrer do país e até da vida seus opositores "vermelhos". Os fiscais eleitorais e a polícia se entusiasmaram, invadindo mais de 30 universidades públicas, centros acadêmicos e sindicatos docentes, sob o pretexto de combater "propaganda política" (retirando, por exemplo, uma faixa antifascista da Faculdade de Direito da UFF [Universidade Federal Fluminense], que não mencionava nenhum partido ou candidato), provocando atos estudantis massivos e a manifestação contrária até de autoridades das universidades e do próprio STF [Supremo Tribunal Federal]. A resistência antifascista militante ganhou dimensões de massa com o *#elenão* e as mobilizações e atos de rua convocados por coletivos feministas e movimentos sociais, realizados inclusive em outros países. Bolsonaro fugiu dos debates eleitorais e, alertado, iniciou um discreto movimento de moderação de seu discurso político.

Para o segundo turno presidencial, o PT convocou uma "frente democrática" dos partidos, inclusive adversários, que se reivindicassem da democracia. A "frente" fracassou de modo ensurdecedor, os "democratas notórios" (o PSDB de FHC, o PSB [Partido Socialista Brasileiro] de Márcio França ou o PDT [Partido Democrático Trabalhista] de Ciro Gomes) ficaram democraticamente em cima do muro, revelando menos uma vontade suicida do que o desejo voluptuoso de se somar ao carro previsivelmente vitorioso da extrema direita, demonstrado de modo exemplar pelo PSDB do "Bolsodória". O pouco importante apoio a Haddad de Marina Silva mais pareceu uma cusparada em sua cara. A "democracia brasileira" fracassou, miseravelmente, quando posta de nariz diante do fascismo. Que dúvida pode caber sobre se esse fato favoreceu a vitória de Bolsonaro e sua chapa? Nessas condições limítrofes, não foi graças à sua aproximação com as igrejas católica e evangélica e com o Estado Maior das Forças Armadas, ou ao rebaixamento de seu já moderado e conciliador programa, mas a despeito disso, que a chapa PT/PCdoB obteve no segundo turno 44,9% dos votos válidos, pouco menos de 47 milhões, contra 55,1% (57,8 milhões) de Bolsonaro, uma diferença inferior aos 18-20 milhões de vantagem com que a chapa de extrema direita pensava contar. No *ballotage*, Haddad cresceu em quase 16 pontos percentuais, Bolsonaro só em 9. O movimento para a direita do eleitorado foi indubitável e enorme, mas inferior aos 60% dos votos que as sondagens iniciais lhe atribuíam. Os quase 16 milhões de votos suplementares de Haddad/Manuela resultaram dos atos públicos, do #elenão e da mobilização de rua, e do impacto que eles provocaram no eleitorado mais relutante. Estamos, com Bolsonaro, diante de um "Lula de direita", como alguns aventuraram, cuja simbologia eleitoral "tirou do armário" a alma mal (ou jamais) lavada da escravidão, do machismo homofóbico e antifeminino, e do autoritarismo de uma maioria dos brasileiros? Os cérebros mais lúcidos do *establishment*, no entanto, não celebraram o segundo turno de 2018 chamando a "varrer a petralhada vermelha", mas exortando (inclusive a Bolsonaro) à "reconciliação" e à "unidade" nacionais.

Diversamente de 1964/1968, o Brasil não encarou, em 2019, uma conjuntura de crescimento interno e internacional, mas uma crise econômica estrutural e uma desaceleração internacional. O programa econômico do governo militarizado empossado em 2019 é o de um neoliberalismo privatista rampante, eivado de contradições. A eliminação do déficit fiscal e a reforma da Previdência, clamadas *urbi et orbi* pelo empresariado interno e externo, se estraçalham contra o tamanho da dívida pública (que beneficia o grande capital financeiro) e contra o fato de que 44% dos gastos previdenciários da União correspondem às Forças Armadas, opostas a uma privatização completa da Petrobras. O Brasil não ficou dividido pelo irracionalismo (embora Bolsonaro tenha se esforçado em demonstrar o contrário), mas por uma polarização econômica, social, regional, étnica e até sexual, uma polarização *de classe* sem paralelos. O enorme voto pelo PT no Nordeste não foi o de um "saudosismo lulista", mas o da região que mais sofreu a crise econômica e o crescimento da pobreza extrema nos últimos dois anos. Bolsonaro estruturou um governo que apontou para políticas que, além da privatização do patrimônio público e do avanço sobre as riquezas naturais, deveria suprimir direitos sociais, retroceder no combate às opressões das minorias, aumentar a violência rural e urbana e atacar de forma contundente as políticas públicas, suas instituições e o funcionalismo. Para avançar e retirar conquistas históricas da classe trabalhadora, anunciou que iria criminalizar o ativismo, atacar sindicatos e combater os movimentos sociais, buscando neutralizar ou eliminar qualquer oposição. Depois de amargar treze anos na oposição, o DEM [Democratas] retomou a vocação governista com Michel Temer. Mas, foi pelas mãos de Jair Bolsonaro que o partido voltou ao coração do poder. Sobre a nomeação de Sergio Moro para o Ministério da Justiça, a Associação Brasileira de Juízes pela Democracia emitiu um comunicado de violenta condenação ética e política do seu próprio colega.

O resultado foi um governo semibonapartista, apoiado pelo capital financeiro internacional, com uma componente fascista, dominada pelo alto mando militar, que visa destruir os direitos civis e sociais, pôr a educação sob o comando da reação evangélica e clerical, combater a oposição política com métodos violentos e destruir o movimento dos trabalhadores. Que o voto Bolsonaro fosse anti-PT e anti-PSDB é aspecto secundário. O voto anti-PT (ou antitucano) foi também forte em eleições precedentes, mas não deu lugar a uma onda direitista comparável. Chamar essa onda de "antissistema" é uma maneira simples de eludir a questão: "por que essa onda *foi de extrema direita?*". Não se pode excluir do fenômeno o fracasso da "democracia brasileira" e o fracasso da esquerda em ser esquerda. O reformismo social-democrata (o da transição entre os séculos XIX e XX na Europa) buscava reformas favoráveis aos trabalhadores se apoiando e, simultaneamente, limitando e castrando politicamente o movimento da classe operária; o reformismo petista foi bem diverso. A questão política que se colocou foi a de como reconstituir uma política de classe em condições em que a extrema direita conquistou o poder com uma "legitimidade política" conquistada nas urnas, o que a torna mais sólida do que os governos golpistas, embora a vitória de Bolsonaro fosse a culminação do golpe iniciado com a destituição de Dilma Rousseff, realizada sem real resistência das direções políticas da classe operária e do movimento popular. A ascensão de Bolsonaro foi a saída de emergência ao fracasso do governo Temer e dos partidos de direita para impor uma mudança governamental em seu favor, e expressou o avanço operacional das Forças Armadas, a recuperação de seu protagonismo político.

A emergência internacional da extrema direita, da qual Bolsonaro é a principal expressão latino-americana, não é a simples repetição de episódios fascistas do passado, pois possui especificidades que respondem à natureza da atual crise mundial. As eleições norte-americanas, de 2016, guindaram o republicano Donald Trump ao poder com um discurso xenofóbico, sexista e racista. Na França, a Frente Nacional chegou pela segunda vez ao segundo turno das eleições presidenciais e, no pleito de 2017, acabou servindo para que uma candidatura neoliberal (Emmanuel Macron) fosse tida como progressista. No discurso da Frente Nacional francesa, compunham-se argumentos contrários à União Europeia, à imigração e a defesa da deportação de imigrantes desempregados. Nas eleições presidenciais holandesas, foi a vez do Partido para a Liberdade servir à comemoração da vitória do liberal de direita Mark Rutte. Na Itália, a extrema direita é representada pela Liga do Norte de Matteo Salvini, projetada a partir de uma retórica anticorrupção e de posturas anti-imigração, xenófobas, islamofóbicas e contrárias à União Europeia, acentuando o discurso pela desintegração regional.

Já na Alemanha, o protagonismo da ultradireita fascista é Alternativa para a Alemanha, criada com o propósito de se opor ao envolvimento do país no socorro às economias da zona do euro e do acolhimento a refugiados; importa dizer que isso se dá no mesmo solo em que já prosperava a neonazista NPD [Partido Nacional Democrático] que, desde 2002, passou a eleger parlamentares. Nas eleições de 2017, os resultados expressaram os primeiros sucessos dessa força política no berço do nazismo: pela primeira vez, desde 1945, um partido de extrema direita adentrou ao Bundestag com uma representação acima dos 5% necessários, somando 13,1% dos votos, com um discurso xenófobo e contrário ao euro. Uma parte da extrema direita europeia, a italiana, saudou a vitória de Bolsonaro, mas outra, mais importante, a francesa (Frente Nacional) se distanciou dela, criticando sua subordinação ao imperialismo norte-americano, uma vez que a direita europeia se encontra vinculada ao grande capital do Velho Mundo, nos termos da corrida concorrencial capitalista. A vitória eleitoral do bloco reacionário de Bolsonaro e do alto comando militar que o sustentou implicou o Brasil e a América Latina na atual fase bélica da economia e da política mundiais. Nada o expressou melhor do que a nova associação do Brasil com Israel, com repercussões diretas nas guerras do Oriente Médio.

O governo Bolsonaro-Heleno-Moro identificou a "segurança pública" com a "segurança nacional", transformando em doutrina militar a estratégia de militarização da "guerra contra o narcotráfico" impulsionada pelos EUA. O caráter do regime político encabeçado por Bolsonaro ficou sujeito ao desenvolvimento dos acontecimentos. Em torno de Bolsonaro, poderia ganhar vida uma formação política fascista caso conseguisse converter os resultados políticos e eleitorais em um partido, e se estendesse o número e raio de ação dos seus bandos provocadores e paramilitares. Para isso, porém, esta força política deveria superar a tutela política das Forças Armadas, ciosas de sua autonomia e de seu "monopólio da força pública", sem descartar um acerto entre governo e Forças Armadas, em meio a crises políticas. Mais de 45 militares foram instalados no primeiro e segundo escalão do governo Bolsonaro, em cargos de chefias de sete ministérios, em cargos-chave na Secretaria-Geral da Presidência e em órgãos estratégicos para o país como a Petrobras, a Caixa Econômica Federal e em Itaipu; o Exército tem a maioria dos membros militares do governo: 18 generais e 11 coronéis da reserva em diversas áreas. Militares se espalharam por 21 áreas do governo federal.

O impacto da crise econômica e da política de ajuste sobre sua base social e, nela, sobre os trabalhadores, poderia fazer sentir um efeito desagregador sobre a base bolsonarista e em quadros das Forças Armadas. De início, Bolsonaro desenvolveu um governo com capacidade de arbitragem limitada e cerceada pela pressão do capital financeiro internacional. O giro à direita no Brasil aconteceu em um continente sacudido por convulsões econômicas e crises sociais e políticas. Milhares de centro-americanos marcharam em direção ao Norte, organizados sem o trabalho de nenhuma organização política, para escapar da miséria e da morte em seus países. Na Costa Rica uma greve geral prolongada e, na Nicarágua, uma rebelião popular enfrentaram a contrarreforma previdenciária imposta pelo FMI, que Macri e Bolsonaro pretendem impor em seus países. A enorme migração de venezuelanos foi o último capítulo de um regime de origem nacionalista transformado em governo de espoliação financeira, que usa a oposição conspirativa da direita para amarrar, arregimentar e reprimir toda tentativa de luta de classes e cercear o ativismo político e social. A crise mundial deu fim ao nacionalismo fiscal petroleiro, que beneficiou, acima de tudo, uma nova burguesia vinculada ao Estado e colocou as alternativas, eventualmente complementares, de um golpe institucional e de uma intervenção político-militar externa.

A base dos abalos sociais e políticos da América Latina é a crise econômica internacional. A ação das contradições do capital é mais forte do que os esquemas políticos em ação. Depois da crise de 2007/2009, as economias regionais experimentaram um breve ciclo de crescimento determinado por uma combinação de circunstâncias: o auge da demanda de matérias-primas pela China e a migração de capitais dos países centrais, determinada pela crise e a injeção de liquidez destinada a salvar o capital metropolitano em via de falência. A captação de capitais pela América Latina teve um caráter parasitário, de valorização financeira graças às maiores taxas de juros oferecidas pelos países periféricos. Desde 2013, a curva econômica internacional voltou a descer; houve uma queda internacional de preços com forte impacto nos países latino-americanos. Desde finais de 2017 se acentuou a saída de capitais, devido ao aumento das taxas de juros internacionais e à guerra econômica. Neste processo, a China mudou seu papel de amortecedor internacional da crise econômica mundial e enfrenta a possibilidade de severas crises financeiras. As perspectivas políticas da América Latina estão condicionadas pelo desenvolvimento dessa crise, e isto inclui, em primeiro lugar, o Brasil.

Parte I

APORTES ANALÍTICOS GERAIS

O enfraquecimento da noção de cidadania. Rumo a uma democracia iliberal*

Josep Burgaya

Introdução

A política atual é basicamente espetáculo, uma atuação teatral na qual o emocional e as formas narrativas impõem-se claramente aos conteúdos. Já não existem ideologias totalizadoras, tudo é parcial e perecível. Também se vai debilitando o sentido coletivo e a noção de comunitário. A política de representação está perdendo todo calado, toda profundidade, para converter-se em um ritual que tem mais a ver com *reality shows* do que com poder em sentido clássico. Ainda que o caráter performático da política possa ser inicialmente atribuído à primeira campanha de Obama, em 2007, quando este, segundo

---

* Traduzido do original: *El debilitamiento de la noción de ciudadanía. Hacia una democracia iliberal*. Por: Maria Carlota Souza-Paula. Doutora em Ciência Política pela Universidade de São Paulo (USP) e Fernando Luís Demétrio Pereira. Licenciado em Letras pela Faculdade Michelangelo de Brasília (DF).

Christian Salmon (2013, s/p), em lugar de programa era portador de "uma interessante história para contar". O populismo latino-americano incorporou incontáveis elementos cênicos à sua representação política, diluindo o projeto político e seu programa específico entre o atrativo pessoal do candidato que se tornou onipresente na vida dos eleitores. Uma política entendida, já unicamente, como um grande processo de comunicação no qual a geração de novos impactos torna-se fundamental para manter a atenção do consumidor-eleitor, que tende a ser bem mais escassa. Assim, o político não se apresenta mais tanto como "poder", mas como um artefato criador de emoções à maneira de um seriado televisivo.

Neopolítica, pós-política ou insoberania são termos usados por alguns teóricos para definir uma prática política que é uma narrativa sem programa e sem ação de governo plausível. Para o nacional-populismo, um terreno extraordinário no qual atuar, já que permite fazer abstrações e abandonar o princípio de realidade que, antes, se associava à política. Inclusive os fatos podem ser fixados de maneira alternativa. As possibilidades são imensas. Se antes vínhamos de um mundo no qual a democracia era fundamentalmente a deliberação para confrontar interesses opostos, agora o mundo político se tornou, basicamente, distração. Por isso, Wendy Brown o denomina um processo de "desdemocratização". Cada vez mais, o êxito ou fracasso político dependem de se dispor de um bom roteirista — Steve Bannon para Trump, David Axerold para Obama —, alguém que construa um relato, com episódios diversos e um crescendo contínuo de tensão narrativa. Não se impõe uma proposta política principalmente pela situação da economia ou pela confrontação de interesses sociais, mas por dispor de uma capacidade performática e teatral para fazer triunfar uma "história".

O ideal pós-político é o de manter uma democracia sem cidadãos. Mobilizar as massas até retrocedê-las ao estado infantil, como argumenta o politólogo norte-americano Sheldon Wolin (2008), que prevê um futuro bem mais pessimista para o sistema, já que o protagonismo cidadão vai desaparecendo e faltam mecanismos participativos para além do predomínio das elites. A democracia não seria um sistema de participação eleitoral, mas uma cultura, um modo de ser e de se comportar; "a presença da democracia não fica assegurada porque rende deferência a um princípio formal de soberania, mas porque assegura a educação política continuada" (WOLIN, 2008, s/d), e alerta sobre as novas formas que adquire o totalitarismo, entre elas o tecnofascismo, já visível atualmente. Jaron Lanier (2011) definiu como "computacionalismo" uma filosofia mental e uma cultura, um sistema de crenças aparentemente não ideológico, compartilhado por pessoas mais diversas que se movem nos entornos tecnológicos, como o Vale do Silício; pessoas que podem ter ideias tão díspares, como budismo, anarquismo, cristianismo ou conservadorismo libertário de Ayn Rand, e que se quedam a ver o mundo como processos computacionais, nos quais as pessoas seriam apenas subprocessos. Inquietante.

É evidente que o nacional-populismo conhece e domina especialmente a teoria da performance política, sabe como converter uns poucos *slogans* em representações coletivas. Quem se impõe em uma pugna política, explica Jeffrey C. Alexander, é quem domina a identificação simbólica, elabora as metáforas mais brilhantes, cria um fio narrativo atrativo e consistente, sabe fazer uma interpretação favorável do fluxo dos acontecimentos. Para que uma representação política seja exitosa, devem-se combinar de modo sincronizado quatro tipos de efeitos: a utilização do relato político; o efeito subliminar da linguagem utilizada; o uso medido e estratégico da agenda midiática; e, sobretudo, contar com o efeito contágio que pode ocorrer nas redes sociais. Deve-se manter e fortalecer uma necessária tensão dramática, um *in crescendo* com ciclos de aceleração constante na qual os envolvidos sejam levados em ondas por puros sentimentos de simpatia e, às vezes, de aversão para com o "antagonista".

O poder já não significa, primordialmente, dispor dos instrumentos do Estado de Direito, mas de ser capaz de exercer uma representação atrativa, ainda que seja um pouco vazia ou pouco crível. Especialmente em situações de crises, a realidade não é o que conta, mas a percepção dela. É nessa percepção do público que se ganha ou se perde a credibilidade e a legitimidade. As ações "políticas" atuais devem dispor de uma identidade de marca, a qual essas ações devem ir reforçando, enquanto o conteúdo programático, quanto mais turvo se tornar, melhor. A política atual não está aí para mudar o mundo, mas para proporcionar-nos emoções em troca de adesão. Não dista muito da tomada de posição que fazemos em um espetáculo esportivo. Se nos interessamos pelo nível do jogo, por seus aspectos técnicos, mas não formamos parte de uma ala competidora, terminamos por nos enfadar e mudar de canal.

Um fato evidente na política atual, e especialmente em todo tipo de populismo, tem sido o deslocamento do cenário político, o qual já não está nos Parlamentos ou nos espaços tradicionais de tomada de decisão, mas em novos espaços de legitimação que acabam se tornando meios de comunicação de massa, sejam eles canais televisivos, sejam redes sociais. O cenário democrático é agora um cenário midiático no qual a "nova política" se exibe de maneira, apenas aparentemente, transparente. As decisões mais importantes, os vieses comunicativos, as surpresas, são comunicadas por meio de *twitter*. Os líderes políticos são os encarregados de ir gerando o relato, são onipresentes na internet e tendem a estabelecer, a partir daí, a agenda política e midiática. Ao fim e ao cabo, os meios tradicionais acabam falando do que se fala na internet. A rede permite aparente proximidade, golpes de efeito que podem mudar a tendência, relatos íntimos, tensão... É a política em modo *just in time,* proporção de enternecimento em fluxo contínuo. O nacional-populismo expressa muito isso. Além do mais, atribui qualidade moral à emoção.

O individualismo capitalista levado ao paroxismo

Não sei se a tendência ao individualismo é inata, como afirmariam os pais do liberalismo e grande parte dos afamados defensores da maior utilidade do egoísmo individual em relação aos impulsos colaborativos que povoam a política, a academia e o mau uso do periodismo. Além do que escreveram Locke, Smith, Hayek ou Popper, o certo é que esta é uma visão da condição humana que se impôs tanto em âmbito doutrinário quanto factual. Isso se tornou quase uma apreciação inquestionável e absoluta nas últimas décadas, toda vez que se conseguiu romper com um capitalismo social, um capitalismo de "rosto humano", como o que se impôs após a Segunda Guerra Mundial. De fato, durante milênios, as diferenças internas da vida humana foram codificadas, simbolizadas, de forma hierárquica. Havia regras ou símbolos que freavam a tendência ao predomínio absoluto da individualidade. A combinação de mais de três décadas de hegemonia de um liberalismo extremo no econômico e no político, combinado ao seu *alter ego*, que é a tecnologia digital, tem nos levado ao que alguns analistas consideram uma fase anarquista do capitalismo, pois não haveria mais que um instinto desenfreado de enriquecimento e vitória individual. Qualquer noção de coletivo ficaria deslocada, e a liderança seria relacionada aos novos "cavalheiros andantes" da tecnologia computacional, que decidem seu reinado em batalhas de ganhador único, um tudo ou nada. O capitalismo atual não propõe nenhuma representação ativa, mas apenas o jogo brutal e independente da economia entendida como o impulso sexual elementar para a acumulação.

Do ponto de vista social, um dos efeitos mais evidentes da digitalização é a existência de uma sociedade centrada no "eu". O processo de individualização tem sido radical, e o sentido de pertença à comunidade tem se tornado turvo. O espaço, o trabalho ou a família já não definem quase nada, e nosso acervo está mais vinculado a interesses, valores individuais ou a projetos pessoais. Há uma certa tendência ao desaparecimento da sociedade civil e resulta preocupante a emergência de um cidadão desempoderado. Fazer-se muito rico parece ser um dos poucos objetivos que valem a pena, embora seja muito pouco plausível que a maioria o consiga. O individualismo acaba em solidão e isolamento. As grandes plataformas que nos permitem o acesso a todo tipo de produto de forma imediata, como

Uber, são concebidas para resolver todos os problemas de um jovem com dinheiro. Isso se for branco, de classe abastada e vivendo no Ocidente. Ou seja, a fantasia do mercado livre e acessível permitida apenas a 1% da população. Para Olivia Laing, as cidades deixam de ser lugares de contato e interação entre pessoas diversas para se converterem em locais que parecem salas de isolamento, espaços nos quais se prendem iguais com seus iguais.

Solitários e conectados, é o que caracteriza o individualismo induzido por uma competição feroz. O competidor sempre se converte em oponente, enquanto aumenta o estado de angústia. A trama de rede se articula em torno de espaços individualizados em que cada pessoa está frente a uma tela. De fato, as telas em si mesmas estão feitas para uma só pessoa. Espaços produtivos que, vistos em perspectiva, nos devolvem a imagem de uma multidão de pessoas solitárias sempre conectadas; solidão com controle e vigilância. Solidão e individualismo não são o mesmo que antes da era da internet. Agora há a possibilidade de se isolar sem se sentir completamente só, o que vai se normalizando como uma forma de vida social. O virtual supõe um controle muito maior, significa criar-se um mundo onde existe uma margem de pós-produção para dar a melhor versão de nós mesmos, uma imagem filtrada e melhorada. O mal é que todo mundo sabe que o que parece é puramente irreal.

O neoliberalismo digital tem gerado um "eu" como empresário de cada um de nós, oferecendo-nos constantemente como mercadoria. O medo e o isolamento fazem-nos aumentar a produtividade, bem como a submissão. O vício nos *"selfies"*, mais que a expressão de um amor próprio saudável, é a expressão do vazio e do desamparo aos quais temos sido condenados. Estamos aturdidos pela hipercomunicação digital, mas estamos sozinhos. O digital, explica Han (2012), está provocando uma crescente descorporalização do mundo. A comunicação entre corpos é cada vez mais escassa. A comunicação digital é muito pobre, seja no olhar, seja na voz. Os laços e as interconexões se estabelecem sem olhares e sem voz. Não se estabelece nenhuma relação, mas apenas "conexão". Sem a presença do outro, somente trocamos informação. Escutar é muito mais que trocar informações. Não há nenhuma "proximidade". Se não há encontro, diálogo e escuta, não há relação autêntica. Ouvimos, mas não escutamos. A esfera pública se desintegra em múltiplas esferas privadas que se desenvolvem em paralelo. Monólogos simultâneos e solidão.

Os graus de desigualdade social e econômica que o último capitalismo está gerando já permitem falar de uma autêntica "secessão" das classes dominantes, as quais já não aceitam nenhum tipo de responsabilidade em relação à sociedade, nem obrigação alguma para com as estruturas estatais. As empresas tecnológicas tornam-se especialmente radicais a esse respeito. Sua arrogância tecnológica lhes permite fantasiar que substituem o Estado em suas funções. "Se o governo deixa de funcionar, não acontece nada." O privado e o tecnológico podem supri-lo de maneira muito mais eficiente. Pode-se custear uma polícia privada — para poderosos —, mediante *crowfunding*. Existe uma utopia tecnolibertária que consiste em imaginar um mundo governado pela tecnologia, onde não exista apenas o Estado, onde os serviços públicos se privatizaram, o emprego se externalizou e não existem sindicatos; tudo funciona de maneira eficiente e automatizada e os grandes líderes das empresas de internet afrontam e resolvem "a seu modo" os grandes desafios mundiais. As elites se liberam de cargas sociais. A desigualdade é o reflexo da distribuição desigual de riqueza no mundo. A baía de São Francisco já é uma amostra deste mundo dividido de maneira quase feudal. O ônibus do Google que recolhe os trabalhadores gera repúdio porque é a evidência de um mundo em duas velocidades, além da contradição inerente de utilizar infraestruturas públicas para prestar um serviço totalmente privado. A desigualdade econômica no entorno do Vale do Silício não para de crescer. O índice de pobreza do Condado de Santa Clara vem aumentando nos últimos anos, chegando aos 18% de sua população e onde quase 200 mil pessoas necessitam de cupons de alimentação para sobreviver. Os preços de moradia na área mais tecnológica da Califórnia são absolutamente proibitivos, enquanto a gentrificação de algumas zonas as converte em condomínios exclusivos para as classes abastadas. Como na época das catedrais, Google, Apple ou Facebook vão se distanciando da realidade humana das comunidades cada vez mais empobrecidas que se encontram ao seu redor. Senhores digitais frente a camponeses analógicos que constroem edifícios emblemáticos, herméticos e murados para desejo e admiração do resto dos mortais. Uma versão ultratecnológica da sociedade feudal. O capitalismo *cool*, o capitalismo em rede, é muito mais selvagem e disfuncional que em suas etapas anteriores.

O politólogo britânico John Gray (2013) escreveu que a classe média foi um luxo que o capitalismo atual já não pode permitir. Nem quer, poderíamos acrescentar. Além do reiterado caráter "estabilizador" que se atribui aos segmentos sociais intermediários, tanto em termos econômicos quanto sociais e políticos, durante muito tempo este qualificativo serviu para estabelecer um ideal procurado por grande parte dos setores populares da sociedade para os quais esta colocação, ainda que apenas teórica, parecia funcionar como um bálsamo com efeitos benéficos. Em muitos aspectos, "classe média" foi uma maquiagem léxica eficaz para alijar o debate público do discurso de classe. O que havia atrás do eufemismo? Uma cidadania pacífica pouco propensa a se unir em defesa de uma causa justa, cujo bem-estar era uma mescla de hipotecas, créditos e trabalhos progressivamente precários. Um grupo social heterogêneo cujo papel na sociedade era, basicamente, consumir. O discurso político costuma utilizar armadilhas de linguagem, simples rodeios, que funcionam como meros placebos. O mais nefasto desse tipo de correção política é a tentativa de negar as deprimentes realidades que existem.

No mundo das grandes corporações, nas economias de plataformas, dinamitou-se uma grande parte da estruturação social gerada pela sociedade industrial. A burguesia tornou-se um grupo majoritariamente assalariado, dominando os empregos qualificados e enormemente bem remunerados. Ocupa um lugar proeminente, mas já não ostenta as funções sociais e políticas da antiga sociedade de classes, uma vez que a desestruturação afetou de forma especial os setores trabalhadores, os quais perderam toda consideração, segurança, *status* e salários. A mudança tecnológica vinculada à revolução da informação proporciona um argumento e uma desculpa para a precarização, o abandono, bem como para o conformismo. Talvez não se deva interpretar em sentido estrito, mas o gráfico e sugestivo retrato feito por Slavoj Zizek (2016), de um mundo cindido de vampiros contra zumbis, é bastante eloquente. Paul Mason considera que a tecnologia da informação, longe de criar uma nova forma de capitalismo, está dissolvendo-o, uma vez que a corrosão dos mecanismos de mercado degrada os direitos de propriedade e destrói a tradicional relação entre salário, trabalho e lucro. Por isso, crê que, na realidade, estamos já em uma era pós-capitalista. Rompeu-se a lei fundamental da economia segundo a qual tudo se baseava na escassez. A oferta e a demanda têm a ver com isso, mas os produtos informacionais, além de abundantes, são quase infinitos. A oferta e a demanda não são mais o elemento determinante, mas sim o acesso que passa pela economia de plataformas. O capitalismo que conhecíamos deixou de existir quando o custo marginal tendeu a zero.

Adeus à sociedade do trabalho

O universo produtivo, industrial, da segunda metade do século XX está se estilhaçando no mundo digital. Viemos, no Ocidente, de uma sociedade na qual a classe média era hegemônica, com trabalho, expectativas razoáveis de aumento do bem-estar, de proteção e seguridade estatais e de inovações tecnológicas, a maioria delas financiadas com recursos públicos. Justamente as tecnologias da comunicação e da informação, que geraram esta profusão inaudita de grandes negócios privados, têm origem em pesquisas e recursos públicos, como bem explica a economista Mariana Mazzucato (2014). Esta economia digital, paradoxalmente, caracteriza-se por criar uma desigualdade cada vez maior entre uma pequena elite e o resto da população, sem que, em caso algum, haja reposição das dotações públicas recebidas, na forma de impostos. Isso já foi definido como uma "economia de donut", isto é, sem nenhum recheio. Uma atividade, como a internet, que gera benefícios brutais, mas sem empregados. Quando o *Facebook* comprou o *WhatsApp*, em 2014, pagou o equivalente a 345 milhões de dólares por cada um de seus 55 empregados. A economia digital concentra riqueza e diminui oportunidades. Os níveis salariais médios dos trabalhadores, em todo o mundo, não pararam de cair nas últimas décadas. Nos Estados Unidos, a queda foi de 30% nos últimos 40 anos. A sociedade em rede cria um mundo de estrelas e superestrelas que mascaram a realidade da maioria dos cidadãos. Tem algo de feudal esta nova economia, de submissão a uns poucos triunfantes absolutos, os quais, como no exemplo emblemático de Peter Thiel, tentam compatibilizar o fato de serem multimilionários com a defesa de um liberalismo que os leva a financiar extremistas republicanos como Ted Cruz ou Rand Paul.

O entorno digital gera pouco trabalho e, além disso, parte do trabalho que cria é pouco qualificado e precário, especialmente nas fases de fabricação e de distribuição para o consumidor final. É chocante como tanta tecnologia inovadora requer trabalho tão pouco qualificado em alguns aspectos, não incorporado em planilhas, além de ser muito mal remunerado. Além das múltiplas formas de subcontratação e sub-rogação de funções, a diferença dos postos de trabalho na economia industrial e na digital é abismal. Enquanto a Alphabet, no início de 2018, com uma capitalização em bolsa de 710 bilhões de dólares — a segunda depois da Apple —, dava empregos diretos a apenas 70 mil pessoas, a General Motors, com uma capitalização doze vezes inferior, empregava 250 mil pessoas. Esta situação fica muito clara com a piada: "Uma fábrica moderna emprega apenas um homem e um cachorro. Ao homem, para que dê de comer ao cachorro, e a este, para que mantenha o homem longe da maquinaria".

O furacão digital estilhaçou setores inteiros da economia, resultando em um processo de concentração dos lucros e em destruição e precarização de incontáveis postos de trabalhos. Isso não tem tanto a ver com um problema relacionado à robotização, que afeta seriamente algumas atividades industriais, mas com o deslocamento do trabalho formal para condições informais, e mesmo não monetizadas, como é especialmente evidente nas funções relacionadas à formação ou à criação de conteúdos culturais. O modelo de negócio distribuído a partir do Google foi levado ao turismo com plataformas que praticamente liquidaram as Agências de Viagens que facilitam a contratação de voos ou reservas nos hotéis. A Airbnb está provocando sérias dificuldades no setor hoteleiro, como a Uber no setor de táxi. Vendem-se como "economia colaborativa" atividades que, na verdade, são constituídas de maneira informal, sem empregados e sem pagamento de impostos. John Doerr e o controvertido Travis Kalanick criaram a Uber, em 2009, com a pretensão, aparentemente modesta, de facilitar tecnologicamente formas inovadoras de transporte público. "Um software que come táxis", nas palavras de Marc Andreessen. Ocupa apenas 1.000 empregados diretos. Mesmo não dispondo de nenhum carro e com ativos pouco além de um software, tem uma valorização de mais de 62.500 milhões de dólares, que é muito mais do que valem, em conjunto, as duas grandes empresas de aluguel de carros, Avis e Hertz, as quais, juntas, têm mais de 60 mil empregados. O trunfo da Uber não tem a ver com tecnologia, mas, sobretudo, com sua imunidade para desrespeitar as regras e legislações. Não há inocência alguma nesta ilusão que nos é vendida como "economia colaborativa".

A confluência da globalização liberal com a digitalização aumentou o medo do futuro. Fragilidade do emprego e desemprego estrutural maciço que comportam subestimação e vergonha. A desestruturação do mercado de trabalho, as novas demandas de competitividade e a redistribuição internacional de fatores acentuaram o sentimento de vulnerabilidade e aumentaram, significativamente, a insegurança profissional e material, o medo da exclusão e do desprestígio social. A cultura consumista-hedonista convida ao desfrute aqui e agora, como se não houvesse um amanhã e um projeto de vida além da marca registrada do consumo; porém, são poucos os que dispõem de recursos e seguranças econômicas para participar de uma competição em que há mais perdedores que vencedores. O resultado da maioria é sempre, por um motivo ou outro, frustração. O economista David Held explica que existe uma "polarização do mercado de trabalho", com uma divisão entre uma minoria que "está indo muito bem" e uma maioria que "não está indo bem". Precariedade, alternância de subsídios e ocupação, desemprego de longa duração, microemprego, autoemprego... E o minimalismo da *Economia Gig* como alternativa. Nas palavras de Tyler Cowen (2014, s/d), "o meio-termo acabou".

O discurso reiterativo de que a redução da empregabilidade tem a ver com a robotização apenas de trabalhos pouco ou medianamente qualificados, e que o treinamento proporcionará melhores empregos a boa parte dos cidadãos, é uma falácia notória. Na verdade, a disrupção digital no campo das profissões qualificadas, em vez da robotização dos processos de produção industrial, está acabando com mais empregos. Grande parte da importante indústria cultural do século XX está sendo arrasada. A economia da música, vídeos, livros, jornais ou o jornalismo, está sendo substituída por economias multimilionárias monopolistas do tipo Apple, Amazon ou YouTube. Os criadores e profissionais estão sendo descartados, e os que permanecem são notoriamente precarizados. Assiste-se ao retorno de uma economia cultural pré-industrial, assim como com as Universidades ou com tudo o que tem a ver com o conhecimento. Aos criadores é imposto um dízimo feudal que se aproxima de 50% da renda gerada, e aqueles que ousam defender trabalhos qualificados contra o amadorismo ou abuso da figura de estagiários e aprendizes são chamados de "elitistas". Renasce um patrocínio cultural renascentista, fazendo com que uma elite caprichosa possa justificar um enriquecimento sem pudores enquanto finge uma cultura que não tem.

Queira-se ou não, a robotização e a intensificação tecnológica digital funcionam como processos devastadores de emprego, mas também de sociabilidade e de um forte senso de cidadania. Eles podem melhorar a produtividade e a riqueza global, mas os beneficiários não são o conjunto da sociedade, mas sim umas poucas pessoas. As características do progresso atual estão deixando, cada vez mais, muitas pessoas excluídas, enquanto o Estado torna-se política e financeiramente incapaz de enfrentar os custos sociais desse processo. Há menos Estado de bem-estar quando mais ele é necessário, enquanto o capitalismo atual tem deixado de se basear no trabalho e no emprego estável. Há análises que falam do desaparecimento de 2 bilhões de empregos entre 2012 e 2020. Nos Estados Unidos, a estimativa é de que 40% dos empregos desaparecerão em uma década devido aos avanços tecnológicos. Os cálculos para a Europa são semelhantes. A estimativa de Jeremy Bowles para a Espanha, nas próximas duas décadas, é a de perder 55% dos empregos. Os números são devastadores. Enquanto o WhatsApp tem 17 milhões de usuários para cada funcionário, a Telefónica possui 2.715 e a Deutsche Telecom, 893.

Mesmo no Fórum Mundial de Davos tem havido preocupação com as disfunções, aparentemente temporárias, que a tecnologia digital está gerando sobre emprego, já que se temem as tensões sociais que a combinação de desigualdade e desemprego pode causar. Não se acredita que ocorrerá um fenômeno de desemprego em massa, mas sim uma polarização ocupacional em empregos cognitivos e criativos de alta renda, de um lado, e em ocupações manuais de baixos salários, de outro lado, com o desaparecimento de empregos rotineiros e repetitivos de renda média. Acredita-se que haverá uma demanda crescente sobre aqueles papéis tipicamente humanos, como empatia ou compaixão. Trata-se de um triste consolo. O que resulta claro é que se vai deixar de procurar empregados no sentido tradicional, os quais serão substituídos por trabalhadores independentes que executam tarefas específicas. Essa tendência é acompanhada de um enaltecimento dos benefícios do trabalho "novo e flexível", embora haja consciência de que uma parte da humanidade pode descambar do mundo do trabalho para o mundo da mera sobrevivência. O capitalismo "com alma" de Davos expressa o medo de cair, com a quarta revolução industrial, no terreno obscuro do trabalho, da geração de níveis insuportáveis de isolamento, fragmentação e exclusão social.

Os trabalhos que desaparecem não são apenas os mais simples, manuais e repetitivos. O software está se apoderando de empregos de colarinhos brancos, que antes eram territórios limitados às classes médias e às pessoas escolarizadas. Em compensação, aumentam os trabalhos de "assistência" técnica, dos chamados "escravos digitais", que introduzem dados, monitoram imagens, trabalham em fazendas de *bot* ou em *call centers*... O que há é uma extrema polarização no mercado de trabalho, entre um pequeno mundo de altos salários e um mundo majoritário de salários muito baixos, todos coexistindo com extrema precariedade e muito desemprego. Os benefícios tecnológicos e de melhoria da produtividade não apenas não terão um impacto positivo em 50% da população, mas também terão um impacto negativo. Os níveis salariais médios estão diminuindo (nos Estados Unidos, 15.000 dólares nos últimos 30 anos), enquanto a renda do trabalho, que representou 65% do PIB, nos gloriosos anos 1970, já significa pouco mais de 50% hoje. Isso é desigualdade.

Hannah Arendt (1997) já alertava, nos anos 1950, sobre a possibilidade de o capitalismo gerar uma sociedade de trabalhadores sem trabalho. Como a linguagem resiste a tudo, fala-se agora do trabalho 4.0 para tipificar, com termos modernos, trabalhos precários e sem nenhuma segurança. Ou seja, trata-se de formas de trabalho flexível e não padronizado, que os consultores procuram definir com o termo "atividades", tanto por sua natureza mutável quanto por exigir uma interação entre o humano e o tecnológico, com a predominância deste último. Na realidade, essas atividades implicam trabalho *freelance*, que aumentará em todos os níveis de qualificação exigidos. Nos Estados Unidos já representam um terço dos assalariados. Enquanto isso, o capitalismo financeiro volta-se para o mundo tecnológico. O Vision Fund é um fundo de investimento de 95 bilhões de dólares criado pelo SoftBank, com a Apple, fundos soberanos da Arábia Saudita e Emirados Árabes Unidos e Foxconn, para financiar plataformas de processamento de dados. O capitalismo tradicional também se move em direção à tecnologia. Em 2013, dois pesquisadores de Oxford, Carl Benedikt Frey e Michael A. Osborne, publicaram o relatório *O futuro do emprego*. O algoritmo que eles desenvolveram previu que 47% dos trabalhos têm alto risco de desaparecer. Estima-se que até 2050 a maioria dos caminhoneiros não será humana e, até o final do século, 70% das ocupações atuais serão substituídas pela automação.

Para trabalhos ligados à criatividade, a Zafra Remedies explica como o "entusiasmo" tornou-se o motor produtivo na era digital, especialmente naqueles "sujeitos envolvidos em precariedade e travestidos de um falso entusiasmo, usados para aumentar sua produtividade em troca de pagamentos simbólicos ou de expectativa de vida adiada". A pretendida democratização criativa dos instrumentos digitais nada mais é do que a continuação, ou talvez o aprofundamento, da antiga associação entre pobreza e criação. Trata-se de uma época de ferocidade induzida, na qual a mercadotecnia concentra-nos na superfície das coisas e onde a precariedade pode ser confundida com "um ato de solidariedade". Nesse contexto há muitos trabalhadores dóceis e precários, que "sempre acreditam"; praticantes de evasão que, frequentemente, mudam de emprego na esperança de terem sucesso com uma profissão que preencha seus sonhos, seguindo o caminho dos casos altamente divulgados de empreendedores inovadores e disruptivos. Nunca, como agora no mundo da fantasia digital, o trabalho tornou-se tão "líquido" ou não muito sólido e evanescente.

Na realidade, o mundo digital não faz distinção entre trabalho e tempo não profissional. Ele nos supõe em permanente disponibilidade que se concretiza no fato de estarmos sempre prontos a agir a partir das mensagens que surgem, constantemente, através dos mecanismos de hipercomunicação, em relação aos quais nos tornamos viciados. Recepção, resposta e ação pressupõem que estamos sempre dispostos a assim proceder. Estamos diante de um imperativo categórico cujo cumprimento não está vinculado a qualquer salário ou satisfação econômica. "É o que deve ser feito" nos tempos dos *smartphones*. Sempre há um cabo de plantão que cuida de nós e nos põe em movimento. Não há mais horário de trabalho limitado. A internet não apenas reduz os empregos, mas usa trabalho mal remunerado ou simplesmente não remunerado. Para Mauricio Ferraris, além da perda de quase 50% dos empregos nos próximos anos, substituídos por computadores, temos que aceitar certa "militarização" de nossas vidas, à medida que a disponibilidade contínua faz com que desapareça o próprio caráter da vida civil.

É significativo que a ideologia neoliberal hegemônica tenha se esforçado para estender a lógica da competição de mercado a todas as áreas da vida social, de modo que toda decisão seja percebida como um investimento feito pelo indivíduo em seu capital individual. Dessa maneira, o trabalhador não é mais concebido apenas como força de trabalho, mas sim como capital pessoal que toma decisões. O triunfo final do capitalismo ocorre quando cada trabalhador torna-se seu próprio capitalista. De fato, atuamos continuamente na Rede como empresários do "eu", construindo uma marca pessoal que, insistem eles, nos fará ganhar competitividade. Tudo isso não esconde a crescente existência da figura do "desempregado educado", que precisa aceitar todos os tipos de empregos e condições para se estabelecer em uma falsa autonomia econômica e social que ele realmente não tem.

A enorme rede digital em que operamos, longe de promover a justiça econômica, é uma das principais razões para a crescente diferença entre ricos e pobres. O tecnológico gera uma realidade distorcida de equalização e nova distribuição de oportunidades. Na cultura do Vale do Silício, fazer o bem e enriquecer são vistos como objetivos indistinguíveis; e onde empresas como Google, Uber ou Amazon, que devastam setores inteiros de atividade, são elogiadas porque o que derrubam é uma experiência de "destruição criativa", que tem um interesse supostamente público. Como afirma Andrew Keen (2011), no mundo digital, todo mundo quer ser um "não comércio". Resulta muito rentável.

A insuportável leveza do Estado-nação

A imensa globalização econômica das duas décadas anteriores à crise de 2008 lançou as bases de uma economia-mundo, da redistribuição global da produção e de uma concentração corporativa inusitada que entrou em contradição com a manutenção dos Estados-nação como os conhecíamos a partir de Vestfália, com o conceito de soberania nacional e também com o exercício da democracia tal como entendíamos até então. Quando nos referimos ao poder das corporações, não estamos falando de uma entidade abstrata, indefinida e imaterial. Não estamos nos remetendo às centenas de milhares de empresas que operam em um mercado global e que, de uma maneira ou de outra, têm caráter "multinacional". Estamos nos referindo a uma realidade que consiste no poder de definir as regras do jogo exercitado por 147 grupos que controlam 40% do sistema corporativo global, alguns dos quais indicados acima. Grupos que, curiosamente, não possuem uma propriedade reduzida ou familiar. Na maioria dos casos, a participação acionária é ampla e dispersa no mercado de ações ou em fundos de pensão. O papel dos acionistas é exigir dos executivos a melhoria do preço das ações e o aumento contínuo na distribuição de dividendos. Eles não pedem mais explicações, nem querem saber a realidade de como tudo isso é alcançado. Logicamente que eles têm uma responsabilidade moral em relação aos efeitos empobrecedores e caóticos dessa lógica. Mas as rédeas estão com acionistas de referência e executivos seniores menos abundantes, que controlam a estratégia e os conselhos de administração e operam como elites globais extraterritoriais para quem as instituições políticas estão a seu serviço.

O mundo da internet está localizado em um espaço além da territorialidade e, por isso, espera que as leis e regulamentos que regem a vida "analógica" não operem nesse teatro de sonhos que a Rede pretende ser. Evidentemente, a economia de plataformas gera dimensões corporativas que tornam quase impossível o controle político e social, mas o que a torna incontrolável é uma atividade sobre a qual se criou um manto místico que não pode e não deve ser submetido às leis humanas, que está mais além. Um território isento do predomínio do Estado de direito e das legislações convencionais. Um mundo onde o único a ser protegido é o direito de propriedade dos algoritmos de seus operadores.

A leveza do Estado-nação não implica que o território não tenha seu significado no mundo digital. A geografia perdeu a funcionalidade em seu sentido clássico e a capacidade delimitadora das fronteiras do Estado. A geopolítica atual não se baseia em territórios físicos, mas no controle das infraestruturas de comunicação, as rodovias pelas quais fluem mercadorias e informações. Parag Khanna fala da "conectografia" como o elemento-chave do mundo atual. A nova conectividade tecnológica também se apoia em bases materiais (servidores, fluxos de fiação), bem como no uso do ciberespaço. As bases físicas da tecnologia atual tornam os corredores de conexão especialmente significativos, assim como as cidades onde grande parte do fluxo de tráfego digital se concentra. A batalha pela hegemonia tecnológica é a batalha pela hegemonia mundial. Os Estados Unidos vinculam o seu domínio político, econômico e militar ao empenho de continuarem liderando a inovação tecnológica. E conseguem. Dos "unicórnios" (empresas de capital de risco avaliadas em mais de 1 bilhão de dólares), 69 estão nos Estados Unidos, 25 na Ásia e apenas 8 na Europa. Os sistemas de precaução europeus, tanto jurídicos quanto em relação às consequências tecnológicas, não lhes permitem competir com os Estados Unidos, onde tudo o que não está regulamentado está permitido. Por isso, a distopia digital vem fundamentalmente dos Estados Unidos e, secundariamente, da Ásia.

Estamos em uma situação em que as elites tecnocráticas globalizadas têm um poder muito maior, ou, pode-se dizer, um poder qualitativamente mais relevante do que a maioria dos Estados-nação constituídos. Elites estas que não apenas se recusam a obedecer a legislação e diretrizes governamentais de qualquer tipo, mas também moldam uma cultura global em face da qual as estruturas políticas antiquadas já contribuem pouco. Estamos diante do que Pankaj Mishra (2017) definiu como "estados de soberania debilitada", seja no Ocidente, seja no Não Ocidente. Comunidades de passados muito diferentes, e com indicadores econômicos médios muito díspares, estão subjugadas pelo capitalismo e pela tecnologia em um tempo presente que é comum a elas e no qual predomina uma distribuição desigual e obscena da riqueza, e onde a nova potência global cria novas e humilhantes hierarquias. Os indivíduos atuais estão expostos a uma competição brutal com campo e com regras de jogo muito díspares, e onde é fácil sentir que nem a sociedade nem o Estado existem; a única coisa que parece acontecer é uma guerra de todos contra todos. As comunicações digitais dão-nos muito mais oportunidades para fazer "comparações invejosas" das quais falava o economista Thorstein Veblen um século atrás. O resultado não é senão a solidariedade negativa, o desapego e muito ressentimento.

As revoluções neoliberal e tecnológica se combinaram para esvaziar o conteúdo dos Estados, que perderam grande parte de sua soberania, ao mesmo tempo que se processava a desconstrução da função pública. Os governos e líderes políticos estão cada vez menos representando a figura da autoridade e mais se transformando em algo a ser consumido como qualquer personagem de uma série de televisão. Representação sem poder. A nação continua sendo um mito obsoleto, uma referência histórica que a globalização tem ridicularizado. A globalização neoliberal tem afetado todas as estruturas de soberania, mas também a sua dimensão simbólica. Quando os perdedores da globalização recorrem como refúgio ao nacionalismo identitário, eles o fazem conscientes de que estão reivindicando a ressurreição de algo morto. A partir de 1989, impôs-se a ideia de que os governos deveriam dar passe livre aos empreendedores individuais e deixar de subvencionar os pobres e os preguiçosos. Não há legitimação democrática possível quando as instituições facilitam tanta exclusão social. O vazio moral e espiritual é preenchido com expressões anárquicas de individualidade e buscas insanas por religiões e modos substitutos de transcendência.

Porém, há um mundo de otimistas que continua produzindo narrações tecnoutópicas para quem quer comprá-las, e não apenas para os gurus do Vale do Silício. O próprio Jeremy Rifkin (2014) acredita que estamos caminhando para uma sociedade de produtos e serviços de custo marginal zero. Nenhuma das dinâmicas tecnocêntricas indica que estamos caminhando para um nirvana igualitário, mas, ao contrário, para uma crescente desigualdade. Há quem goste de arquitetar uma espécie de Estado Social paralelo, digital e privatizado.

Mas a prestação dos serviços desse Estado abandonaria a gratuidade. O período *freemium*, totalmente gratuito, teria sido apenas um período de recrutamento, triunfo e vício, algo temporário antes do desenvolvimento de grandes negócios. O próprio Google não vê seu futuro vinculado ao mecanismo de busca, mas à prestação de "serviços inteligentes", pagos. A mesma defesa que o Vale do Silício faz do conceito de Renda Básica Universal não deixa de ser o cultivo de uma imagem bondosa e alternativa, garantindo, ao mesmo tempo, que um mundo cheio de "sem trabalho" possa acessar e pagar por seus serviços. Isso cumpriria a lógica da "acumulação por desapropriação", da qual fala David Harvey.

Um dos mitos criados em torno da internet é o de poder converter políticas e instituições políticas em atividades e organizações absolutamente transparentes. Justamente isso seria a negação da política como âmbito de deliberação e negociação que requer certo caráter de reserva e privacidade. Transparência, abertura ou mesmo participação não são valores absolutos das sociedades humanas, em todo caso eles teriam um caráter de procedimento para alcançar outro tipo de objetivo. O filósofo Byul-Chul Han (2013) observou o abuso praticado em nosso mundo digital em relação à noção de "transparência". Tudo o que não está constantemente exposto é hoje tido como algo opaco, obscuro ou suspeito. O valor da privacidade, contenção e reserva é negado como um espaço apropriado para a resolução de conflitos ou de interesses conflitantes. Um valor fundamental que precisa ser incentivado, como a confiança, é negado na esfera econômica, política ou cidadã. Os problemas políticos e a debilidade dos atuais sistemas democráticos não serão resolvidos com a internet. Talvez a Rede converta democracias em sistemas muito mais vulneráveis, tanto pela perda de soberania da esfera política, como pela dinâmica extremamente perversa que pode ser gerada pelos mecanismos de fabricação de "pós-verdades". A nova esquerda que tem emergido na Europa apresenta certa tendência a apostar na superação dos problemas de representatividade do sistema democrático e dos muitos mal-estares causados pela crise iniciada em 2008, como o estabelecimento de uma democracia telemática, com instituições extremamente transparentes, e o recurso ao referendo contínuo da cidadania. A maioria dos cidadãos exige e precisa confiar na política, mas não pretende conhecer os detalhes do processo de tomada de decisão sobre temas que desconhece e nem participar desse processo. É o conceito de "democracia furtiva" de John Hibbiny e Elisabeth Theiss-Morse. Expor aos cidadãos a maneira como a política funciona não melhorará seus sentimentos em relação a ela, além de pressupor-lhes um interesse que eles não têm por que compartilhar. A "sociedade de auditoria" que algumas abordagens políticas, aparentemente renovadoras, reivindicam é uma sociedade sob suspeita completamente insuportável.

Na realidade, e isso já se produz, um governo pode fornecer "dados abertos" sobre questões politicamente irrelevantes e, ao mesmo tempo, continuar muito opaco em assuntos substanciais sobre os quais não presta contas. Conforme observado pelo especialista em governança, Justin Longo, o entusiasmo que geralmente é expresso em relação ao potencial das novas tecnologias para promover a transparência e a participação pode fazer-nos perder de vista a natureza profundamente política dos usos que se podem dar às tecnologias digitais. De fato, o entusiasmo ficcional sobre as possibilidades de uma política de participação contínua já tem uma longa história, e não é exclusivo das esquerdas e das novas esquerdas. O pensamento liberal-conservador também desenvolveu uma retórica antipolítica consistente contida na proposição de que a tecnologia liberte os cidadãos da intermediação de partidos políticos. Um reducionismo em relação ao que a política representa, sua conversão em um mercado comercial e uma derivação extravagante do "solucionismo tecnológico" tão em voga sobre o qual Evgeny Morozov (2015) nos alerta. Não há alternativa "não conflitante" à imperfectibilidade do sistema de partidos. Os partidos não fazem mais, porém tampouco menos, que representar opiniões políticas de maneira organizada e mediar os conflitos inerentes à sociedade. Não há aqui um "problema" que a tecnologia possa e tampouco deva resolver.

Uma democracia iliberal

Os sistemas democráticos, predominantes em grande parte do mundo, têm evoluído para a manutenção de seus aspectos formais — representação, eleições, instituições, divisão de poderes —, porém têm sofrido e estão padecendo de um enorme esvaziamento de seu conteúdo e perda inquestionável de sua "qualidade". Quando se assume que o poder real não está nas instituições estatais e que a capacidade de tomada de decisão dos cidadãos limita-se a questões secundárias, o discurso democrático se enfraquece e se afiança a ideia de que a democracia, em termos reais, perdeu boa parte de seu brilho, visto que o poder efetivo e as decisões fundamentais ou bem são açambarcados pelo mercado, ou bem são decididos em outros âmbitos. Se a globalização transmite algo, é o rápido e progressivo desempoderamento dos cidadãos e das instituições "nacionais". Companhias empresariais que estão fora de todo controle apropriaram-se de uma enorme quantidade de conhecimento e só respondem — se o fazem — aos requisitos das mais altas camadas de poder: superpotências como os Estados Unidos ou a China, mas não a maioria do restante dos Estados. De maneira que os procedimentos de legitimação do poder nesses Estados tornam-se, potencialmente, fictícios a partir do momento em que o verdadeiro poder está em outro lugar.

O pleno exercício dos direitos políticos sempre exigiu a existência de uma cidadania livre e com acesso adequado à informação, além do desenvolvimento de espaços de sociabilidade e áreas de deliberação, discussão e construção de consenso. A democracia, mais que eleições, é cidadania informada e debate reflexivo. As urnas são um âmbito de culminação da relação política, mas não sua origem e nem o único aspecto constitutivo da democracia. Estamos derivando, e parece que ainda não chegamos ao fim de uma evolução para a pós--política. A política tornou-se uma dimensão situada entre o insulto e a pouca consideração por parte de cidadãos que a desprezam e a recusam, ou um local para expressarem suas frustrações por meio do voto negativo. Uma pós-política na qual o caráter de espetáculo, combinado com a fraqueza tanto de ideologias quanto de projetos futuros, a induz à conformação de uma espécie de teatro de variedades, com notórios maus atores, e no qual os vínculos do eleitor são bem mais tênues e erráticos.

Estão distantes os tempos em que o poder era exercido pelas instituições políticas e em que essa atividade consistia no confronto de projetos e programas, que representavam interesses econômicos e sociais diferenciados e inclusive confrontados. A política é, nos dias de hoje, pura representação sem poder, uma vez que o Estado foi esvaziado da autoridade que o definia e as atribuições políticas foram desconstruídas. O que ainda chamamos de debate político não é um espaço de deliberação. Como Christian Salmon (2013) escreve, nem a economia nem a classe decidem o vencedor de uma eleição, mas o sucesso ou fracasso de uma performance. Obama foi o primeiro "herói líquido" nos tempos digitais que tinha uma bela "história" para contar aos seus eleitores e a relatou adequadamente. Nas eleições, os candidatos lutam por se converter em identificações simbólicas, por impor um fio narrativo que transforme o fluxo de acontecimentos em uma metáfora da realidade. As campanhas eleitorais tornaram-se "festivais de narrativa", durante os quais os personagens, e não ideologias, se enfrentam. A revolução tecnológica da mídia de telecomunicações explica o surgimento de uma nova geração de políticos com uma identidade ideológica embaçada e *slogans* ajustados menos a um programa do que a uma identidade de marca. O estadista não é mais uma figura de autoridade, mas algo a consumir, um artefato da cultura de massa. O exercício do poder, livre de atuação, agora é identificado com o sucesso de uma performance. Assim, o cenário político trasladou-se dos locais de deliberação e tomada de decisão para os televisores, internet e redes sociais, convertendo-se em espaços de legitimação. O cenário político é agora o cenário midiático. A agenda política é a agenda midiática. Movemo-nos entre a indiferença e o *zapping* eleitoral. Para Salmon (2013), "votar é comprar uma história. Ser escolhido é ser acreditado. Governar é manter o suspense, aplicando a estratégia de Sherazade".

No final, o que se decide pensar ou crer tem apenas a ver com estimativas emocionais. A generalização no uso de conceitos populistas — identidade, construção do inimigo, hegemonia, significantes... — contribui para transformar a experiência política do cidadão-consumidor em uma vertente de hooliganismo que já é praticada em outras áreas da vida. Aparecem também novos autoritarismos políticos, que combinam discurso totalitário com manutenção de eleições e formas institucionais democráticas. De fato, este é o modelo dominante na Ásia. Porém, ele tem cada vez mais adeptos tanto nos modelos nacional-populares da América Latina, como também no mesmo coração da União Europeia, em que reside o populismo de extrema direita que igualmente incorporou um discurso xenofóbico.

Paralelamente, intensificam-se os processos de vigilância que se infiltram em nosso entorno. Os interesses comerciais e os de segurança, embora diferentes, convergem na vocação do controle. A elaboração de mapas comportamentais está tão associada à segurança quanto ao marketing. A vontade de controle que se impôs pelos ataques do 11S (11 de setembro) e seu significado convergiu para um processo de digitalização da existência que tem sido proverbial. O interesse por nosso controle exaustivo, tanto como consumidores (mais que potenciais, obrigados) quanto como cidadãos, impôs o triunfo do conceito da "dimensão antecipatória". Trata-se, a partir de nossos incontáveis traços na *web*, de prever nossos possíveis interesses de consumo, assim como de nosso comportamento político e social. Que a Amazon possa saber, antes de nós, nossos possíveis interesses de leitura pode ser inquietante, além de empobrecer, significativamente, nossos horizontes literários e culturais; mas, nesse caso, ainda temos a possibilidade de não dar tanta importância. Contudo, quando, a partir de nossos hábitos ou histórico de saúde, podem nos negar o seguro médico, a situação é muito mais preocupante. E mais preocupante ainda é podermos fazer parte de uma determinada lista de ideologias indesejáveis, potencialmente perigosas para a estabilidade, e sermos detidos ou encarcerados de maneira "preventiva", porque uma inteligência superior e vinda de fora detectou uma potencial animosidade social de nossa parte. A *Acciom* se dedica a isso, assim como muitas outras empresas ligadas às *majors* tecnológicas. Em um mundo possuído pela insegurança e formas de terrorismo que expressam intenções renovadas de niilismo, onde a prática da violência nos leva de volta ao mundo medieval, os temores e insensibilidades gerados pelo medo justificam uma sociedade muito mais controlada e a prática da estigmatização de base tecnológica.

Arundhati Roy argumenta que a identificação da democracia com o mercado tem deformado a primeira, que vem se esgotando aos olhos de uma parte significativa da cidadania. A democracia está sendo esvaziada do significado equalizador que possuía, tornando-se fraca por estar a serviço de apenas uma parte da sociedade. O universo-digital-consumista dividiu a sociedade, isolou indivíduos e lhes impôs objetivos "ligeiros". No mundo ocidental, as pulsões coercitivas do Estado já não são imprescindíveis; a infantilização do cidadão e a cultura do espetáculo inviabilizam qualquer pretensão de projetos emancipatórios, ou que possam atender a reivindicações coletivas. A despolitização, entendida como liberação de compromissos e projetos profundos, foi imposta. A política permanece como espetáculo, como curiosidade superficial, anedótica e de vínculo momentâneo. O voto torna-se volátil, e a participação algo seletivo e meramente funcional. O ultraindividualismo dissolveu qualquer vestígio de consciência de classe e identificação com famílias políticas estáveis. Prolifera a opinião sem filiação e com parcos critérios. A identidade política é agora mais insegura, mutável e com expressividade negativa, do contra. Os que desejam fazer uma avaliação positiva desse cenário têm feito menção à figura do "eleitor estratégico", como alguém que vota de acordo com o momento e com objetivos precisos e "se desapega" das abordagens ideológicas. Mas, certamente, pelo ângulo negativo, também se pode avaliar que a maioria vota sem critérios, e menos ainda com expectativas.

O mundo do Vale do Silício acredita que o exercício da política requer a incorporação dos modos e maneiras do mundo da tecnologia. Os habitantes desse mundo consideram que esta é uma questão de maior eficácia. Para eles, a deliberação é o câncer que está acabando com a democracia moderna. Sua perspectiva é superar o debate para passar à ação. Eles falam, sem pudor, da tecnopolítica como superação da representação e do conflito de interesses que se manifestam no jogo político. Não existem mais, segundo eles, interesses conflitantes de classe, mas soluções tecnológicas para tudo. O tecnológico se tornou, mais que um artefato específico, um estilo de pensamento "científico", no qual os tecnocratas acreditam ter acesso a uma verdade superior à do restante da humanidade. Há a supremacia do conhecimento "especializado" e dos homens de ação sobre o contraste, a discussão e a negociação. O erro desse pensamento é pensar que o conflito é prejudicial para a política, e não entender que ele é necessário e insubstituível em sociedades livres. Para o pensamento tecnocrático, o pluralismo é um inimigo, não um aliado. E a discordância, o resultado de pouca informação. A soberba dos "triunfadores" do mundo tecnológico os leva a pensar e agir acreditando que podem resolver os grandes problemas do mundo muito melhor do que as estruturas políticas e os Estados. A figura da "tecnofilantropia" é extraordinariamente perversa, por acreditar que, com parte de sua fortuna, os seus atores podem oferecer uma solução para a pobreza africana ou as mudanças climáticas, enquanto fazem o impossível para não pagar impostos. Eles debilitam a soberania e a capacidade tributária dos Estados para logo criticá-los e tentar corrigi-los. As ações da Fundação Bill Gates produziram alguns efeitos perversos notáveis, além de serem pouco mais que um instrumento de marketing para "comprar" a evasão fiscal e esquecer a exploração que pratica no "coração das trevas".

Também no mundo progressista, na esquerda mais ou menos "nova" e alternativa, essa visão descafeinada foi incorporada à ideologia da política. Há uma aposta na política "despolitizada". Defende-se a mobilização cidadã constituída a partir de reivindicações setoriais específicas, a fim de lhes dar certa cobertura e fornecer-lhes um certo discurso totalizante baseado em estruturas partidárias muito fracas e genéricas. Este é o conceito de partido-movimento de Boaventura de Sousa Santos, ou também o da "confluência" utilizado pelo "Podemos" na Espanha. Partidos de rede para uma política em rede. Essa política é construída sem grandes dogmas ideológicos, mas por reivindicações e mobilizações, por temas práticos. Acredita-se que, neles, haja horror à teoria, embora, paradoxalmente, seus líderes sejam geradores de teorias bastante abstrusas. Acredita-se ainda que, na era das redes sociais, os cidadãos não tenham mais um sentimento único de pertencimento, mas múltiplos, e que a "desintermediação" da rede seja igualmente aplicável ao ativismo político, que não precisaria de uma organização ou partido no sentido convencional. Um exemplo extremo é o Partido Pirata, que, em vez de um grupo, é apresentado como um sistema operacional.

A política é apenas encenação. Nenhum projeto ou ação política entra em jogo, mas a capacidade de se comunicar para capturar a atenção momentânea dos cidadãos convertidos em espectadores e consumidores "do político". O vácuo político é preenchido com espetáculo e com a demanda por transparência absoluta que resulta na negação da possibilidade de estratégia, deliberação, consenso ou acordo. A política já não atua, nem produz e nem sequer transmite algo essencial, como também não gerencia a representação de interesses conflitantes. Nas palavras de Han (2014), "apenas comunica comunicabilidade". A comunicação política deixa de contribuir para a criação da comunidade e se torna espetáculo e entretenimento. O progressivo desaparecimento da cultura humanística também desempenha seu papel na deterioração da democracia, como assinala Martha Nussbaum, em *Sin fines de lucro*.

Sem dúvida, Donald Trump simboliza o novo líder político do mundo digital, tanto pelos valores que sua figura encarna, como pelas artimanhas e narrativas utilizadas para chegar ao poder. Do espetáculo televisivo, ele saltou para o espetáculo na internet e nas redes sociais, e o fez sabendo da lógica que acompanha o mundo da Rede. Trata-se de um personagem simples e banal que foi construído em uma exibição contínua de seu ego. Ele não buscou o consenso do centro político, mas ganhou seguidores insatisfeitos do sistema, que o idolatram. Desistiu de convencer adversários, e o único esforço a que se dedicou foi destruir a imagem dos líderes políticos daqueles. Ativou seus seguidores usando as possibilidades do marketing político de dispor de perfis personalizados para fornecer a eles informações tendenciosas que os uniriam, enquanto negava as evidências apelando para a existência de "verdades alternativas". Degradou o conceito de campanha eleitoral até limites nunca antes vistos e fez da política uma mera encenação. Enquanto governa por meio de *tweets*, ele cultiva a inimizade dos meios de comunicação e de alguns centros de poder, já que isso o reforça como um ícone de uma cultura popular contrária a tudo que soa convencional, estabelecido. Ele estabeleceu uma pseudodemocracia na qual a lógica da internet e das redes sociais é a sua grande aliada.

Estamos caminhando para uma "ilusão democrática", na qual os aspectos aparentes e formais da democracia são mantidos, mas sem a capacidade de tomada de decisão que realmente reside na cidadania. Certamente vivemos em uma sociedade de opções, mas as decisões que podemos tomar são triviais, já que há ausência de opções reais e de que tenhamos o conhecimento suficientemente qualificado para escolher. Nosso mundo se orgulha das grandes possibilidades de escolha que possuímos, mas, na realidade, as cartas são notoriamente marcadas por quem administra as bolhas nas quais estamos imersos.

Referências

AMADO, Adriana. *Política pop*. De líderes populistas a telepresidentes. Barcelona: Ariel, 2016.

ANDERSON, Benedict. *Comunidades imaginadas*. Reflexiones sobre el origen y la difusión del nacionalismo. México: Fondo de Cultura Económica, 2006.

ARENDT, Hannah. *¿Qué es la política?* Madrid: Alianza Editorial, 1997.

BERGUA, José Ángel. *Postpolítica*. Elogio del gentío. Madrid: Biblioteca Nueva, 2015.

BADIOU, Alain. *La ética*: ensayo sobre la conciencia del mal. México: Herder, 2004.

BURGAYA, Josep. *La economía del absurdo*. Cuando comprar más barato contribuye a perder el trabajo. Barcelona: Deusto, 2015.

BURGAYA, Josep. *Adiós a la soberanía política*. Los tratados de nueva generación (TTP, TTIP, CETA, TISA...) y qué significan para nosotros. Barcelona: Ediciones Invisibles, 2017.

CARR, Nicholas. *Superficiales*: ¿Qué está haciendo internet con nuestras mentes? Madrid: Taurus, 2011.

CASTELLS, Manuel. *Comunicación y poder*. Madrid: Alianza Editorial, 2009.

COWEN, Tyler. *Se acabó la clase media*. Cómo prosperar en un mundo digital. Barcelona: Antoni Bosch Editor, 2014.

CROUCH, Colin. *Post-democracia*. Madrid: Taurus, 2004.

ERREJÓN, Íñigo; MOUFFE, Chantal. *Construir pueblo*. Hegemonía y radicalización de la democracia. Barcelona: Icaria, 2015.

FUKUYAMA, Francis. *Identidad*. La demanda de dignidad y las políticas de resentimiento. Barcelona: Deusto, 2019.

GARTON ASH, Timothy. *Libertad de palabra*. Diez principios para un mundo conectado. Barcelona: Tusquets Editores, 2017.

GRAY, John. *El silencio de los animales*. Sobre el progreso y otros mitos modernos. Madrid: SextoPiso, 2013.

HAN, Byung-Chul. *La sociedad de la transparencia*. Barcelona: Herder, 2013.

HAN, Byung-Chul. *La sociedad del cansancio*. Barcelona: Herder, 2012.

HAN, Byung-Chul. *En el enjambre*. Barcelona: Herder, 2014.

HELD, David. *Cosmopolitismo*. Ideales y realidades. Madrid: Alianza Editorial, 2012.

INNERARITY, Daniel. *El futuro y sus enemigos*. Una defensa de la esperanza política. Barcelona: Paidós, 2009.

JARVIS, Jeff. Y. *Google, ¿cómo lo haría?* Barcelona: Ediciones Gestión, 2010.

JULLIEN, François. *La identidad cultural no existe.* Barcelona: Taurus, 2017

KEEN, Andrew. *Internet no es la respuesta.* Barcelona: Catedral, 2011.

LANIER, Jaron. *Contra el rebaño digital.* Barcelona: Debate, 2011.

LANIER, Jaron. *¿Quién controla el futuro?* Barcelona: Debate, 2014.

LACLAU, Ernesto. *La razón populista.* México: Fondo de Cultura Económica, 2016.

LAKOFF, Georges. *No pienses en un elefante*: lenguaje y debate político. Madrid: Editorial Complutense, 2007.

LEVITSKY, Steven; ZIBLATT, Daniel. *Cómo mueren las democracias.* Barcelona: Ariel, 2018.

LIPOVETSKY, Gilles. *La felicidad paradójica*: ensayo sobre la sociedad del hiperconsumo. Barcelona: Anagrama, 2007.

MAZZUCATO, Mariana. *El Estado emprendedor.* Mitos del sector público frente al privado. Barcelona: RBA, 2014.

MISHRA, Pankaj. *La edad de la ira.* Una historia del presente. Barcelona: Galaxia Gutenberg, 2017.

MOROZOV, Evgeny. *La locura del solucionismo tecnológico.* Madrid: Katz Editores, 2015.

MOUFFE, Chantal. *La paradoja democrática*: el peligro del consenso en la política contemporánea. Barcelona: Gedisa, 2016.

NAPOLEONI, Loreta. *Democracia en venta.* Cómo la crisis económica ha derrotado la política. Barcelona: Paidós, 2013.

PARISIER, Eli. *El filtro burbuja*: cómo la web decide lo que leemos y lo que pensamos. Madrid: Taurus, 2017.

PIKETTY, Thomas. *El capital en el siglo XXI.* Madrid: Fondo de Cultura Económica, 2014.

POSTMAN, Neil. *Divertirse hasta morir.* Barcelona: Ediciones de la Tempestad, 2012.

PUTNAM, Robert D. *Solo en la bolera*: colapso y resurgimiento de la comunidad norteamericana. Barcelona: Círculo de Lectores, 2002.

RIFKIN, Jeremy. *La sociedad del coste marginal cero*. El Internet de las cosas, el procomún colaborativo y el eclipse del capitalismo. Barcelona: Paidós, 2014.

RODRIK, Dani. *La paradoja de la globalización*. Democracia y el futuro de la economía mundial. Barcelona: Antoni Bosch, 2012.

SACHS, Jeffrey. *El precio de la civilización*. Barcelona: Galaxia Gutemberg, 2012.

SADIN, Éric. *La humanidad aumentada*. La administración digital del mundo. Madrid: Caja Negra, 2017.

SALMON, Christian. *La ceremonia caníbal*. Sobre la performance política. Barcelona: Península, 2013.

SENNETT, Richard. *El respeto*. Sobre la dignidad del hombre en un mundo de desigualdad. Barcelona: Anagrama, 2003.

SERRES. Michel. *Pulgarcita*. Barcelona: Gedisa, 2014.

SOUSA SANTOS, Boaventura de (Coor.). *Democratizar la democracia*. Los caminos de la democracia participativa. México: Fondo de Cultura Económica, 2004.

TODOROV, Tzvetan. *Los enemigos íntimos de la democracia*. Barcelona: Galaxia Gutemberg, 2012.

VALLESPÍN, Fernando; BASCUÑÁN, Máriam M. *Populismos*. Madrid: Alianza Editorial, 2017.

WILKINSON, Richard; PICKETT, Kate. *Desigualdad*: una historia de la (in) felicidad colectiva. Madrid: Turner, 2009.

WOLFF, Michael. *Fuego y Furia*. En las entrañas de la Casa Blanca de Trump. Barcelona: Península, 2018.

WOLIN, Sheldon. *Democracia S.A*: democracia dirigida y el fantasma del totalitarismo invertido. Madrid: Katz, 2008.

ZIZEK, Slavoj. *Problemas en el paraíso*. Del fin de la historia al fin del capitalismo. Barcelona: Anagrama, 2016.

Pós-modernidade, tecnologias e novas relações de consumo

Marcos César Alves Siqueira

Aproximações conceituais sobre a pós-modernidade

Para que se tenha uma compreensão correta do que seja a pós-modernidade, é importante, primeiramente, que não se faça confusão entre *modernidade* e *modernismo*. Enquanto a primeira compreende um conjunto de transformações históricas estruturais, que se inicia com o Renascimento, passando pela Ilustração, com seu ápice nas transformações da revolução industrial, o segundo, é uma corrente artística e estética, iniciada no século XX, que poderia ser descrita como uma forma de contestação à perda das referências iniciais da modernidade (que deu lugar a um suposto racionalismo excessivo). Esta proximidade semântica entre modernidade e modernismo fez inclusive com que se confundissem os princípios do segundo com os da primeira, cuja característica principal é o "efêmero". Ser moderno significava ser, antes de qualquer coisa, um inconformado, um indagador, um vanguardista, e mesmo um revolucionário, como tantos os que surgiram com o fim da Idade Média — até a própria burguesia, como descrito por Marx e Engels em seu famoso Manifesto (2005).

Mas tudo começou a mudar, de acordo com Alain Touraine (1998), quando a modernidade descambou para o que ele chama de "ditadura da razão e as perversões totalitárias do sujeito" (p. 14). Para Touraine, ela se tornou um pouco daquilo que tanto tentou destruir. "Não é mais pura mudança, sucessão de acontecimentos; ela é difusão dos produtos da atividade racional, científica, tecnológica, administrativa" (p. 17). Neste sentido, a crítica de Touraine é correta, na medida em que se refere às transformações pelas quais atravessa a sociedade moderna no século XX e as associa à busca pela racionalização e eficiência da produção em massa. Neste ponto, "especificamente", a crítica pós-moderna é até acertada pelos motivos que serão tratados a seguir, quando forem pontuadas as características desta mudança. O problema é quando a crítica deixa de ser crítica (no sentido marxiano[1]) para ser apreciação vazia, que faz com que a pós-modernidade seja, simplesmente, alvo de chacotas ou análises ácidas, como as de Terry Eagleton. Para ele, a pós-modernidade

> [...] emerge da mudança histórica ocorrida no Ocidente para uma nova forma de capitalismo — para o mundo efêmero e descentralizado da tecnologia, do consumismo e da indústria cultural, no qual as indústrias de serviços, finanças e informação triunfam sobre a produção tradicional, e a política clássica de classes cede terreno a uma série difusa de "políticas de identidade". Pós-modernismo é um estilo de cultura que reflete um pouco essa mudança memorável por meio de uma arte superficial, descentrada, infundada, auto-reflexiva, divertida, caudatária, eclética e pluralista, que obscurece as fronteiras entre a cultura "elitista" e a cultura "popular", bem como entre a arte e a experiência cotidiana (Eagleton, 1998, p. 7).

Partindo-se da substancial análise que David Harvey faz da pós--modernidade, é importante uma ressalva sobre a influência desta no

---

1. De interrogar, obstinadamente, a realidade com vista a desvendar a sua essência.

processo de urbanização e transformação das cidades. Se fosse permitido representar artisticamente o que significa o pós-modernismo, como crítica ou mesmo complementaridade do modernismo, poder-se-ia defini-lo como uma visão caleidoscópica da sociedade. De fato, a única proposta crítica que esta visão apresenta, em comparação com uma abordagem modernista, é o rompimento com uma visão mais hermética e fechada, mesmo que em sua proposta "nietzschiana de destruição criativa" (Harvey, 1993, p. 26), para algo que se "propõe" a ser inclusiva, aberta e plural. Contudo, tais proposições não se efetivam, bem como se configuram em armadilhas e ardis para quaisquer análises que a utilizam como premissa metodológica.

O curioso é que o pós-modernismo critica, em grande parte, uma sociedade sob os ditames do capitalismo, de como devem ser as suas cidades, sua urbanização, as relações entre os indivíduos, muitas delas válidas, como as questões identitárias, das diferenças, da pluralidade cultural, contudo não se aprofunda na sua análise. Na sua raiva contra o historicismo da modernidade, a sua crítica somente espacializa estas questões, apenas as identifica, mas não as esmiúça, tarefa que é possível somente pelo exame referenciado no materialismo histórico. O pós-modernismo confunde totalitarismo, uma das infelizes produções da modernidade, com a visão de "totalidade", outra (feliz neste caso) de suas criações. Ao criticar a modernidade pela sua suposta homogeneização, ele termina por cometer os mesmos erros. Não busca resgatar o que de interessante a modernidade gerou, aprofundando-a e problematizando sua relação com as novas questões postas pelo capitalismo tardio; ao contrário, ele põe-se a desconstruí-la, levando-a ao reino das abstrações e misturas incoerentes de pontos de vista.

O pós-modernismo surge, "oficialmente", na década de 1970, com outras tentativas de salvar o fordismo, como a guerra à pobreza e a guerra do Vietnã (Harvey, 1993). Os graves problemas fiscais do Estado puseram o sistema em *xeque* e não havia mais nada que pudesse ser feito, a despeito do último lapso fordista, com a transferência de parques produtivos dos países centrais para os periféricos, como os do Sudeste Asiático, América do Sul e Ásia (Índia, Paquistão, Bangladesh,

China). Estes são países com baixa regulação do trabalho e fiscalização, baixos salários, principalmente quando comparados ao dólar, à libra ou ao euro, baixa mobilização sindical, com não raros casos de exploração do trabalho infantil e desumanas jornadas de trabalho.

Portanto, a análise da acumulação flexível, como é chamado o novo regime de acumulação que passou a dar as cartas no capitalismo central, não pode se dar isoladamente. Ela faz parte de um contexto em que a participação dos países periféricos, com seus estágios tecnológicos e legais particulares, é fundamental. Um padrão sistêmico não sobreviveria sem a existência de outro. É ingenuidade, ou visão míope, concluir que o mundo vive em um regime flexível, quando isto não ocorre com a grande maioria das estruturas produtivas mundiais. Este já é um dos muitos argumentos que põe por terra certas visões pós-modernas sobre o fim do trabalho, como as de André Gorz (1982), Daniel Bell (1974), Alain Touraine (1998), entre tantos outros. Com a internacionalização do capital, fica cada vez mais difícil permanecer em análises que priorizam apenas os países centrais. Quando se estudam as origens do capitalismo, o seu desenvolvimento nas bases iniciais, este foco até possui certa validade, mas quando se analisam as transformações no mundo do trabalho, as quais pressupõem um desenvolvimento desigual pelo mundo, isso se torna inviável.

Ademais, quando se analisam, de fato, países do capitalismo central, como os Estados Unidos, abstraindo-se sua inserção no mercado internacional, apenas como forma de verificar os impactos da transformação do trabalho em seu território, tem-se a noção das mudanças que estão ocorrendo há quase cinquenta anos. Entretanto, todo este movimento, alerta Harvey (1993), faz parte de um escopo muito mais amplo do que uma mera modificação nos arranjos produtivos. Trata-se de uma mudança no próprio modo de produção capitalista, conforme apresentado anteriormente, no qual a necessidade constante e permanente de acumulação levou ao desenvolvimento estrondoso de uma nova esfera — a da financeirização. Eis porque o novo mantra do capitalismo, agora, é a "diversificação" que, com base nas inovações tecnológicas e informáticas da década de 1980, permitiram a criação de novos produtos, novos canais de comunicação e novas tendências de consumo.

O capitalismo levou a tal ponto a sua capacidade de produzir em massa e com velocidade, que inaugurou o momento histórico da "produção de regimes de acumulação em massa". Trata-se de uma brincadeira; afinal, regimes de acumulação, de acordo com a concepção regulacionista, envolvem processos bastante complexos e historicamente demorados, como foi gradual a introdução do fordismo. Com efeito, tais regimes de acumulação englobam mudanças de ordem macroeconômica, no grau de desenvolvimento tecnológico e social dos fatores de produção e do relacionamento entre todos estes elementos em uma realidade social, cultural; além disso, requerem formas burocrático-estatais desenvolvidas para intermediar todas estas conexões, instituindo, dessa forma, um novo modo de regulação e não simplesmente um regime de acumulação (fordista, taylorista, toyotista, flexível) (Lipietz, 1991).

O maior equívoco nas tentativas de se compreender o modelo flexível, como os tipos retratados por Ricardo Antunes (1995), é procurar restringi-los a meras manifestações das modificações nas práticas produtivas e, no máximo, em suas consequências em termos de novos padrões de consumo. O verdadeiro diferencial em tais análises pode ser extraído dos estudos de Harvey (1993), que as percebe como sendo parte de um escopo muito mais amplo. Trata-se, em primeiro lugar, de uma mudança na própria concepção de sociedade, na qual o termo "pós-moderno" ainda é o mais comumente empregado. Outras terminologias, como "neoliberal", ou mesmo "capitalismo tardio", também poderiam ser utilizadas sem prejuízo da análise, desde que tivessem a mesma perspectiva.

Contudo, a dimensão que efetivamente diferencia a realidade atual da vivida em outros momentos históricos é justamente o "tempo". Não o tempo da crise da geografia, apesar de que há, de fato, uma relação. Não o tempo da história, tão trabalhada pela dialética marxista, mas o tempo da velocidade de deslocamento espacial. O capitalismo em sua versão tardia é, essencialmente, o capitalismo do dinamismo, da pressa, da velocidade. E é exatamente esta "pressa" a responsável por todos os males econômicos e psicossociais que agora se somam aos problemas inerentes ao próprio capitalismo e pelos novos problemas enfrentados nos centros urbanos. E mais uma vez é retornando às premissas enunciadas por Marx que se tem a oportunidade de compreender, efetivamente a fundo, os princípios por detrás de todos os acontecimentos recentes. É voltando mais ao passado que se pode resgatar o conhecimento da realidade mais atual. Mais uma vez é Marx quem dará, não as respostas, mas a compreensão do capitalismo, como bem sintetizado por Harvey:

> [...] retornemos, pois, aos 'elementos e relações invariantes' de um modo capitalista de produção, propostos por Marx, e vejamos até que ponto esses elementos e relações estão onipresentes sob a superfície tênue e evanescente, sob as fragmentações e disrupções tão características da atual economia política. Como a acumulação flexível ainda é uma forma de capitalismo, podemos esperar que algumas proposições básicas se mantenham [...]. Referir-me-ei, em especial, a três características essenciais do modo capitalista de produção. 1. O capitalismo é orientado para o crescimento [...] 2. O crescimento em valores reais se apoia na exploração do trabalho vivo na produção [...] Como o controle do trabalho é essencial para o lucro capitalista, a dinâmica da luta de classes pelo controle do trabalho e pelo salário de mercado é fundamental para a trajetória do desenvolvimento capitalista. 3. O capitalismo é, por necessidade, tecnológica e organizacionalmente dinâmico. Isso decorre em parte das leis coercitivas, que impelem os capitalistas individuais a inovações em sua busca do lucro [...] a mudança organizacional e tecnológica [...] tem papel-chave na modificação da dinâmica da luta de classes; [...] Além disso, se o controle do trabalho é essencial para a produção de lucros e se torna uma questão mais ampla do ponto de vista do modo de regulamentação, a inovação organizacional e tecnológica no sistema regulatório (como o aparelho do Estado, os sistemas políticos de incorporação e representação etc.) se torna crucial para a perpetuação do capitalismo. (Harvey, 1993, p. 164-169).

Ou seja, o capitalismo precisa acumular e tem pressa para isso. Para acumular com rapidez, logo, reduzir ao máximo o tempo de reprodução do capital, precisa criar tecnologias que permitam este salto quantitativo. Precisam ser tecnologias que atuem tanto na produção e circulação quanto no consumo; precisam ser tecnologias que tenham impacto sobre a sociedade civil e sobre o Estado. E não só a tecnologia. A dinâmica do processo precisa ser tal que cause desagregação nas estruturas de classe, nos níveis de sociabilidade, na cultura, no comportamento, na política e em todas as suas formas de expressão simbólica. Enfim, tais modificações precisam ser verdadeiramente estruturais e estruturantes.

As mudanças, em termos de tecnologias produtivas, converteram-se no chamado "sistema de acumulação flexível", que pressupõe, como o nome sugere, uma flexibilização nas relações produtivas e de exploração. Tudo deve convergir para um comportamento produtivo e corporativo adaptável, refletindo as oscilações no mercado, metas e objetivos das corporações, tendências, traduzindo, em termos financeiros, uma maior "liquidez" para a organização. O mercado deve ser orientado para as modas, para uma nova cultura de consumo disseminada pelos organismos de marketing (com forte vinculação com as artes e mídias culturais) e de relações públicas. As novas tecnologias devem ser igualmente flexíveis, de menor custo e investimento inicial. Os produtos devem se inserir em um paradigma de obsolescência programada (substituição acelerada e menor durabilidade). As dimensões das mercadorias devem ser reduzidas e seus materiais de fácil descarte. As relações de consumo, agora, não terminam no ato da compra. Hoje existem canais de relacionamento e integração com as cadeias produtivas, e passam a existir sistemas de vendas combinadas e contínuas.

A principal responsável por esta verdadeira revolução produtiva, que rejeita a alcunha de industrial, já que suas indústrias mudaram de endereço (Sudeste Asiático, China, Bangladesh, entre outros), é justamente a ciência, tão rechaçada pela teoria pós-moderna, pela sua preocupação anterior com grandes temas da humanidade. Pois bem, a ciência agora também é flexível, absolutamente multidisciplinar, já que é, essencialmente, uma ciência do consumo urbano. As grandes corporações nunca exigiram tamanha especialização e treinamento, já que uma nova categoria profissional, a dos "colarinhos brancos" e dos supervisores e gestores, agora é fundamental ao processo de dinamismo comercial e de inovação. As companhias dispõem de setores de P&D (pesquisa e desenvolvimento), fazem grandes parcerias com universidades, principalmente nos países do centro do capitalismo[2]. A administração científica de Taylor (1995) tornou-se pequena e obsoleta diante da grande produção acadêmica voltada para a gestão de empresas, englobando, além da economia e da contabilidade, a psicologia, a sociologia, a matemática, a engenharia, a biologia, a robótica, e até mesmo a genética.

A despeito de ainda serem baseadas no monopólio, agora as grandes organizações estimulam a competição interna, a abertura de novos negócios, as *startups*, as incubadoras de empresas; e o monopólio assumiu a figura jurídica das *holdings*, das grandes controladoras de múltiplas marcas, visando, assim, à diversidade de consumo e ao maior alcance possível de um mercado mutável e alegadamente plural. A pluralidade, uma das principais bandeiras da pós-modernidade, converteu-se em uma grande oportunidade de lucros para o capitalismo. Não que a pluralidade não seja importante, mas, a partir do momento em que apenas a questão estética da pluralidade, das identidades visuais, em detrimento de identidades objetivas e subjetivas, é observada, esvazia-se seu caráter dialético, seu potencial revolucionário, transmutando-se em reacionarismo. O aspecto do consumo passa a estar tão internalizado na sociedade da pós-modernidade, que grandes conceitos como protagonismo, identidade, identidade cultural, resistência popular, cultura tradicional, cultura popular, raça, gênero, sexualidade, entre outros, passam a integrar, mesmo que inconscientemente, a cadeia do consumo e de um modelo

---

2. Nos países periféricos, essa associação ainda é incipiente e muitas das vezes regulada pelo Estado.

de acumulação que passa a viver da existência perene do preconceito. Com efeito, a principal conquista do capitalismo tardio é minar, completamente, os mais profundos sentimentos de pertencimento a uma classe que é explorada, independentemente do lugar em que se situe na divisão social do trabalho.

Mudanças na sociedade e um novo paradigma de consumo

Os novos meios de comunicação física e de transmissão de informação, típicos do século XXI, tais como a internet, os computadores portáteis, os meios de entretenimento e de informação, as tecnologias omnidimensionais[3] de reconhecimento de padrões de consumo, as economias compartilhadas, entre outras, permitiram, como nunca antes na história, uma identidade quase simbiótica entre produção e consumo. É perfeitamente compreensível que uma sociedade sob um paradigma produtor de mercadorias se torne uma sociedade de consumo (do contrário não existiria o capitalismo). Uma característica marcante das cidades, além de seus locais de moradia, de seus setores industriais, seus aparelhos públicos e privados de saúde e educação, é a existência de um comércio. Mas o que diferencia a esfera comercial da pós-modernidade do comércio de séculos atrás, é que agora este se imiscuiu na cultura e na sociabilidade urbana. Torna-se praticamente impossível pensar no lazer, ou em algum tipo de expressão cultural ou mesmo de socialização, que não envolva algum tipo de relação comercial, já que, consoante Jameson (2007), a produção cultural e estética do capitalismo tardio e da pós-modernidade, que se assume como o paradigma cultural deste momento, passa a ser, ela mesma, uma produção de mercadorias.

---

3. O termo *omnidimensional* é comumente empregado para definir a capacidade de determinadas tecnologias, como de antenas e captura de imagens, de transmitir ou capturar dados em todas as direções (360 graus).

Além disso, os bens de consumo de alta tecnologia (como o caso dos computadores portáteis, os *smartphones*[4], entre outros) converteram-se em poderosas ferramentas de otimização logística e de produção/reprodução exponencial do consumo. Com efeito, estas novas tecnologias, juntamente com os novos veículos de comunicação como a internet, tornaram-se poderosos instrumentos, ao mesmo tempo, da chamada *compressão espaço-temporal*[5] (uma vez que se tornaram pontes virtuais entre o consumidor final e o mercado); e também uma forma tanto de viabilização de consumo direto, quanto de reprodução de uma cultura de consumo (baseada no culto à exposição pessoal, que basicamente é a exposição de hábitos individuais de consumo). Nesse sentido, tais tecnologias têm a capacidade de viabilizar um crescimento praticamente exponencial do consumo, além de não se sujeitarem a muitas limitações de ordem espacial e mesmo legal.

---

4. *Smartphones* (telefones inteligentes em tradução literal) são tecnologias que conjugam microcomputadores com aparelhos telefônicos. São literalmente computadores de bolso, o que permite a sua utilização em diversas aplicações possíveis, desde o acesso à internet para o comércio até a utilização nas chamadas redes sociais. É uma inovação que, em termos de modificações de padrões sociais e de comportamento, se compara à da invenção do automóvel, a despeito de seus reflexos sobre a estrutura espacial e sobre a esfera da produção ser reduzido. É, certamente, a expressão cultural urbana mais ilustrativa do fetichismo da mercadoria, de indivíduos isolados e absortos em seus próprios aparelhos, alheios ao que acontece ao seu redor. A socióloga estadunidense Nicole Aschoff, autora de *The new prophets of capital*, e editora da revista *Jacobin*, faz uma interessante análise sobre as transformações sociais e econômicas provocadas por essa tecnologia, em seu artigo "The Smartphone Society", de 2015. Segundo Aschoff, "o *smartphone* é a mercadoria que define o século XXI".

5. Esta expressão, cunhada por David Harvey em seu livro *Condição pós-moderna* (1993), apesar de pertinente à realidade da acumulação flexível, em que o capitalismo, na sua ânsia por se libertar das amarras que a física dos corpos impõe (tempo e distâncias), trata de algo muito mais genérico e que se coloca como uma barreira inerente ao próprio modo de produção na sua essência. Em sua construção sobre a relação espaço-temporal, ele parte de Marshall Berman (1986), autor de *Tudo que é sólido desmancha no ar*, publicado em 1982, uma conhecida crítica da modernidade, percorrendo outros autores que se debruçaram sobre as transformações da sociedade moderna, alguns pós-modernos como Daniel Bell, e romancistas como Marcel Proust e James Joyce, cujas obras procuraram retratar a sua época (a modernidade do final do século XIX e início do século XX). Todas estas obras têm em comum o fato de se relacionarem, de alguma forma, com a questão espaço-temporal, duas dimensões em profunda transformação pela modernidade. Harvey utiliza o conceito com bastante referência ao processo de mundialização e de internacionalização do capitalismo, assim como às influências da tecnologia como catalisadora nesta questão, cujos reflexos são sentidos com mais intensidade na esfera do trabalho.

Em sua versão mais atual, o capitalismo tem buscado, como forma de reduzir ao mínimo o ciclo de realização entre produção e consumo, criar novas técnicas de marketing capazes de recolher todos os tipos de dados comportamentais de clientes e potenciais clientes, de modo a estabelecer um perfil exato de consumo e estimulá-lo, mesmo que subconscientemente. Entre tais tecnologias estão a própria observação e o registro de imagens em tempo integral, o monitoramento de comunicações telefônicas, e-mails, redes sociais e rastreamento via satélite, e o recolhimento de dados e padrões de pesquisa na internet, com algoritmos complexos desenvolvidos por engenheiros e matemáticos.

Pode-se se dizer, também, que tais consumidores destas tecnologias, ao suprimirem parte da cadeia produtiva que antes era realizada por trabalhadores da indústria, converteram-se em uma espécie de ferramenta ou mesmo de um novo tipo de maquinário a serviço do capital, com a diferença de que dispõem das mesmas condições reprodutivas e renovadoras da classe trabalhadora; logo, não têm parte do seu valor atribuído ao valor da mercadoria, como ocorre com a depreciação das máquinas e equipamentos da indústria. O seu trabalho é convertido, em sua totalidade, em incremento na *mais-valia* relativa e, consequentemente, em maiores lucros para o capital. Está-se assistindo, portanto, ao nascimento de um novo meio de produção, um híbrido entre a máquina e o trabalhador vivo, capaz de aumentar a produtividade relativa da mão de obra, sem custo adicional transferido para a mercadoria, mas com a capacidade de pressionar o custo da mão de obra (os salários) para baixo em decorrência deste ganho de produtividade.

A revolução tecnoinformática e a crítica ao pós-industrialismo

A relação entre produção e consumo, a questão da tecnologia como meio incremental de obtenção de *mais-valia* (relativa), remete, necessariamente, ao novo momento pelo qual atravessa a chamada sociedade industrial, mas que muitos consideram, equivocadamente, como pós-industrial. Trata-se da chamada revolução tecnocientífica, ou revolução da informação, ou mesmo terceira revolução industrial[6]. Talvez seja mera coincidência, mas o fato é que esta visão coincidiu quase que simultaneamente com o surgimento da chamada revolução tecnoinformática ou da informação. A partir deste momento, a sociedade urbana foi inundada por uma quantidade massiva de informação e, consequentemente, de bastante conteúdo ideológico.

Trata-se, antes de tudo, de uma sociedade da "abstração", pela homogeneização dos caracteres particulares, por meio da transformação destes em dados codificáveis e reprodutíveis no tempo e no espaço (os *bytes* e *bits*, baseados em codificação binária). A revolução da informática trouxe, em seu bojo, um novo modelo de sociedade: o da fetichização elevada à última potência. Agora, as relações se efetivam não apenas no mercado, por meio das coisas, mas estas agora assumem a identidade de seus possuidores, mediando as suas relações e atuando também na produção, na distribuição e na circulação. A chamada revolução tecnocientífica é o meio definitivo para a completa sinergia entre estas dimensões socioeconômicas, numa nova e desesperada tentativa capitalista de postergar os efeitos das suas contradições essenciais. Mas, ao mesmo tempo, é o potencial meio de sua derrocada, justamente pela ênfase que dá à abstração e à "virtualização"[7] do mundo material. Um dos grandes equívocos da atualidade é sugerir que se está diante de um novo paradigma produtivo pós-industrial, cuja centralidade está na informação e nos serviços (como se não fossem tipos específicos de mercadorias), como tentam fazer crer estudos como os do sociólogo estadunidense Daniel Bell[8] (1974).

---

6. Sucessora, logicamente, da segunda revolução industrial, que teve reflexos na indústria energética (de combustíveis fósseis) e de telecomunicações, tais como telefonia, telégrafos, entre outros.

7. No sentido de uma representação virtual, imaterial, recortada, fragmentada, à semelhança de uma fotografia.

8. Autor de *The Coming of Post-Industrial Society*, de 1973 (edição brasileira de 1974). Análises como as dele não são novidade, como atestam os estudos de Alain Touraine (1970), André

O fato de Manuel Castells (1999) chamar Daniel Bell de "clássico" já indica o alcance e a profundidade de suas ideias (ideologias) e dá um vislumbre das dificuldades a serem transpostas nesta nova fase de reestruturação produtiva e econômica das últimas cinco décadas. Uma das características mais marcantes deste período, tanto em termos econômicos, sociais, ideológicos, quanto teóricos, é a sua fragmentação, contradição, o relativismo e a falta de referências geográficas e espaciais que dificultam a sua compreensão lógica. Apenas para efeito de ilustração, a confusão completa já se instaura em análises, como as de Bell, que selecionam um caso particular, o dos Estados Unidos, extrapolando suas conclusões estatísticas para o restante do mundo. Além disso, ele lança mão de dados estatísticos óbvios, dada à mudança tecnológica já mencionada, com incremento no capital constante em detrimento do capital variável, chegando, dessa forma, a conclusões totalmente fora de contexto. Ademais, ele confunde grandezas absolutas com grandezas relativas, e até mesmo Marx, já no século XIX, apontava para o fato de que o capital variável continuaria a sua marcha crescente em termos absolutos, em decorrência da necessidade vital de acumulação (que depende de trabalho humano), enquanto, em termos relativos, como fração do custo total, este declinaria.

Efetivamente, esta revolução na informação propõe-se a ser anti-industrial, ubíqua, sem nacionalidade e filiação política. O potencial de lucros, por meio dela, é diretamente proporcional aos riscos que ela impõe sobre a sociedade urbana: o risco do primado da ideologia sobre a teoria; da informação sobre o conhecimento; da manipulação

---

Gorz (1982), entre muitos outros. Ricardo Antunes, em *Adeus ao trabalho?*, faz um apanhado comparativo das diversas visões a respeito de uma suposta crise no mundo do trabalho, mais especificamente sobre o fim da centralidade do trabalho, tais como: a) a visão que advoga em favor de uma crise na sociedade do trabalho abstrato, mas que no fim das contas engrossa um culto ao trabalho assalariado; b) a corrente que também aponta a crise na sociedade do trabalho abstrato, mas pelo seu grau de fetichização e distanciamento da dimensão concreta e emancipadora do trabalho (visão compartilhada por este texto); c) por fim, a corrente pós-moderna que fala de um fim da centralidade do trabalho e em uma sociedade pós-industrial, como Daniel Bell, Alain Touraine, Habermas (1970), André Gorz e outros. Esta corrente ideológica é a hegemônica nos estudos sobre o trabalho.

sobre a crítica. É, em suma, um processo tão eficiente na arte da manipulação de dados e informações que consegue esconder o fato de que ele ainda se assenta em muitos princípios e bases da era industrial.

Em que pesem as teorias a respeito da desindustrialização, da perda de centralidade do trabalho, de uma suposta sociedade pós-industrial, o fato é que a maioria dos estudos que advogam em favor dessas teorias baseia-se nos aspectos mais evidentes e fenomênicos de um movimento de diversificação da economia que, por sua vez, é totalmente condizente com os novos padrões do modelo de acumulação flexível. Nesse sentido, as teorias sobre a desindustrialização pecam pelos seguintes motivos: 1 — desconsideram as novas configurações da divisão internacional do trabalho, que, agora, por meio da internacionalização, integram uma extensa rede mundial de terceirizações de parques industriais, pulverizados em vários países do capitalismo periférico, cada um com diferentes níveis e regimes produtivos; 2 — as estatísticas sobre desindustrialização geralmente se centram na análise dos países do capitalismo central que, em função da nova distribuição acima apontada, naturalmente liberam suas economias para a diversificação em outros setores, com destaque para o setor de serviços; 3 — dada à necessidade de diversificação econômica imposta pelo modelo de acumulação flexível, grandes somas de capitais que antes seriam destinados para a produção industrial são agora alocados no mercado financeiro e especulativo; 4 — esta mesma diversificação amplia, sobremaneira, o mercado de serviços, e muitos deles estão atrelados a alguma venda de mercadorias do setor produtivo industrial (exemplos: serviços de reparos em automóveis, aparelhos eletrônicos). Soma-se a isso o fato de que, com o sistema de obsolescência programada, a demanda por serviços de manutenções também se eleva, bem como os demais serviços de venda casada; 5 — indicadores de desindustrialização normalmente confundem grandezas relativas e absolutas. Com a necessidade de acumulação e elevação produtiva, os setores industriais, tradicionalmente mais produtivos e mecanizados, terão, naturalmente, uma redução, em termos relativos (percentuais), do total produzido na economia, que também engloba serviços. Mesmo que haja uma desindustrialização em termos percentuais, muito provavelmente isto não se verifica em termos absolutos. Contudo, observa-se que muitos países do globo, como a China, apresentam fortes indicadores de industrialização, e não o contrário.

Fredric Jameson realiza uma arguta análise sobre as teorias de um fim da centralidade do trabalho, ou que caracterizam a pós-modernidade como um paradigma teórico, em vez de um corpo ideológico ou corrente estética. Para ele:

> [...] tais teorias têm a óbvia missão ideológica de demonstrar, para seu próprio alívio, que a nova formação social em questão não mais obedece às leis do capitalismo clássico, a saber, o primado da produção industrial e a onipresença da luta de classes. A tradição marxista tem, por isso, resistido com veemência a essas formulações, com a exceção significativa do economista Ernest Mandel, cujo livro *O capitalismo tardio* propõe-se não apenas a fazer a anatomia da originalidade histórica dessa nova sociedade (que ele considera um terceiro estágio ou momento na evolução do capital), mas também a demonstrar que se trata aí de nada mais nada menos do que um estágio do capitalismo mais puro do que qualquer dos momentos que o precederam [...] qualquer ponto de vista a respeito do pós-modernismo na cultura é, ao mesmo tempo, necessariamente, uma posição política, implícita ou explícita, com respeito à natureza do capitalismo multinacional em nossos dias (Jameson, 2007, p. 29).

Outra confusão que se faz nos discursos sobre a perda da centralidade do trabalho é estabelecer uma vinculação da esfera do trabalho com a esfera da produção industrial. O exercício do trabalho não está vinculado ao trabalho operário, mas, essencialmente, ao assalariamento e ao fato de gerar mais-valor, o que não só se modificou como se acirrou com os serviços flexibilizados, sem controle legal, sem benefícios, não fiscalizados por parte do Estado, e com pouquíssima sindicalização, em comparação com o setor industrial.

Considerações e reflexões finais sobre a pós-modernidade

Em suma, uma teoria da desindustrialização, ao tentar se posicionar como uma crítica da sociedade pós-moderna, cai na armadilha de ser, ela mesma, pós-moderna, já que se firma no espetáculo, na aparência, de uma realidade que se estrutura em uma lógica, tanto no aspecto da produção quanto da exploração, tão arcaica e rudimentar quanto o próprio início do capitalismo industrial — basta que se realize uma pesquisa simples sobre o processo industrial de grandes marcas de roupas produzidas pelos países do Sudeste Asiático.

O que se alterou profundamente, e isso é uma verdade global, uma realidade concreta e objetiva, foi a forma (tecnologicamente avançada) com o que capitalismo procurou fazer escoar a sua produção (rudimentar em sua maioria). As grandes inovações tecnológicas, que antes foram o próprio meio pelo qual o capitalismo pôde manter suas taxas de lucro em via ascendente[9] — como foi o caso da produção imobiliária verticalizada[10], dos automóveis, dos computadores pessoais e, por fim, dos telefones celulares (*smartphones*) —, tornaram-se, elas mesmas, o fundamental veículo de redução no tempo do ciclo de realização do lucro (período entre o momento da produção, a circulação e a conversão do capital produtivo em lucro empresarial)

Mas o que tornou essa nova realidade possível foi nada menos do que o principal paradigma tecnológico da pós-modernidade: a internet. Com efeito, trata-se do símbolo do que a própria pós-modernidade significa, o de simulacro, de versão fetichizada e abstrata da realidade. Não à toa a internet está repleta de comunidades e grupos virtuais. Sem risco de soar exagerado, o advento da internet se compara à descoberta de um novo mundo, tal qual ao das grandes expedições

---

9. Em paralelo à realização de conflitos militares, que antes eram o mais poderoso veículo de realização do lucro, em larga escala.

10. Os arranha-céus, os shopping centers, grandes centros comerciais e condomínios verticais.

marítimas. Além de atuar em sua própria dimensão, a internet modificou e reestruturou a esfera do real, virtualizando-a, como é o caso da esfera financeira[11], que hoje representa em torno de 382 trilhões de dólares[12] (de ativos financeiros), contra cerca 82 trilhões do PIB mundial (esfera produtiva). Somente a dívida mundial é de 184 trilhões de dólares — 225% do PIB mundial[13] —, e a taxa de crescimento, tanto do ativo financeiro quanto da dívida pública total, é bastante superior ao do PIB. Além disso, este "descolamento" entre o real e o financeiro se acentua ano após ano, com graves consequências, expressas nos colapsos econômicos, quando a esfera financeira presta contas de seu efetivo valor na esfera do real. De fato, a economia real, ou seja, o PIB mundial, é o lastro (referência) de valor da esfera financeira, como o ouro já foi, no passado, o lastro de diversas moedas mundiais.

A internet, que hoje interliga todo o sistema econômico, bancário e financeiro, também se tornou uma referência no que tange às diversas dimensões do comportamento humano. Ela não só dita um novo paradigma de sociedade, mas também um novo tipo de indivíduo, o *consumidor*. Consumir deixou de ser um ato consciente, de busca de meios e recursos para a potenciação de capacidades individuais e mesmo de sobrevivência. O consumo, hoje, é um estilo de vida, uma linguagem, uma forma de *status* elevada à última potência. Os computadores pessoais (*tablets*, *notebooks*, ATMs[14], *smartphones* e demais tecnologias de comunicação de massa) permitem a vivência de uma realidade espacial paralela, o acesso a redes sociais e de comunicação eletrônica, cuja linguagem comportamental dominante é a do consumo: desfila-se o que se come e bebe do café da manhã ao jantar, o que se veste, o que se assiste, o que se lê, o que se dirige, a viagem que se comprou. O marketing nunca foi tão certeiro e direcionado, porque

---

11. O termo financeiro aqui é utilizado como sinônimo da esfera rentista, portadora de juros e especulativa, não no sentido contábil e econômico.
12. Segundo dados do Financial Stability Board (FSB), publicado em 4 de fevereiro de 2019.
13. Segundo dados, de 2017, fornecidos pelo FMI em seu relatório anual de 2019.
14. *Automatic Teller Machine* (os terminais bancários ou caixas eletrônicos).

os próprios consumidores se tornaram um instrumento de publicidade. Os custos com logística, meios de circulação e distribuição nunca foram tão otimizados, pois grande parte das compras agora são feitas em ambiente virtual, o *e-commerce*, o que otimiza e reduz a necessidade de estoques reais. Os produtos estão se tornando cada vez mais personalizados e feitos quando e de acordo com as especificações do cliente — o chamado comércio *just-in-time* (no momento certo).

A internet foi uma invenção encomendada pelo Pentágono, dos Estados Unidos, visando a uma forma de comunicação rápida e segura aproveitando a oportunidade dos recém-inventados computadores pessoais. Era, de início, uma estratégia de inteligência militar, visando à obtenção de vantagens de cunho científico, comercial, espacial (devido à corrida espacial entre os EUA e a então União Soviética) e mesmo militar. No começo, o seu potencial em termos de comunicação foi o estágio inicial, estabelecendo-se, posteriormente, como um novo paradigma comercial. Contudo, na atualidade, e em decorrência da própria imersão social no âmbito virtual, ficou mais evidente o seu caráter de inteligência e coleta de informações pessoais.

Portanto, o que para a maioria da sociedade nada mais é do que uma forma lúdica e espetacular de paradigma tecnológico — dadas às análises pós-modernas e idílicas da realidade atual —, na verdade é, em essência, uma nova forma de economia colaborativa, em que os consumidores são empregados inconscientes. E justamente por serem empregados, os seus dados mais íntimos são completamente coletados, e mesmo revendidos, como uma nova moeda obscura de um novo mercado negro. As redes sociais fornecem a políticos, partidos e grandes corporações a informação perfeita para o crime perfeito, pois, por meio delas, sabe-se exatamente o que vender e quando vender. Por meio delas também se sabe o que manipular e como manipular; influenciam-se eleições, falseiam-se dados, caluniam-se indivíduos, criam-se falsas provas e falsos álibis. Em suma, abre-se diante de todos um futuro de inúmeras possibilidades; o difícil é saber atrás de qual porta estará o abismo.

Referências

ANTUNES. Ricardo. *Adeus ao trabalho?* Ensaios sobre as metamorfoses e a centralidade do mundo do trabalho. São Paulo: Cortez, 1995.

BELL, Daniel. *O advento da sociedade pós-industrial.* São Paulo: Cultrix, 1974.

CASTELLS, Manuel. *A sociedade em rede.* São Paulo: Paz e Terra, 1999.

EAGLETON, Terry. *As ilusões do pós-modernismo.* Rio de Janeiro: Zahar, 1998.

ENGELS, Friedrich; MARX, Karl. *O manifesto comunista.* São Paulo: Boitempo, 2005.

GORZ, André. *Adeus ao proletariado.* Rio de Janeiro: Ed. Forense, 1982.

HABERMAS, Jürgen. *Towards a rational society*: Student Protest, Science, and Politics. Boston: Beacon Press, 1970.

HARVEY, David. *Condição pós-moderna.* São Paulo: Loyola, 1993.

JAMESON, Fredric. *Pós-modernismo*: a lógica cultural do capitalismo tardio. 2. ed. São Paulo: Ática, 2007.

LIPIETZ, Alain. As relações capital-trabalho no limiar do século XXI. *Ensaios FEE*, Porto Alegre, v. 12, n. 1, p. 101-130, 1991.

TAYLOR, Frederick W. *Princípios da administração científica.* São Paulo: Atlas, 1995.

TOURAINE, Alain. *Poderemos viver juntos?* Iguais e diferentes. Petrópolis: Vozes, 2003.

TOURAINE, Alain. *Crítica da modernidade.* Petrópolis: Vozes, 1998.

TOURAINE, Alain. *Sociedade Pós-Industrial.* Lisboa: Moraes Editores, 1970.

Reestruturação perversa dos fundamentos éticos da política social: do *ethos* solidário à moral egoísta*

Potyara A. P. Pereira

Introdução

Este texto contém reflexões já veiculadas pela autora em outros fóruns de discussão e meios de divulgação acadêmicos. Com ele, espera-se subsidiar a crítica socialista ao discurso capitalista de corte neoliberal-neoconservador, que reduz a política social ao bem-estar individual provido, preponderantemente, pelo trabalho assalariado, alienado e produtor de mais-valia.

Sem descurar da primazia dos determinantes estruturais na hegemonização desse discurso, que funciona como recurso ideológico à radicalização do domínio do capital sobre o trabalho, o texto centra-se

---

* Este texto, elaborado para esta Coletânea, contém trechos do artigo, da mesma autora, publicado na revista *Em Pauta*, sob o título: "Reorientações éticas da política social: do primado do *ethos* solidário ao império da moral individualista possessiva" (Pereira, 2019). Ambos os textos são produtos, dentre outros, da pesquisa financiada pelo CNPq, sob a forma de Bolsa de Produtividade em Pesquisa 1A, no período 2015-2020.

na problematização da seguinte tendência: da reversão perversa dos fundamentos éticos da política social solidária, promovida por forças políticas hostis ao histórico compromisso do segundo pós-guerra, de acordo com o qual os agentes do capital — mediados pelo Estado — cederam a vigorosas pressões sociais, trabalhistas e revolucionárias.

Com efeito, em torno dessa questão candente o capital contou, mais uma vez, com a parceria do Estado, para a materialização de um projeto no qual as perdas de poder sofridas no período compreendido entre 1945 e 1975 — denominado "trinta anos de ouro do capitalismo" regulado — foram regiamente compensadas. Mas não apenas isso. O objetivo principal desse projeto revanchista, iniciado também em 1945, e posteriormente identificado como "revolução neoliberal/conservadora", é o de, conforme Navarro (2015), impedir, com extrema agressividade, a repetição dessas perdas, por meio da "debilitação do mundo do trabalho"; ou melhor, por meio de um ataque que "chegou ao ponto de criar, como haviam predito Karl Marx, John Maynard Keynes e Michal Kalecki, um grave problema de demanda gerador da grande crise" (p. 17) dos fins dos anos 1970, que se agudizou a partir de 2008.

Daí a importância de se desnudar, analiticamente, essa declaração de guerra do capital contra o trabalho, dada a sua capacidade de influência e reprodução, inclusive por meio de transmissões reiteradas de moralidades que também funcionam como fontes de persuasão doutrinária. Tal capacidade tem respondido, prossegue Navarro, pela "promoção de uma sabedoria convencional que serve aos interesses da estrutura do poder" (p. 17), sob o controle da qual a questão aqui tratada também se encontra. Por isso, a análise que se fará do deslocamento do padrão de proteção social orientado por um *ethos* solidário, para outro modelo, antissocial, regido por uma moral individualista possessiva, ou egocêntrica, não pode prescindir desse pano de fundo político-ideológico.

Por *ethos* solidário entende-se, nesta discussão, o traço comportamental definidor de uma política social que, como *política pública* e *direito de cidadania social*, põe-se a serviço de demandas e necessidades sociais engendradas pela relação antagônica entre capital e trabalho, na qual o capital possui supremacia estrutural. Logo, diferentemente de um ato de fé ou impulso altruísta, tal política estará constantemente enredada em correlações de forças no processo de cogestão democrática de bens e serviços públicos financiados pelo Estado. Isso explica por que a concretização do *ethos* solidário da política social depende de apoio democrático, que nasce da superação da consciência ingênua das grandes massas pela consciência crítica. E também por que só por meio de uma consistente transformação moral e intelectual dessas massas será possível, nos termos de Gramsci (1978), a construção de uma nova hegemonia e de um novo tipo de humanidade, além da pavimentação de um terreno no qual se erga uma vontade coletiva defensora de uma civilização ética e socialmente superior.

Por *moral individualista possessiva*, entende-se o conjunto de princípios e normas de ações que têm raízes no pensamento político liberal inglês, do século XVII, tributário de Thomas Hobbes (1588-1679) e John Locke (1632-1704); raízes que, embora tenham recebido diferentes tratos analíticos, de cunho liberal, guardam, segundo Macpherson (1979), uma unidade comum: a *noção* de *individualismo possessivo* que deriva da concepção de que todo indivíduo é portador da *qualidade possessiva* de ser, essencialmente, *proprietário* de si e de suas capacidades, sem que tenha, para isso, algo a dever à sociedade. Por esse motivo, a propriedade de si passa a ser um componente da natureza do indivíduo que determinará a liberdade e a perspectiva reais de esse indivíduo desenvolver suas plenas potencialidades sem interferência alheia. Portanto, em uma sociedade composta por indivíduos possessivos, a relação fundamental que se estabelece entre eles é de propriedade, já que cada um detém a posse de capacidades e racionalidades obtidas livremente e a serem trocadas sem peias. E ancoradas nessa cultura nascem sociedades que são meras somas de indivíduos, de espírito empresarial, movidas pelo autointeresse de seus componentes, para os quais o Estado, visto como sociedade política, "torna-se um artifício calculado para proteção dessa propriedade e para a manutenção de um ordeiro relacionamento de trocas" (Macpherson, 1979, p. 15).

Voltando à problematização da questão-chave deste texto, observa-se que: se entre 1945 e 1975 a política social pautava-se por moralidades[1] de conteúdo coletivista, socializável, negociável e mediador da concretização de direitos sociais, garantidos pelo próprio Estado capitalista, há quarenta e quatro anos este cenário mudou. Sob a égide de uma moral individualista possessiva, o perfil da política social tornou-se incompatível com os mandamentos democráticos da gestão da coisa pública, que priorizam a eficácia da satisfação de necessidades sociais contra a eficiência dos *meios* colocados a serviço da rentabilidade econômica privada. Consequentemente, esta política foi degradada nos seus códigos morais e nas suas finalidades protetoras para justificar, na prática, o seu descompromisso com as exigências da justiça social. E, nesse processo, a política social tornou-se o seu avesso ético por negar sua identidade social, pública e universal, para melhor servir aos imperativos da acumulação do sistema do capital em sua fase neoliberal. Entretanto, apesar de esta fase ter contado, mundialmente, com condições institucionais excepcionais, sempre exibiu fracos desempenhos econômicos e de paz social. Prova disso é que os intentos neoliberais de reanimar economicamente o capitalismo avançado, com medidas deflacionárias, desemprego e redução de salários, não lograram "a restauração das altas taxas de crescimento estáveis como existiram antes da crise dos anos 1970. Nesse aspecto, [o neoliberalismo] se mostrou decepcionante" (Anderson, 1995, p. 15). E, no Brasil, para citar um exemplo na periferia do capitalismo, ele

> não gerou crescimento, nem melhorias significativas no padrão de vida, nem atenuação das clivagens sociais. Pelo contrário, as taxas de crescimento do PIB e de geração de emprego diminuíram e os padrões de trabalho se deterioraram, mesmo em comparação com a chamada década perdida dos anos 1980 (Saad Filho; Morais, 2018, p. 20-21).

---

1. Entende-se por *moralidades* juízos formados e estabelecidos a respeito de condutas e atos de indivíduos ou grupos que adquirem significado moral em conformidade com as normas morais prevalecentes. Segundo Vázquez (1975), as moralidades constituem "componentes efetivos das relações humanas concretas" no campo da *moral*, tida esta como "um conjunto de princípios, normas, imperativos ou ideais morais de uma época e sociedade determinadas" (p. 52), tornando-se objeto do estudo da ética, que, por sua vez, é a ciência da moral.

Não à toa, Perry Anderson (1995), ao fazer um balanço global dos primeiros vinte anos do neoliberalismo, salienta que o seu êxito se deu apenas nas searas política e ideológica. Nelas, ele obteve, de fato, sucessos inimagináveis até pelos seus fundadores, ao disseminar a simples ideia, transformada em credo, "de que não [haveria] alternativa aos seus princípios" (p. 23). Só que essa superstição fatalista, de fácil penetração em diferentes esferas da vida humana, incluindo subjetividades — sofisticadas ou não —, tinha e tem forte base material na qual não medra mais a esperança; trata-se de uma base construída e sustentada, a ferro e fogo, por práticas políticas socialmente predatórias e politicamente desmobilizadoras, guiadas pela lógica concorrencial, cobiçosa, do mercado, que submete tudo, inclusive o poder do Estado, aos seus desígnios. Premeditadamente, tais práticas têm sido: o desemprego massivo, a prevalência do trabalho precário e socialmente desprotegido, e o obsceno crescimento das desigualdades de renda entre capital e trabalho. É por isso que, para Standing (2013, p. 201), desde fins dos anos 1970, o mundo tem estado às voltas com uma "política de inferno" [...], "neodarwinista, [...] que reverencia a competitividade e celebra a responsabilidade individual irrestrita, com uma antipatia a qualquer coisa coletiva que possa impedir as forças do mercado". O Estado de direito que esta política aparenta respeitar e fortalecer "nunca foi minimalista"; ao contrário, "é intrusivo e tem a intenção de refrear o inconformismo e a ação coletiva". Isso tem redundado em criminalização dos que não se adaptam ao funcionamento desse credo e em criação de monstros, a serem abatidos a qualquer custo, incluindo o sacrifício da democracia e da soberania nacional. Dentre esses monstros, o mais satanizado é o *comunismo*, mas, na falta de veracidade deste, nos dias atuais, dois outros têm sido devidamente cultivados e capciosamente manejados: a *hiperinflação* e, por incrível que pareça, a *corrupção*, a mesma que habita as entranhas das estratégias de reprodução ampliada e transeconômica do poder estrutural do capital.

Esta é a razão por que a substituição do *ethos solidário* pela *moral individualista possessiva* nos fundamentos éticos da política social capitalista será, nas reflexões que se seguem, considerada uma trágica guinada regressiva do *status* da *cidadania* desta política (fragilmente conquistada) para o da *barbárie* programada, que desumaniza e mata. Mas não sem antes essas reflexões percorrerem passagens intermediárias que, no percurso dessa queda, indicam: o acolhimento da política social pelo reino da *meritocracia e da laborização*; o seu trânsito da *idade de ouro*, do imediato segundo pós-guerra para a de *bronze*, do momento atual, a partir de 2008, passando pela *idade de prata*, dos fins dos anos 1970 a 2007 (Moreno, 2012); a sua captura pela "nova direita"; e a sua condução por *éticas hedonistas* (Dean, 2010), legitimadoras da maximização do prazer e desprezo pela dor, que rivalizam com éticas *eudaimonianas* (Dean, 2010), regidas pelo princípio socializador de experiências humanas.

Por fim, será ressaltado que a guinada regressiva da política social tornou-a refém de uma abordagem analítica, cuja ideia-força é a do "trabalho (assalariado) em primeiro lugar", ou a do "capital humano", em detrimento do enfoque que dá prioridade à vida humana, independentemente do engajamento do indivíduo no mercado laboral. Isto denota, ainda, a supremacia, no âmbito da política social, do conceito de *workfare* (bem-estar por meio do trabalho, que, na prática, tem mais sentido de *labourfare*[2]) sobre o conceito de *welfare* (bem-estar como direito social incondicional), cuja problematização socialista requer a retomada da concepção marxiana de trabalho, a saber: do trabalho como forma de atividade que define o ser humano, por ser uma necessidade vital e eterna dessa espécie de ser. Portanto, é só por meio dessa forma de atividade que homens e mulheres interagem entre si, com a natureza e com o mundo ao seu redor, para satisfazer suas

---

2. Em seu livro, Guy Standing (2013) faz questão de diferenciar os dois principais termos referentes ao *trabalho*, que, na língua inglesa, possuem conotação específica: *labour*, significando *tarefa* ou *emprego*; e *work*, significando *trabalho*. Seu objetivo foi o de preservar a diferença entre os dois vocábulos, estabelecida pelo pensamento marxista. Assim, *labour* é a atividade relacionada à produção de valores de troca, ou seja, de mercadorias, enquanto *work* é a atividade produtora de valores de uso e, portanto, não comercializáveis. Tendo em vista essa especificação, o uso da expressão *workfare*, para designar bem-estar em troca de trabalho, é inadequado. O correto seria *labourfare*, já que o trabalho que a primeira expressão requer é o assalariado. Porém, tudo indica que essa inadequação não é inocente. Acredita-se que ela procura manter obscura a real intenção de eliminar o princípio cidadão do *welfare* do contexto da política social.

necessidades básicas e instrumentais; e, além disso, desenvolverem suas habilidades criativas, seu conhecimento intelectual, o aperfeiçoamento de seus instrumentos laborais e de sua essência humana.

Esta é uma concepção ontológica de trabalho que o define como criador de valores úteis, destinados ao consumo, e, portanto, atividade que não prevê a sua participação na criação de valores de troca a serem comercializados no mercado. A modalidade de ação que produz bens como mercadorias úteis para os outros recebe outro nome — trabalho assalariado —, o qual serve de base a todas as outras formas de valor, inclusive a força de trabalho transformada em mercadoria; e revela-se inerentemente oposto à ideia de que trabalhar, no capitalismo, é um direito de cidadania ou a principal fonte de bem-estar humano.

Solidarismo *versus* egocentrismo na política social: contexto histórico e rivalidades éticas

O período histórico que contempla a vigência, por trinta anos (1945-1975), de uma experiência de proteção social pública *solidária*, e mais quarenta e quatro anos (a partir de 1976) de uma política social a serviço do *egocentrismo*, inscreve-se na era aqui chamada de *capitalismo moderno*[3], surgido nos albores do século XX. Contudo, esta era, caracterizada por uma "nova estrutura institucional das relações capitalistas" (Duménil; Lévy, 2014, p. 20), se iniciou no final do século XIX, com a formação de trustes, associações e cartéis que, no século XX, recebeu substanciais incrementos em matéria de: aumento do tamanho e sofisticação técnico-organizacional das empresas;

---

3. Fase do capitalismo que resultou, desde os fins do século XIX, da transformação da relação entre os setores financeiro e industrial. Essa transformação se iniciou no bojo das tentativas de enfrentamento da crise de 1890, conhecida, originalmente, como Grande Depressão (antecessora da crise de mesmo nome da década de 1930) e se afirmou, no século XX, com uma configuração particular após as revoluções corporativa, financeira e gerencial (Duménil; Lévy, 2014).

expansão nacional e internacional do comércio impulsionado pelo avanço dos sistemas de transportes e comunicações; e transformação e expansão dos mecanismos monetários e financeiros na esteira do espetacular "desenvolvimento dos bancos, empréstimos e dinheiro fiduciário" (Duménil; Lévy, 2014, p. 20). Por conseguinte, foi no século XX que se explicitou, como marca definidora dessa nova estrutura capitalista moderna, uma revolução nas relações de produção, mediante a qual *propriedade* e *administração* do capital ganharam perfis próprios, e na qual três setores empresariais foram particularmente revolucionados: o *corporativo*, o *financeiro* e o *gerencial*, sem falar da constituição de uma ativa burguesia financeira.

A revolução *corporativa* ocorreu no começo do século XX sob a forma de um processo, cada vez mais vigoroso, de incorporações empresariais (operações de absorção de uma ou mais empresas por outra organização com o objetivo de aumentar o capital do conjunto). Esta revolução fortaleceu a continuidade das práticas corporativas experimentadas no final do século XIX — quando, diante da crise de 1890, editaram-se leis para frear os excessos de concorrência e de desregulamentação mercantil, tidos como culpados da crise — as quais estimularam, por volta de 1900, uma formidável onda de incorporações. Associada a este processo, emergiu a *revolução financeira* incentivada pelo também expressivo crescimento do sistema bancário, que passou a apoiar, com financiamentos, as incorporações e exercer, por meio desse suporte estratégico e indispensável, poder de controle sobre suas movimentações. A complexidade da dinâmica institucional gerada por essas duas revoluções requereu a presença de uma terceira: a *gerencial*, que, no século XX, constituiu a primeira experiência de formação de um pessoal administrativo especializado assalariado, de alto escalão, apoiado por uma rede de auxiliares treinados para gerir as novas burocracias dos negócios corporativos. A importância desse pessoal pode ser aferida pelo destaque dado, nos organogramas empresariais, ao setor administrativo, ao lado do setor proprietário. Por fim, graças às condições propiciadas por essas três revoluções, estabeleceu-se nessa nova estrutura capitalista moderna uma burguesia financeira que, diferentemente da burguesia anterior, ligada a empresas individuais, apresenta o seguinte perfil: não é proprietária de máquinas, equipamentos, fábricas, que constituíam os meios de produção convencional, mas sim de títulos e de dinheiro transformado em capital portador de juros, que conformam um tipo de burguesia rentista, parasitária, ou "classe ociosa" — no dizer de Veblen (1993) — ao lado das novas castas gerenciais. Essa institucionalidade, contudo, não significa que, antes do capitalismo moderno, inexistissem capitalistas monetários e financeiros. Porém,

> [...] no início do século XX construiu-se uma nova configuração institucional, em que grandes famílias capitalistas controlavam grandes lotes de ações e apólices, potencialmente diversificadas em muitas indústrias e na qual um setor financeiro desempenhava papel importante no financiamento da acumulação e no exercício das prerrogativas ligadas à propriedade (Duménil; Lévy, 2014, p. 23).

Fazem parte dessa nova estrutura institucional, típica do capitalismo moderno, duas ordens sociais matriciais, que contemplam, em orgânica relação, os determinantes estruturais e supraestruturais do *ethos* solidário, de um lado, e do *ethos* egocêntrico, de outro lado, da política social. Estas ordens sociais apresentam particularidades distintas, geralmente conflitantes, mas pertencentes ao mesmo modo de produção e fundadas no mesmo sistema de classe social. Suas diferenças particulares são, portanto, adjetivas e não substantivas, caracterizando-se muito mais como distinções de graus de compromisso social, no seio do capitalismo, do que de essência. Tendo como referência a classificação de Duménil e Lévy (2014), essas duas ordens matriciais são, também neste texto, denominadas: i) *liberal* (clássica e neoliberal); e ii) social-democrata (sabendo-se, da mesma forma que os autores, das controvérsias sobre essa denominação). A primeira ordem, *liberal*, desdobra-se em dois tempos históricos, correspondentes às vigências de suas duas subordens (*clássica* e *neoliberal*), intercalados pela segunda ordem (*social-democrata*), a saber:

1) *Subordem liberal clássica* — do início do século XX (como prolongamento final do legado liberal clássico dos fins do século XVIII[4]) até 1945, ao término da Segunda Guerra Mundial;
2) *Ordem social-democrata* — do imediato segundo pós-guerra (1946) até meados dos anos 1970 (1975);
3) *Subordem neoliberal* — de 1976 até os dias de hoje.

A ordem social-democrata, que surgiu como contraponto regulador do livre funcionamento das forças do mercado — típico da subordem liberal clássica —, e, posteriormente, tornou-se alvo de intensos ataques neoliberais, compõe com a subordem neoliberal os parâmetros principais desta análise. Por isso, no que diz respeito à discussão dos deslocamentos éticos da política social de um padrão *solidário* para outro, *ególatra*, a subordem liberal clássica terá função coadjuvante. Entretanto, convém informar que, na perspectiva desta discussão, nenhuma ordem e subordem possui constituição pura, já que todas funcionaram e funcionam mescladas com atributos morais e políticos que, às vezes, são de seus oponentes. Particularmente, no caso do neoliberalismo, a mescla com o que parecia ser o seu oposto — o neoconservadorismo — é tão entranhada que redundou na fusão orgânica de ambos, a qual recebeu outro nome — "nova direita" — representativo da índole comum e teleológica dos mesmos (neoliberalismo e neoconservadorismo). Em vista disso, ao se tratar, neste texto, da subordem neoliberal, ela não será desvinculada do neoconservadorismo e, consequentemente, da "nova direita", que os condensa e os transforma em um novo fato histórico.

---

4. Trata-se do período histórico no qual a sociabilidade liberal capitalista rejeitou, com veemência, conforme Rimlinger (1971), o protecionismo tradicional da velha ordem social, que remete às Leis dos Pobres. Basicamente, essa rejeição traduziu-se em: negação do reconhecimento, como direito, da demanda dos pobres por proteção social; e descarte da concepção de responsabilidade paternal por parte dos ricos em relação aos pobres. Sendo assim, a moralidade prevalecente na sociedade liberal industrial, a partir daquele período, pontificava que cada indivíduo era livre para perseguir a riqueza e único responsável por seu sucesso ou fracasso.

Particularidades históricas e teóricas dos fundamentos éticos da ordem social-democrata

Como já indicado, a ordem social-democrata que serviu de parâmetro à realização do padrão solidário da política social teve origem no final do século XIX, e não século XX, apesar de, neste século, ter havido um salto quanti-qualitativo incontestável em matéria de proteção social.

Esta inferência assenta-se em duas principais evidências. A primeira diz respeito ao fato de o Estado Social (*Welfare State*, Estado Providência, entre outras denominações), considerado símbolo-mor da ordem social-democrata, ter sido produto de Estados-nação estabelecidos que, no século XX, já possuíam precondições para inaugurá-lo: territorialidade, monopólio legítimo da violência e função guardiã das leis e de direitos de cidadania. Esses direitos, no entanto, tão vitais à construção da política social solidária, já vinham sendo instituídos desde o século XVIII, sob o prisma individualista típico do liberalismo clássico. Isso explica por que um dos mais importantes direitos individuais, componente do rol dos direitos civis[5], primeiramente implantados, foi o direito à *propriedade privada*, até hoje central na concepção de liberdade burguesa que se identifica com a *liberdade negativa*, isto é: com aquele tipo de liberdade que se equipara — nem mais, nem menos — à ausência de coerção, controle ou tutela de autoridade pública, mesmo que estas regulações visem proteger o indivíduo de privações materiais. Sendo assim, a liberdade negativa pauta-se por uma concepção que *nega* a visão *positiva* de liberdade identificada com a autonomia pessoal, de ação e de crítica, e com a consciência de si forjada e fortalecida no processo coletivo de interações participativas.

Contudo, contraditoriamente, o gozo individualizado dos direitos civis, no século XIX, fortaleceu de certa forma os pleitos democráticos

---

5. "São aqueles direitos necessários às liberdades individuais, tais como: direito de ir e vir, de imprensa, de pensamento e de fé, o direito à propriedade e o direito à justiça. Este último consiste no direito de defender e afirmar todos os direitos com vista à igualdade entre eles e ao devido encaminhamento processual" (Pereira, 2008, p. 96).

da época por direitos políticos[6] que, mesmo ainda sendo individuais, estabeleceram, nesse século, vínculos construtivos com demandas e necessidades sociais. A conquista do sufrágio universal, por exemplo, representou um dos passos importantes da passagem da cidadania individual para a social, rumo ao reconhecimento, no século XX, da proteção social como direito — não obstante resistências e boicotes políticos à universalização do direito ao voto em países capitalistas desenvolvidos.

Na esteira da extensão dos direitos civis e políticos para os sociais[7], este último conjunto de direitos também já se insinuava no século XIX, especialmente por meio de legislações sociais reguladoras das relações de classes na esfera do trabalho. Foi o caso, para citar o mais conhecido, das reformas alemãs dos anos 1880 — leis de 1882, 1884 e 1889 — introduzidas, pela primeira vez, pelo chanceler conservador Otto von Bismarck, sob a forma de "seguros compulsórios contra enfermidades, acidentes de trabalho, velhice e invalidez" (Pereira, 2008, p. 40). E embora essa política fosse considerada "reacionária, bonapartista e antissolidária" (Baldwin, 1992, p. 103), por visar apenas à pacificação do proletariado urbano-industrial, em detrimento de seu bem-estar, ela serviu de inspiração a experiências que, no século XX, aperfeiçoaram práticas de seguridade social reivindicadas pela classe operária desde século XIX. Além disso, com a crescente expansão da industrialização e da organização sindical da classe trabalhadora, o Estado liberal europeu do século XIX prestou provisões mínimas nas áreas da saúde e da educação, bem como assistência a cegos, mudos, insanos e indigentes incapacitados, por meio de instituições públicas (Pierson, 1991).

Por isso, a segunda inferência mencionada apoia-se na evidência de que não há, na história do capitalismo liberal, rupturas radicais entre concepções e práticas desregulamentadoras e regulamentadoras,

---

6. Consistem no "direito de participar do exercício do poder político, como membro de um organismo investido de autoridade política ou como um eleitor dos membros de tal organismo" (Marshall, 1967, p. 163).

7. Referem-se a "tudo que vai desde o direito a um mínimo de bem-estar econômico e segurança ao direito de participar por completo na herança social e levar uma vida de um ser civilizado de acordo com os padrões que prevalecem na sociedade" (Marshall, 1967, p. 63-64).

portanto, não há, no capitalismo, um exemplo consistente de realização do *laissez-faire* econômico e social. Ao contrário, em nome do liberalismo *laissez-fairiano*, as políticas econômicas e sociais foram e continuam sendo iliberais (parciais ou de baixa intensidade), como afirma Dean (2007), concordando com suas referências teóricas. E mais: conforme Polanyi (2007), a lógica do sistema econômico que legitimou a ascensão da economia política clássica foi a mesma que "inventou" o pauperismo, posto que a maneira de regular o alívio da pobreza tornou-se central à sustentação da economia de mercado e da governança liberal. Portanto, não causa admiração a adoção, na Inglaterra do século XIX, do uso combinado dos princípios liberais da economia política clássica com o utilitarismo benthamiano (de Jeremy Bentham) que configurava a mais crua subversão dos princípios da liberdade *negativa* (como ausência de opressão). Afinal de contas, Bentham considerava salutar sacrificar a soberania dos indivíduos classificados "disfuncionais" e "inúteis" por um bem maior, que consistia no fortalecimento do *status quo* capitalista. Daí a prevalência, na ordem liberal, de medidas políticas de alívio da pobreza, cujo critério de atendimento aos "disfuncionais" ou "inúteis" era o de forçá-los a trabalhar em troca de acolhimento em abrigos (como as famosas *workhouses*), mas em condições piores das que eram oferecidas ao trabalhador pobre independente. Esta foi uma face cruel do chamado "horror saudável", modelador de caráter, que o utilitarista Bentham pregava com o tácito assentimento das moralidades liberais.

 O século XIX, portanto, foi uma espécie de prelúdio contraditório das experiências socioprotetoras que, no século XX, ganharam foro solidário. Na base dessas experiências, vários acontecimentos tiveram papel fundamental, dentre os quais se destacam: o crescente avanço da industrialização; a eclosão da democracia de massa; a estabilização do Estado-nação; o fortalecimento da organização sindical operária e as crises do sistema do capital "que não pararam de gangrenar as economias capitalistas durante todo o século XIX e até a Primeira Guerra Mundial em 1914-18" (Beaud; Dostaler, 2000, p. 24), juntamente com outras importantes convulsões sociais. "As sublevações do operariado no século XIX, sobretudo os acontecimentos de 1848 e a Comuna de Paris, em 1837, a Revolução Russa em 1917 e as revoltas de operários ocorridas em diversas capitais europeias no final da guerra", são fatos que contradizem a máxima liberal clássica de que: "o livre funcionamento dos mercados é suficiente para assegurar o pleno emprego dos recursos e a sua distribuição ótima" (Beaud; Dostaler, 2000, p. 25). Efetivamente,

> [...] durante os anos vinte [do século XX] e até a Segunda Guerra Mundial, o número de desempregados não irá nunca descer abaixo do milhão em Inglaterra. A euforia bolsista que se faz sentir, particularmente nos Estados Unidos, na segunda metade dos anos vinte, pode-se comparar a um impulso fanático, prelúdio de um episódio depressivo que, desencadeado em um dia de outubro de 1929, não mais deixará de se agravar [...]. Todo o mundo está então devastado pela grande depressão [de 1929-30] que se manifesta por reduções da atividade, aumento do desemprego e alastramento da pobreza e da miséria (Beaud; Dostaler, 2000, p. 25).

Foi nesse clima conturbado que os anseios por um mundo melhor voltaram-se para dois fantasmas que despontavam no horizonte como algo novo e diferente, mas temidos pelo capitalismo. De um lado, o socialismo liderado pela ex-União Soviética (URSS) e praticado, desde 1917, nos países componentes dessa federação de Repúblicas lideradas pela Rússia, o qual despertou grande esperança nas organizações trabalhistas europeias e em seus aliados. E, de outro lado, o nazismo alemão e o fascismo italiano, que resultaram de um movimento europeu contrário ao socialismo, tendo como bandeira o nacionalismo exacerbado como fator de coesão, em defesa da grandeza, expansão e poderio militar da nação. Esses movimentos, surgidos no curso da Primeira Guerra Mundial, também ameaçavam a hegemonia capitalista global pelo que expressavam de antiliberalismo e crítica ao capitalismo praticado nos Estados Unidos.

Por fim, houve um mal-estar na teoria econômica liberal, também desencadeado pela citada crise, que fortaleceu uma corrente de pensamento oposta à máxima *laissez-fairiana* abonadora da ideologia autorreguladora dos mecanismos de mercado: o keynesianismo. E de par com esta corrente, todos os adeptos de análises econômicas críticas da "mão invisível do mercado", da lavra de Adam Smith, passaram a enfatizar que, ao contrário, o capitalismo liberal continha problemas que precisavam ser superados; ou, pelo menos, ser objeto de "intervenção activa e até mesmo maciça dos poderes públicos para evitar a sua derrocada e aliviar o sofrimento das 'vítimas do crescimento'" (Beaud; Dostaler, 2000, p. 26).

Eis por que a festejada teoria keynesiana, de autoria de John Maynard Keynes, representou o marco de uma nova era econômica do capitalismo, não obstante muitos de seus *insights* terem sido antecedidos por um vasto leque de contrapropostas à ortodoxia liberal, datadas do século XIX. Tais foram os casos, segundo Beaud e Dostaler, dos socialistas fabianos (da *Fabian Society*), que também figuram como precursores do Estado Social inglês e que, juntos com outros vultos, distribuídos em vários países europeus — Schacht, na Alemanha; fundadores da Escola de Estocolmo, na Suécia; Frisch, na Noruega; Tinbergen, na Holanda —, ofereceram críticas, muitas delas pragmáticas, às limitações da teoria econômica liberal clássica, então centrada no rigor monetário e no controle dos preços e salários face ao enfrentamento do desemprego.

Todavia, foi com Keynes que o capitalismo recebeu uma contribuição ímpar num momento cruciante de sua história moderna. A obra desse economista — *A teoria geral do emprego, do juro e da moeda* —, publicada em 1936, revelava, além de um grande fôlego intelectual, intentos que não ameaçavam o capitalismo: combater o dogmatismo do pensamento clássico, no qual estava incluído o pensamento neoclássico, mas em nome do liberalismo político. Tanto que as novas políticas keynesianas foram adotadas pelo governo Roosevelt dos Estados Unidos, entre 1933 e 1945, com o nome de *New Deal*, abrindo flancos para o triunfo das teses da *Teoria Geral...* Porém, foi preciso haver uma guerra mundial, entre 1939 e 1945, para que o keynesianismo, associado ao fordismo[8], contasse com condições garantidoras do

---

8. Regime de produção em massa voltada para o consumo também de massa, baseado na racionalidade técnica e organizacional que, ao privilegiar a semiautomação e o fracionamento das operações laborais, não exigiam a qualificação dos trabalhadores.

crescimento capitalista, que se verificou entre 1945-1975, no chamado período de ouro do Estado Social.

Com efeito, depois da Segunda Guerra Mundial, em 1945, houve, nos países capitalistas avançados, um crescimento econômico extraordinário, que se estendeu até meados dos anos 1970. Nesse período e nesses países, os "padrões de vida se elevaram, as tendências de crise foram contidas, a democracia de massa preservada e a ameaça de guerras intercapitalistas tornada remota" (Harvey, 1993, p. 125). A aliança entre keynesianismo e fordismo propiciou um *boom* de ascensão industrial, baseado em tecnologias maduras e em "autonomia gerencial acentuada em relação às classes capitalistas, com uma administração de grandes corporações favorável ao investimento e à mudança técnica e uma maior regulação do Estado na economia" (Duménil; Lévy, 2014, p. 25). Essa capacidade gerencial tornou-se essencial para a administração macroeconômica keynesiana, que teve como uma de suas estratégias mais importantes a redução, ao máximo, da interdependência comercial entre nações, além da mobilidade do capital, com vista a proteger o desenvolvimento econômico nacional. Mas, para tanto, foram fundamentais "a colaboração de classe assumida por sindicatos relativamente poderosos no quadro legal do Estado-nação; e a existência de reservas de acumulação de capital graças à dominação colonial das metrópoles imperialistas" (Bensaïd; Löwy, 2017, p. 190).

Contudo, mesmo assim, a restauração capitalista da Segunda Grande Guerra não produziu, exatamente, os efeitos perseguidos pela burguesia então revigorada. Sua ânsia por domínio livre de limitações, seja por contradições internas, seja por correlações de forças externas, foram, em grande parte, reprimidas ou contrariadas. Como lembra Borón (2014), a simples existência, no segundo pós--guerra, da União Soviética e do campo socialista na cena mundial, constituía um obstáculo no caminho das intenções mais profundas dessa burguesia, que se equiparavam ao processo sublimado por Joseph Schumpeter sob o nome de "destruição criadora". Tal sonho burguês ficou mais difícil e distante com o reforço de outros adendos ao obstáculo inicial, a saber:

> O fim do monopólio nuclear norte-americano; o auge dos partidos comunistas em alguns países da Europa Ocidental; a formidável recuperação da economia soviética; o triunfo da revolução socialista da China; a heroica luta dos vietnamitas resistindo ao colonialismo francês; a ocupação japonesa e depois a intervenção estadunidense; o triunfo da revolução cubana e o auge dos processos de descolonização na África e na Ásia, definiram um cenário no qual a burguesia teve de, relutantemente, moderar seus impulsos, estabelecer uma espécie de armistício ou trégua com seus tradicionais antagonistas e consentir com o lançamento de uma série de reformas, inadmissíveis e impensáveis até àquele momento (Borón, 2014, p. 91).

E foram nesses anos, denominados de ouro, que, contra seus instintos mais verdadeiros, o capitalismo deu o melhor que poderia oferecer em matéria de democratização relativa e de cidadania social, não porque isso significasse, como diz Borón, baseado em Ellen Wood, um resultado natural de sua lógica de funcionamento, mas porque ele se viu confrontado por movimentos contrários, estrategicamente organizados e com poder de pressão que lhes arrancaram:

> [...] grandes reformas econômicas, nacionalizações e estatizações de grandes empresas, regulação dos mercados, direitos trabalhistas e cidadãos universais, redistribuição de renda, expansão dos sistemas educacionais, melhoras nos sistemas assistenciais e de saúde, florescimento das liberdades públicas, entre outras coisas (Wood, apud Borón, 2014, p. 91).

Porém, essa onda de conquistas democráticas só durou 30 anos. Tudo indica que esta experiência não mais se repetirá. Até porque é justamente contra ela que o capitalismo neoliberal/conservador está apresentando a sua conta com juros escorchantes, à custa do sacrifício, inclusive de vidas humanas.

Particularidades históricas e teóricas dos fundamentos éticos da subordem neoliberal

O neoliberalismo constitui a fase mais recente do capitalismo que, de crise em crise, acabou oportunizando, nos fins dos anos 1970, a ascensão triunfal dessa subordem liberal como uma das consequências da crise estrutural do capital explicitada naquele momento. Crise esta, ainda vigente e que, por ser estrutural, rompeu com o padrão de acumulação capitalista precedente, o keynesianismo, sem deixar, porém, de perseguir, como as demais crises, a recuperação das taxas de lucros perdidas para manter o capitalismo em processo de autoexpansão. Este é o *busilis* de toda a questão.

Efetivamente, a crise do fim dos anos 1970 decorreu da coexistência da tendência decrescente da taxa de lucros com a tendência crescente das taxas de inflação, a qual, somada a uma forte recessão, engendrou o fenômeno designado *estagflação* (inflação com recessão), que produziu os efeitos em parte mencionados na introdução deste texto: desaceleração do crescimento econômico; desemprego; recrudescimento da pobreza; diminuição dos investimentos; problemas na balança de pagamentos, e redução da acumulação de riqueza. E tudo isso associado aos avanços da internacionalização e mundialização do capital, incluindo o financeiro, que, a partir dos anos 1960, respondeu em grande parte pela falência do keynesianismo. Afinal, as economias nacionais preservadas da interdependência comercial entre nações, à época da política keynesiana, foram, sob o neoliberalismo, profundamente transformadas em detrimento da margem de manobra e da capacidade decisória dos Estados-nação. Ademais, a *débâcle* do campo comunista consagrou o triunfo do sistema de mercado desde então.

Entretanto, convém relembrar que a era keynesiana não extinguiu, por completo, o liberalismo clássico. Os defensores dessa ordem sobreviveram à sombra dela, desenvolvendo, como já indicado, estratégias arquitetadas e teoricamente fundamentadas de retorno ao poder. Sobre isso, há informações de que, dentre os liberais convertidos ao keynesianismo, vários empreenderam a desconstrução desse novo paradigma a partir de dentro. Por isso, dizem, Beaud e Dostaler (2000, p. 119), a *Teoria geral...* de Keynes nunca ocupou toda a cena econômica. O que foi chamado de keynesianismo constituiu "uma vasta nebulosa, perpassada por correntes e subcorrentes; [e] economistas com orientações teóricas e políticas muito diversificadas encontraram nele o alimento e sustentáculo necessários para as suas teses".

Assim sendo, e tal como aconteceu com o liberalismo, a teoria keynesiana também foi acometida de um mal-estar provocado por teorias concorrentes que, aproveitando o momento histórico favorável, ganharam fama e poder. O austríaco Friedrich von Hayek, além de fundar, em 1947, a Sociedade do Mont Pélerin, na Suíça, teve papel importante na recuperação de prescrições liberais clássicas, fundando o neoliberalismo. E, como estas prescrições advogavam a liberação da economia de mercado como medida mais afeita a produzir, simultaneamente, o bem-estar individual e social, além de incentivar responsabilidades pessoais, Hayek não hesitou em utilizar a prédica da "mão invisível do mercado", de Adam Smith, para criar um neologismo — *catallaxy* —, o qual descreve: "um tipo especial de ordem espontânea produzida pelo mercado, por meio da ação [derivada da escolha racional dos indivíduos] referenciada na propriedade [privada], na responsabilidade civil e no contrato" (Pierson, 1991, p. 42). Em adição, vários adeptos desse novo liberalismo fizeram sua carreira acadêmica na Universidade de Chicago, nos Estados Unidos. E nela fundaram a chamada "Escola de Chicago", na qual o principal traço de união entre os diferentes assuntos estudados era "a fé sólida na teoria neoclássica dos preços, pela convicção de que o mercado livre é o mecanismo mais eficaz para distribuir os recursos e por uma atitude fundamental de resistência face à intervenção do estado na economia" (Beaud; Dostaler, 2000, p. 128). Milton Friedman, por seu turno, foi, nos anos 1970, o porta-voz mais representativo dessa linha de pensamento. Porém, nesses mesmos anos, já se posicionavam como alternativas teóricas e políticas ao keynesianismo: i) a *teoria monetarista*, para quem a estabilidade econômica capitalista seria mantida apenas com medidas monetárias que, por sua vez, se orientavam pelas forças livres do mercado, tendo por função o controle do volume de moedas e outros meios de pagamento no mercado financeiro; ii) *a teoria da oferta*, que, em contraposição à teoria da demanda efetiva keynesiana, resgatava o enunciado liberal clássico, de Jean-Baptiste Say, de que a oferta global cria a sua procura. Entretanto, na prática, esta teoria se circunscreveu às políticas do ex-presidente dos Estados Unidos, Ronald Reagan, posteriormente encampada pela ex-primeira-ministra inglesa Margaret Thatcher, a qual se limitou à redução de impostos sobre a propriedade; e iii) a *microeconomia neoclássica*, na qual prevalece a hipótese de que a racionalidade do agente individual face ao conjunto dos comportamentos humanos está na base da eficiência econômica e social. Por isso, nessa teoria, a comparação entre custos e benefícios, parametrada na racionalidade natural dos indivíduos, não pode ser alvo de controle político.

Um traço comum das crises estruturais e, portanto, da crise dos fins dos anos 1970 que colapsou o keynesianismo, é o fato de elas não serem cíclicas, passageiras e setoriais. Ao contrário, são sistêmicas, duradouras e multifacetadas. Para enfrentá-las, soluções drásticas são adotadas pelo próprio capitalismo, ao custo doloroso de destruições em seu interior. Não por acaso, a Segunda Guerra Mundial aconteceu apenas vinte e um anos após a Primeira Grande Guerra, pois, sem ela, ou melhor, sem o estímulo à atividade econômica impulsionada pelos preparativos bélicos, as renitentes consequências da Grande Depressão de 1929-1933 não teriam sido controladas. Isso porque, entre restaurações e recaídas parciais, essas consequências, aguçadas em 1937, emperravam o processo de recuperação das taxas de lucro. O mesmo expediente bélico pode valer para o controle da crise estrutural dos fins dos anos 1970, que ainda não terminou e que, desde 2008, com o *crash* financeiro desencadeado com a quebra de importantes fundos de investimentos aplicados na especulação de ativos imobiliários, vem confluindo para o que, agora, está sendo identificado como "crise do neoliberalismo", assim expressa: esta crise (neoliberal) é a crise dos remédios aplicados à crise estrutural ainda em curso e que, por isso, não tem ligação direta com a tendência decrescente da taxa de lucros (embora esta deva ser considerada); sua ligação mais evidente é com a falência do processo que garantiu a hegemonia financeira instalada após o colapso do keynesianismo, mediante o qual, conforme Duménil e Lévy (2014, p. 29), "as classes altas [leia-se: as faixas superiores de renda, para as quais o neoliberalismo está a serviço] forçaram os mecanismos econômicos até os limites da sustentabilidade, extrapolando-os, por fim".

Em vista disso, julga-se pertinente a dedução que aqui se apresenta de que o impasse neoliberal resultante da manipulação abusiva dos mecanismos econômicos até a sua extrapolação determinou — e foi, ao mesmo tempo, determinado — por aquilo que Navarro (2015) diz estar oculto na maioria das análises disponíveis: o *enorme crescimento das desigualdades de renda* em todo o mundo, inclusive nos países economicamente avançados, que, ao contrário do que é divulgado, não resulta da mudança tecnológica que afetaria a produtividade do trabalho e a distribuição das rendas geradas por essa mudança (p. 29). Afinal, a dinâmica contemporânea de busca incessante por altos rendimentos financeiros à custa de investimentos produtivos e do desenvolvimento social está relacionada ao conflito capital-trabalho, que vem se expressando como uma escancarada *guerra de classe*; guerra esta decretada pelos atuais agentes do capital em rebelião contra os avanços do mundo do trabalho conquistados no contexto da ordem aqui denominada social-democrata. Quanto a isso, não custa lembrar que foi no contexto desta ordem que o mundo do capital teve de concordar — em troca da aceitação pelos trabalhadores do princípio da propriedade privada dos meios de produção — com aumentos salariais proporcionais ao aumento da produtividade e com o estabelecimento do Estado Social provedor de salários sociais[9], e como *garante* de direitos sociais e difusos. Ademais, foi contra essa "anormalidade" capitalista que a lógica antissocial do capital se insurgiu. Isso explica por que, na subordem neoliberal, o aumento da produtividade não

---

9. Termo cunhado na década de 1960, nos países capitalistas centrais, para designar o usufruto, pelos trabalhadores, de benefícios e serviços da proteção social — como saúde e educação —, cujo valor monetário de sua oferta pública era comparado ao valor do salário do trabalho remunerado para ser apresentado como um adicional salarial em espécie.

mais se traduz em incremento dos salários diretos e indiretos, mas sim em incremento privilegiado das rendas do capital, cada vez mais absurdas. Não há, portanto, no atual reinado da cultura capitalista, de corte neoliberal, a menor veleidade de redistribuir renda acumulada e cada vez mais concentrada nos proprietários e gestores do capital; da mesma forma que não há, por parte dos teóricos neoliberais, explicação convincente sobre essa disparidade econômica e social. Está certo que esses teóricos têm apontado causas factuais, como a já citada mudança tecnológica fomentadora do aumento do desemprego, ao lado da globalização causadora da concentração de renda, em função da exportação de postos de trabalho para outros países onde os salários são mais reduzidos. Mas essas explicações são incompletas. A primeira — salienta Navarro (2015) — explica apenas o aumento da produtividade como efeito do avanço tecnológico, silenciando sobre o motivo pelo qual essa produtividade não é redistribuída; e a segunda confunde causa com consequência: a globalização, em si, não provoca baixos salários; mas são os baixos salários recebidos nos países importadores de mão de obra que denunciam a derrocada da política do mundo do trabalho nos países capitalistas desenvolvidos. No rol das explicações sonegadas, alinham-se também as que não mencionam a escandalosa redução de impostos sobre as rendas do capital. Nunca, como agora, apontam análises críticas, os ricos pagaram tão poucos impostos, e muitos países competem entre si para atrair aos seus territórios capitais estrangeiros, cada vez mais financeirizados, que terminam por influir no destino dessas nações. Esse fato, alerta Navarro, está solapando a democracia em âmbito mundial. Além disso, aumenta a proletarização da população que vive da venda de sua força de trabalho, dada à extensão para todo o universo de assalariados dos efeitos deletérios dos cortes dos direitos sociais e trabalhistas e da debilitação dos sindicatos. Para manter essa população cordata, o desemprego é uma peça-chave da guerra de classe em curso pelo pavor das consequências que ela desperta em sociedades socialmente desprotegidas. A polarização gritante entre as rendas do capital e do trabalho, às expensas deste, é, como já dito antes, não só o efeito, mas também um determinante da crise econômica e financeira neoliberal, pois a baixa desmonetização dos assalariados em geral, ou a falta desta, cria grande escassez da demanda privada.

Esta é a espada de Dâmocles que paira, atualmente, sobre a humanidade, para cuja existência o neoliberalismo não contribuiu sozinho. Dito de outra forma, o credo neoliberal não teria triunfado como triunfou se não tivesse contado com condições históricas e políticas favoráveis, como: i) o avanço simultâneo do *neoconservadorismo* produzido pelas chamadas "revoluções conservadoras" iniciadas, em 1979, com Margaret Thatcher, a partir de sua guerra vitoriosa contra o poderoso sindicato dos mineiros de carvão e, em 1980, com a chegada de Ronald Reagan (ídolo dos economistas neoliberais) ao governo dos Estados Unidos; e ii) a junção do neoliberalismo com o neoconservadorismo no movimento radical, denominado *Nova Direita*, no qual convivem moralidades, em princípio incompatíveis, mas fortalecidas, no combate à democracia ou no processo de desdemocratização, em nome dos seguintes valores e interesses: a) *neoliberais* — sacralização do mercado, eficácia econômica, competitividade, empreendedorismo, meritocracia, ativação para o trabalho assalariado, privatização e desregulamentação da economia e das políticas sociais; preservação da desigualdade social como incentivo ao trabalho; b) *neoconservadores* — fortalecimento da lei e da ordem; nacionalismo exacerbado; fundamentalismo religioso; glorificação da família tradicional; desprezo pelas diferenças; racismo, misoginia, homofobia (Pierson, 1991; Burgaya, 2015).

Trata-se, portanto, a Nova Direita, de um amálgama das ideologias neoliberal e neoconservadora, configurando uma espécie de mistura ou caldeirão (*melting pot*) de ingredientes diferentes — liberalismo econômico, de um lado, e conservadorismo político, de outro — que se mostra poderosa no combate das conquistas sociais dos trinta primeiros anos a partir do segundo pós-guerra. Daí a perplexidade de Burgaya (2015), ao constatar que fazia tempo que "os interesses empresariais e do grande capital não encontravam aliados políticos tão favoráveis", ardentes e coesos na defesa de teses antiprotecionistas e egocêntricas. "Até as instituições internacionais criadas como instrumentos de ajuda ao desenvolvimento [acrescenta o autor] se converterem em agentes para a implantação do livre-mercado em escala mundial" (p. 107).

Além disso, outras mudanças contribuíram para a transição do *ethos* solidário do regime de acumulação keynesiano-fordista para o *ethos* egoísta do regime de acumulação neoliberal/neoconservador. São dignos de nota: os processos de internacionalização e mundialização que restringiram as margens de manobra e de decisão dos Estados nacionais; a adaptação da União Europeia à globalização; o fim da guerra fria e da bipolaridade entre Estados Unidos (EUA) e União Soviética (URSS), cujo símbolo foi a queda do muro de Berlim, em 1989, e a autodissolução da URSS, em 1991; e a transformação dos Estados Unidos em única potência mundial que se elevou, a partir da década de 1980, do posto de potência hegemônica do mundo capitalista, para o de império com função arbitral de última instância sobre conflitos de poder em qualquer parte do planeta.

Finalizando: implicações do domínio de moralidades neodireitistas para a política social de *ethos* solidário

A disjuntiva entre *direita* e *esquerda*, implícita na denominação *Nova Direita*, está mais viva do que nunca, apesar de sua simplificação conceitual e das numerosas afirmações a respeito de seu desaparecimento. São famosos os esforços, na história do capitalismo recente, de negar esta clivagem que surgiu, em 1789, para indicar as posições ocupadas pelos representantes do povo — à direita e à esquerda da presidência — na Assembleia Nacional Constituinte Revolucionária Francesa, de 9 de junho.

Porém, essa divisão, dentre tantas outras proclamadas no discurso ideológico para demarcar a oposição entre "partidos, forças, frentes e atores no cenário político" (Vázquez, 2001, p. 175), foi a única que vingou, graças a sua amplitude, vitalidade e resistência ao tempo. A separação entre direita e esquerda constitui, portanto, um recurso tipológico que, guardadas as devidas limitações metodológicas, é a que melhor se presta a classificar a real oposição de classe expressa em princípios, critérios e ideologias liberais/conservadores *versus* progressistas/socialistas, a partir de um eixo analítico parametrado nas categorias *igualdade* e *liberdade*.

A recorrente tentativa de apagar a linha divisória entre direita e esquerda revela uma estratégia das hostes da direita para anular a existência de classes sociais antagônicas nas sociedades capitalistas e excluir, em definitivo, a concepção socialista nessa divisão, em prol da prevalência de ortodoxias morais burguesas; ortodoxias estas que procuram "limitar as liberdades reais para a maioria da população e frear os avanços na igualdade social", contra as quais as esquerdas tentam "superar esses limites e freios e ampliar as esferas das liberdades reais e da igualdade social" (Vázquez, 2001, p. 181) — ou da *liberdade igualitária* na seguinte formulação de Della Volpe (1982): daquela liberdade integrada a uma igualdade que, ao contrário da sua homônima civil, perante a lei, "se dilui numa universal igualdade *social* mediadora de sujeitos [...], constituindo a liberdade de cada qual [...] desenvolver as suas individuais capacidades humanas" (p. 75). Daí porque igualdade e liberdade *substantivas* ou *reais* constituem a estrela polar da moral das esquerdas.

Na esfera da moral, a pertinência da distinção política entre direita e esquerda tem a ver com o fato de que, no capitalismo, a *política* e a *moral* interligam-se num tipo de regulação das relações interindividuais e dos indivíduos com a sociedade dividida em classes, fazendo-se naturalmente aceito. E também porque a política tem um lado instrumental, além do axiológico (valorativo), que lhe permite perseguir fins, subsidiada por meios cujo uso difere entre direita e esquerda. Para a moral de esquerda, os meios e os fins têm que ser compatíveis entre si. Os fins não devem lançar mão de meios que, por princípio, sejam amorais; e nem os meios devem instrumentalizar fins intrinsecamente pervertidos. Dessa feita, não tem cabimento para a esquerda, por exemplo, a prática do genocídio, da tortura, da perseguição política, da desigualdade para alcançar objetivos julgados necessários. E muito menos são cabíveis experimentos científicos, como os que foram realizados na Alemanha nazista, sob a designação de políticas sociais, que esterilizavam enfermos, doentes mentais, judeus, ciganos, socialistas e outros grupos humanos para depois encaminhá-los à câmara de gás (Titmuss, 1981).

Será sob a luz dessas clivagens morais e políticas que se apresentarão, a seguir, os principais traços da atual supremacia da moral neoliberal/conservadora sobre *ethos* solidário da política social, ressaltando as suas implicações correspondentes.

Do Welfare ao Workfare

Não constitui exagero afirmar que a Nova Direita se tornou, a partir dos anos 1980, o mais renitente opositor do padrão de proteção social de cunho solidário, da era do *Welfare State* keynesiano, por considerá-lo moral e cognitivamente incompatível com as noções de liberdade e dignidade pessoal, propugnadas por seus mentores, adeptos do *Workfare State* desde então invocado. De fato, tanto a vertente neoliberal quanto a neoconservadora que compõem esta miscigenada corrente neodireitista, não apenas demandam uma nova era da política social, como também exigem um Estado dotado de um novo perfil político, moral e ético. Ou melhor, um Estado "do trabalho" — e não mais "do bem-estar" incondicional, como direito — que ratifica a reconstituição, pelo capitalismo recente, descrito como pós-industrial, pós-moderno e até mesmo pós-social e pós-material (Dean, 2007), da relação entre trabalho e cidadania. Com efeito, em face da imperiosidade dessa reconstituição, justificada pela pressão dos mecanismos econômicos próprios da globalização neoliberal, a proteção social dos trabalhadores passou a depender dos resultados da competição internacional por maiores rendimentos de capital, o que condicionava, no âmbito doméstico, a adoção de políticas que restringissem os custos da força de trabalho ou a maximização da produtividade laboral. O trabalho, portanto, entendido como atividade assalariada ou empresarial individual, legitimamente remunerada, tornou-se a fonte primordial do bem-estar do indivíduo que, para obtê-lo em um ambiente dinâmico, competitivo e voltado para o consumo, precisava desenvolver suas potencialidades proativas que têm a ver com o exercício de sua autorresponsabilização, não como cidadão, mas como consumidor. O Estado do trabalho (o *Workfare State*), então, passou a ser o principal agente desse processo que invertia as prioridades da proteção social: o trabalho, como responsabilidade, antecedia o bem-estar do indivíduo que dependia, exclusivamente, do consumo de bens adquiridos no mercado por meio do exercício dessa responsabilidade.

Diante dessa mudança, o *Welfare State* recuou da tarefa a ele atribuída de, nos termos de Esping-Andersen (1991), desmercadorizar parcialmente a força de trabalho a fim de permitir ao trabalhador, na qualidade de cidadão, certo grau de independência e o direito de trabalhar livremente em condições civilizadas; e, ao assim proceder, cedeu espaço ao *Workfare State*, que, avesso aos pressupostos da cidadania, encarava essa desmercadorização como dependência geradora de condutas moralmente condenáveis e, portanto, incompatível com a ideia, eticamente edificante, de autorresponsabilização.

Da política social como direito à autoprovisão

As mudanças sofridas pela política social, a partir dos anos 1980, têm muito a ver com a sua subsunção à *ética da autoprovisão* do bem-estar, seja o indivíduo bancando seu autossustento, seja manejando, com seus próprios meios, inseguranças sociais produzidas pelas agora chamadas "sociedades de riscos", referenciadas não mais em direitos sociais garantidos, mas em iniciativas sujeitas ao azar.

Sendo assim, os sujeitos que hoje habitam essas sociedades não são mais considerados cidadãos, mas pessoas empreendedoras e consumidoras, cujo poder de autossuficiência e autogestão responsável (o prestigiado empoderamento/*empowerment*) deve ser ativado, habilitado por contínuos treinamentos e regulado — sim, regulado — por um Estado capacitador e propiciador, não de benefícios e serviços, mas de estruturas de oportunidades.

Consequentemente, o principal papel da política social, de acordo com os preceitos do credo neoliberal, não é a distribuição de recursos para atender necessidades sociais, mas a mitigação de riscos a que estarão sujeitos os indivíduos. Esta mitigação, como próprio nome antecipa, terá caráter de alívio (*relief*) pontual e focalizado, sem vinculação estatutária ou legal com os direitos de cidadania, posto que regido por códigos morais de conduta burguesa. Além disso, não é papel desse tipo de política social proteger os trabalhadores das consequências adversas do trabalho assalariado, por meio da regulação dos salários e das condições de emprego, mas ativá-los para empregos disponíveis, sem controle sindical, independentemente de suas expectativas e preferências. A criação da recente estratégia da flexissegurança[10] (*flexisecurity*) em países capitalistas avançados, inclusive os do norte da Europa, como é o caso da Dinamarca, de larga tradição social-democrata de bem-estar social, tem a ver com a flexibilidade privilegiada pela *economia da oferta*[11], que substituiu em todo o mundo a economia da *demanda efetiva* adotada pelo Estado de Bem-Estar keynesiano. Esta teoria faz parte de um movimento maior

---

10. Estratégica política que condiciona a assistência social pública à procura, por parte de seus demandantes, de trabalho remunerado, em prazo determinado; ou à aceitação desses demandantes de empregos disponíveis no mercado laboral flexível, indicados pelo Estado. Entretanto, se essa indicação não for acatada, haverá sanções que poderão resultar na suspensão da assistência pública.

11. Contra a teoria da demanda efetiva keynesiana, estimuladora de uma oferta infinitamente elástica, os monetaristas insistiram na delimitação de uma oferta global. Porém, no rastro das políticas econômicas norte-americanas, instituídas por Ronald Reagan (as *reagnomics*), impôs-se a *economia da oferta* com o seguinte propósito: reduzir impostos sobre a propriedade para não desencorajar a poupança, o investimento, o esforço produtivo e a inovação impeditivas da formação de economias subterrâneas e fugas do fisco. Para tanto, procedeu-se drástica redução de todas as despesas sociais pelo fato de estas alimentarem um Estado onipresente e estacionário que, além de desviar recursos do setor privado, criador de empregos e oportunidades, incentiva modos de vida parasitários (Beaud; Dostaler, 2000).

que inclui correntes neoliberais e neoconservadoras, algumas mais radicais, como os libertários ou *anarcocapitalistas*, e os neoclássicos, mas cujo denominador comum é: "a reafirmação das virtudes do mercado e da concorrência contra a intervenção do Estado e a toda e qualquer forma de regulação". Para esse movimento, "o nível excessivo de taxas naturais de desemprego é considerado como o resultado das leis do salário mínimo, do seguro desemprego e da militância dos sindicatos, dos quais é preciso retirar poderes" (Beaud; Dostaler, 2000, p. 135).

Trata-se, a tese da autoprovisão, por meio da autorresponsabilização, de um discurso político autoritário e moralista de defesa da supremacia do princípio do dever (laborioso e muitas vezes induzido pelo aguilhão da pobreza utilitária) do indivíduo sobre o seu direito à proteção social pública garantida, que sobrepôs o lema liberal do *trabalho em primeiro lugar* à premissa socialista do *bem-estar* humano antes de tudo, mediado pelo *trabalho*. Dessa forma, o *viver para trabalhar*, da moral burguesa, não só se sobrepôs, mas também se contrapôs ao *trabalhar para viver*, da moral solidária, na trilha da substituição teórica e prática do bem-estar como direito (*welfare*) pelo bem-estar provido pelo trabalho remunerado (*workfare*), assim como do Estado de Bem-Estar Social (*Welfare State*) pelo Estado do Trabalho (*Workfare State*).

Por uma ética eudaimonica contra a tirania hedonista

Esta inversão de valores no âmbito da relação entre trabalho assalariado e o bem-estar social como um imperativo que define a espécie humana também desvela a colonização da política social de *ethos* solidário por uma ética hedonista (Dean, 2010), indutora do impulso compulsivo de maximização de capital humano em busca do prazer de curto prazo, que surge após a realização de condutas estimuladas, como a de ganhar prestígio e dinheiro, como um objetivo em si. Ou, no dizer de Dean (2010): que exclui a ética prevista pelos filósofos clássicos, denominada *eudaimonia*, segundo a qual a realização de uma vida boa, ou da felicidade em longo prazo, decorre do envolvimento das pessoas entre si no compartilhamento de preocupações, lutas, projetos e conquistas que colocam o bem-estar humano antes e acima do engajamento (egoísta, competitivo e consumista) de cada um no mercado de trabalho.

Não admira, portanto, que sob o comando da ética hedonista, a política social de *ethos* solidário tenha perdido a sua função mais nobre, que era a de concretizar direitos sociais conquistados pela sociedade e assegurados pelos poderes públicos. E que o ódio aos pobres tenha se generalizado pela disseminação legitimada de moralidades hedonistas que veem a pobreza como resultante da irresponsabilidade dos indivíduos que a padecem. Por isso, ser pobre na atualidade capitalista tornou-se um delito moral, quando não penal, e a proteção social contra essa condição passou a ser vista como uma cumplicidade imoral.

Em decorrência disso, a política social tornou-se um mecanismo coadjuvante da insaciável necessidade de lucro do capital, em detrimento do atendimento das necessidades sociais, porque o tipo de capitalismo que passou a geri-la não representa uma renovação ou reinvenção melhorada em termos de civilidade. Ao contrário, este tipo de capitalismo se reencontrou com a sua índole mais primitiva e, portanto, com a sua "capacidade de exprimir brutalmente os interesses de classe sobre os quais ele está fundado" (Chesnais, 1977, p. 8). Interesses estes que não mais comportam reedições minimamente democráticas, porque o poder estrutural do capital, administrado por grandes e seletas corporações supranacionais, sequestrou a democracia, mesmo que relativa ou iliberal. Daí a justeza da avaliação corrente de que o atual período da história da humanidade é *pós-democrático*. As conquistas sociais do segundo pós-guerra podem ser consideradas, de fato, o que de melhor o capitalismo foi forçado a oferecer sob a pressão de poderosas contrarrestações estruturais e históricas. Mas também este foi o seu limite de atenção às necessidades humanas. O que se tem pela frente é "um futuro catastrófico para a nossa espécie, a menos que se abandone o rumo pelo qual temos vindo transitando desde há umas três décadas" (Borón, 2014, p. 91).

Referências

ANDERSON, Perry. Balanço do neoliberalismo. In: SADER, Emir. *Pós-Neoliberalismo*: as políticas e o Estado democrático. Rio de Janeiro: Paz e Terra, 1985.

BALDWIN, Peter. *La política de solidariedad social*: bases sociales del estado de Bienestar europeo 1875-1975. España: Ministerio de Trabajo y Seguridad Social, 1992.

BEAUD, Michel; DOSTALER, Gilles. *O pensamento económico de Keynes aos nossos dias*: súmula histórica e dicionário dos principais autores. Porto: Edições Afrontamento, 2000.

BENSAÏD, Daniel; LÖWY, Michael. *Centelhas*. São Paulo: Boitempo, 2017.

BORÓN, Atilio. *Socialismo siglo XXI*: hay vida después del neoliberalismo? Ciudad Autónoma de Buenos Aires: Ediciones Luxemburg, 2014.

BURGAYA, Josep. *La economía del absurdo*: cuando comprar más barato contribuye a perder el trabajo. Barcelona: Ediciones Deusto, 2015.

CHESNAIS, F. O capitalismo de fim de século. In: COGGIOLA, Osvaldo (Org.). *Globalização e socialismo*. São Paulo: Xamã, 1977.

DEAN, Hartley. The ethics of welfare-to-work. *Polity and politics*, v. 35, n. 4, p. 573-590, 2007. Disponível em: http://eprints.lse.ac.uk/3453/. Acesso em: 20 maio 2020.

DEAN, Hartley. *From work to welfare? Reconstructing the liberal political discourse*. A draft paper for Social Policy Association Annual Conference Social Policy in times the change, 5-7 July, University of Lincoln, 2010.

DELLA VOLPE, Galvano. *Rousseau e Marx*: a liberdade igualitária. Lisboa: Edições 70, 1982.

DUMÉNIL, Gérard; LÉVY, Dominique. *A crise do neoliberalismo*. São Paulo: Boitempo, 2014.

ESPING-ANDERSEN, Gosta. *The three worlds of welfare capitalism*. Cambridge: Polity Press, 1991.

GRAMSCI, Antonio. *Obras escolhidas*. São Paulo: Martins Fontes, 1978.

HARVEY, David. *Condição pós-moderna*. São Paulo: Loyola, 1993.

MACPHERSON, Crawford Brough. *A teoria política do individualismo possessivo*: de Hobbes a Locke. Rio de Janeiro: Paz e Terra, 1979.

MARSHALL, Thomas H. *Cidadania, classe social e status*. Rio de Janeiro: Zahar Editores, 1967.

MORENO, Luis. *La Europa asocial*: caminamos hacia un individualismo posesivo? Barcelona: Ediciones Península, 2012.

NAVARRO, Vicenç. *Ataque a la democracia y al bienestar*: crítica al pensamiento económico dominante. Barcelona: Editorial Anagrama, 2015.

PEREIRA, Potyara A. P. Reorientações éticas da política social: do primado do *ethos* solidário ao império da moral individualista possessiva. *EM PAUTA*. Revista da Faculdade de Serviço Social da Universidade do Estado do Rio de Janeiro (UERJ). Rio de Janeiro, n. 43, v. 17, p. 32-47, 1º semestre de 2019.

PEREIRA, Potyara A. P. *Política social*: temas e questões. São Paulo: Cortez, 2008.

PIERSON, Christopher. *Beyond the Welfare State?* Cambridge: Polity Press, 1991.

POLANYI, Karl. *A grande transformação*: as origens de nossa época. Rio de Janeiro: Campus, 1980.

RIMLINGER, Gaston V. *Welfare policy and industrialization in Europe, America and Russia*. London: John Wiley & Sons, Inc., 1971.

SAAD FILHO, Alfredo; MORAIS, Lecio. *Brasil*: neoliberalismo versus democracia. São Paulo: Boitempo, 2018.

STANDING, Guy. *O precariado*: a nova classe perigosa. Belo Horizonte: Autêntica, 2013.

TITMUSS, Richard. *Política social*. Barcelona: Editorial Ariel, 1981.

VÁZQUEZ, Adolfo Sanchez. *Ética*. Rio de Janeiro: Civilização Brasileira, 1975.

VEBLEN, Thorstein. *A teoria da classe ociosa*: um estudo econômico das instituições. São Paulo: Abril Cultural, 1993 (Os economistas).

Nova direita, corporocracia e política social

Camila Potyara Pereira

Introdução

Não é novidade que, como sombras que se projetam nas paredes desta metafórica caverna na qual estamos confinados — principalmente a partir dos últimos anos —, as ações políticas, econômicas e (anti) sociais encampadas por governos ao redor do mundo apresentem-se como alegorias estrategicamente construídas para manipular, confundir, cooptar e dominar populações convertidas em massa de manobra. Em uma época de repúdio à ciência, ao pensamento crítico, à pesquisa, aos dados, ao conhecimento e à profundidade teórica, basta um par de mãos se movendo diante de chamas para transformar o teatro de sombras em realidade inquestionável. Ou seja, encontramo-nos em um período histórico no qual a aparência, a estética e a imagem importam, como nunca, muito mais do que a essência, o concreto, a verdade. Como afirmou o filósofo alemão Feuerbach, preferimos "a imagem à coisa, a cópia ao original, a fantasia à realidade" (Feuerbach, 2007, p. 25).

Temos vivido e agido em representações do real. As nossas sociedades são imensas acumulações de espetáculos. E o espetáculo, por sua vez, não é um mero conjunto de atuações ou de cenas aleatórias, mas, conforme esclarece Debord (2017, p. 49), "o capital em tal grau de acumulação que se torna imagem", ou, ainda, "uma relação social entre pessoas, mediada por imagens" (Debord, 2017, p. 38), que se constitui como uma forma contemporânea de dominação burguesa sobre a classe trabalhadora. Assim, nesta sociedade que atingiu o grau de hiperespetacular (Lipovetsky; Serroy, 2015), não importam os fatos, as pesquisas, a ciência. Importa a emoção do show, a figura que determinada alegação ou performance vai gerar. É dessa maneira que notícias reais viram *fake news*, e *fake news* viram notícias reais. Daí derivam os "memes", os *emojis* e as "figurinhas" na regência de conversas inteiras, os *stories* e os *tweets* como forma de comunicação oficial, inclusive no âmbito da administração pública. São práticas que instigam emoções e não reflexões e que se contrapõem, como alternativas modernas, acessíveis e velozes de linguagem, aos "textões" *démodés*, demandantes de tempo, interesse e habilidades desenvolvidas para a interpretação, a análise e a síntese do conteúdo expresso.

Nesse contexto do "olhar iludido e da falsa consciência" (Debord, 2017, p. 38), mentiras, manipulações, mistificações e irrealidade contribuem para o crescimento de uma desconfiança generalizada e brutal, da apartação, das polarizações radicalizadas e do receio de tudo o que é público e coletivo. Dessa maneira, fica fácil cooptar segmentos da população para que defendam ideias que não são suas e que, geralmente, nem sequer lhes beneficiam. Muitas dessas ideias, inclusive, os prejudicam gravemente.

É no seio do desprezo ao coletivo e às causas comuns, no repúdio às massas, ao povo e aos argumentos bem fundamentados, que ganham força o individualismo exacerbado, a meritocracia, o ódio ao diferente e as soluções de problemas personalizadas, como a justiça com as próprias mãos, o armamento individual, as "carteiradas", as amizades influentes e a corrupção e, consequentemente, avança a direita e endurece a direita que avança.

Essa direita, extremada, se apresenta como alternativa à crise estrutural do capital que teve seu auge em 2008 e se perpetua, e à corrupção sistêmica, da qual, supostamente, ela está imune, já que liderada por "homens de bem" e "de família", acompanhados de belas mulheres recatadas e do lar. Um discurso falacioso, mas encantador, que associa militares, empresários e mercado à honestidade, ao pulso firme, à disciplina e à correção.

O mercado, em especial, inserido na sociedade hiperespetacularizada, encontra seu *lócus* mais fértil e amplia desmedidamente a sua hegemonia, passando a ocupar a vida social em sua totalidade. A partir daí não é mais possível, segundo Debord (2017, p. 59), ver nada além da mercadoria: o espetáculo é o momento no qual a mercadoria "contempla a si mesma no mundo que ela criou"; e seu fetichismo é acentuado pela sua promessa de proporcionar a própria vida e de se constituir o único mecanismo de prazer. É no seio da permanente proliferação da dominância da mercadoria para as esferas social, cultural, econômica e política, impulsionada pelas agendas neodireitistas cada vez mais radicalizadas, que os projetos democráticos (mesmo liberais) desmoronam. Nasce, em seu lugar, um modelo no qual as leis e as políticas públicas em geral são planejadas tendo como finalidade última (embora jamais declarada) o aumento do lucro e do poder de grandes empresas privadas controladas, pulverizadamente, por um grupo de acionistas, e que alcançam o *status* de "pessoa", adquirindo, dessa maneira, direitos semelhantes aos de qualquer cidadão: as corporações.

Este texto pretende debater a relação simbiótica entre a ideologia da nova direita, as corporações em posição crescente de controle e as políticas sociais, ora repudiadas, ora transmutadas à imagem e semelhança desta síntese que amalgama as facetas mais perversas do neoliberalismo e do neoconservadorismo.

Nova Direita

A partir da segunda metade da década de 1970, com a derrocada do modelo intervencionista keynesiano que marcou, especialmente após o fim da Segunda Guerra Mundial, as ações políticas e econômicas das nações capitalistas centrais, ideias neoconservadoras e neoliberais, forjadas por grupos de intelectuais estadunidenses, desde os anos 1940, foram resgatadas.

De frente para uma grave crise política e econômica, causada, segundo os adeptos de ambas as correntes ideológicas de direita supracitadas, pelo excesso de gasto com a oferta de serviços e bens públicos, neoliberais e neoconservadores também assistiram, a partir das duas décadas precedentes (1950 e 1960), à emergência de movimentos sociais e contraculturais que atuavam em resistência ao racismo, ao machismo e ao patriarcado, à LGBTfobia, à guerra (particularmente a do Vietnã), à censura, à destruição do meio ambiente e ao *"establishment"*.

Assim, em prol da administração de recursos supostamente escassos e do resgate dos valores tradicionais, ameaçados pelas intervenções dos grupos populares organizados, manifestou-se uma nova ideologia, resultado da fusão entre o neoliberalismo econômico e o neoconservadorismo político, social e cultural: a nova direita.

Apesar de se caracterizar, conforme ressalta Bobbio (1995), como heterogênea e plural, a nova direita apresenta preceitos claros. Ambas as correntes que a compõem, isoladas, relacionam-se, conflituosamente, por meio de antagonismos e contradições. No entanto, ainda assim compartilham objetivos e convergem, mediante suas práticas particulares, para a negação — nunca explícita — da democracia (Brown, 2006). Amalgamadas sob o espectro neodireitista, metamorfoseiam-se em uma ideologia distinta do que eram quando consideradas em separado e assumem o lugar de ferozes combatentes contra o Estado Social e seus elevados gastos públicos, ao mesmo tempo que lutam pela conservação de valores tradicionais. Entre os mais notórios desses valores, figuram a defesa da família patriarcal, na qual cada membro tem papéis bem definidos; da moral "humanista" e a consequente desvalorização de demandas de grupos específicos; da meritocracia; do trabalho como reparador do caráter; da retidão e da obediência ante as hierarquias sociais; do patriotismo; do cristianismo e da devoção a Deus; do respeito às forças policiais e militares; da "boa" música e do "bom gosto" cultural. Daí, frequentemente, decorrem concepções e práticas racistas, machistas, xenófobas e islamofóbicas, LGBTfóbicas, elitistas, entre outras violências. Derivam, igualmente, a aversão à desresponsabilização de indivíduos pela sua autossustentação e à interferência estatal no trato de "problemas sociais" e de desigualdades, considerados por estes ideólogos, naturais ou falhas individuais (Pereira, 2016).

Destarte, para os neodireitistas, desigualdade é pré-requisito essencial para o desenvolvimento e o progresso das sociedades modernas. Logo, faz-se imperiosa a restrição de direitos de cidadania, seja pela primazia dos direitos de propriedade, como defendem os neoliberais, seja pela precedência da ordem, da autoridade e da moral na hierarquia "natural" de valores que, para os neoconservadores, deve permanecer intacta (King, 1987).

Como destaca King (1987), a ênfase no indivíduo (percebido, usualmente, como sendo homem, branco, heterossexual, cis, saudável, instruído e empregado), a crença no poder sem limites de um mercado racional e a defesa de um Estado mínimo nas intervenções econômicas e na oferta de políticas sociais, mas máximo na regulação moral da sociedade, constituem o tripé de princípios sobre o qual se sustenta a ideologia da nova direita. E estes princípios têm composto, cada vez mais, as bandeiras de partidos e de dirigentes políticos em diferentes países capitalistas, centrais e periféricos.

A guinada à direita de governos nas décadas de 1970 e 1980, observada em várias nações ao redor do globo[1], não marca, contudo, o início da expansão ideológica da nova direita. Esta corrente conquista adeptos desde sua constituição, e seus postulados ideológicos recrutam asseclas até mesmo entre os que são diretamente por eles penalizados. Antes de chegar ao poder, a nova direita penetra nas instituições mercantis, como comércios e empresas em geral, e não mercantis, como

---

1. Como, por exemplo, Augusto Pinochet no Chile (1973); Thorbjörn Fälldin na Suécia (1976); Margaret Thatcher na Grã-Bretanha (1979); Ronald Reagan nos Estados Unidos (1980); Poul Schlüter na Dinamarca, (1981); Helmut Khol na Alemanha (1982).

famílias, igrejas, escolas e agremiações diversas. A partir da legitimação popular de seus fins, apresentados como universalmente benéficos, os meios passam a ser justificados, perdoados e encarados como sacrifícios públicos necessários para o alcance de um futuro promissor. Na contemplação passiva deste projeto de futuro — impossível, pelos meios antissociais e antidemocráticos característicos —, a multidão atomizada se queda entorpecida na irrealidade do capital convertido em imagem e passa a negar fatos, a *práxis* e o próprio tempo histórico. De acordo com Motta (1984, p. 20),

> [...] o tempo colocado pela ideologia dominante é o tempo do consumo das imagens. Essas imagens são apresentadas como a vida real. Assim, o tempo, sendo ideologicamente inculcado, se traduz em abandono da história. A consciência do tempo, ao contrário, é a consciência de que o tempo histórico pode ser realmente vivido. É dessa consciência que depende a superação da ideologia dominante.

A nova direita, que só conseguiu alcançar o nível de legitimidade atual graças ao uso contínuo da manipulação, encontra na sociedade hiperespetacularizada as condições objetivas mais favoráveis à sua reprodução. É na espera pelo cumprimento das promessas transcendentais da mercadoria que cada indivíduo, inerte na admiração do espetáculo, perde aos poucos sua capacidade de reflexão crítica e mergulha na realidade invertida da falsa consciência e da fantasia, tão útil à ideologia neodireitista que prega o individualismo competitivo e a moral que aparta toda e qualquer diversidade. Na expectativa eterna de um porvir que premie os que se esforçam por meio do trabalho "honesto" e que corrija as imoralidades modernas, o ser humano isolado vai perdendo a vida para a aparência, já que "o espetáculo se constrói sobre a miséria do não-vivido" (Motta, 1984, p. 20); e, nesse processo de desumanização, cede ao *appeal* desta ideologia, engrossando as fileiras de seus apoiadores.

Como um de seus mecanismos de cooptação de adeptos, a nova direita proclama o discurso do "fim da história", expresso, por exemplo, na sigla e no *slogan* que ganharam notoriedade em 1980 ao serem repetidamente proferidos pela então primeira-ministra britânica Margaret Thatcher: *TINA* ou *There Is No Alternative*, que pode ser traduzido livremente como *Não Há Alternativa*. Esta frase foi — e ainda tem sido — utilizada para encerrar debates que questionavam a efetividade da economia de mercado e da política neoconservadora, implementadas durante o seu governo.

O mercado, personificado e com *status* quase de divindade, amparado pelo Estado e suas instâncias repressivas — educacionais, judiciárias e executivas — e promovido pelos meios de comunicação e mídias sociais, utiliza-se da ideologia, em especial a da nova direita, para ampliar sua hegemonia e poder apresentar-se como único caminho possível. A mistificação que encobre as reais relações de trabalho e o conflito histórico entre classes, inconciliavelmente antagônicas, incita um desafio, tal qual o defrontado por Édipo diante da Esfinge. Conforme Konder (2002, p. 12), se, para ele, o enigma proposto foi *"'decifra-me ou te devoro', a ideologia, como Esfinge enigmática, oferece: 'Decifra-me, enquanto te devoro'"* (Grifo nosso).

Liberalismo e conservadorismo, atualizados em novas versões para responder às complexidades dos problemas sociais contemporâneos, fundidos e convertidos em ideologia inédita, seduzem ao mesmo tempo que aumentam o hiato da desigualdade e empobrecem largas camadas populacionais; desmontam direitos sociais; enfraquecem o poder político e protetivo dos Estados e, na prosopopeia do mercado, o consagram ao papel de dirigente planetário com poder de arruinar os processos democráticos e de vincular o *status* de cidadania ao de consumidor. Nesse contexto, prosperam as grandes corporações mundiais.

Corporocracia

As mistificações encampadas pela ideologia neodireitista atingem, com força, a esfera política. Retratada, cada vez mais, como mera arena de corrupção e despudor, a política passa a ser, conforme alerta Gallego (2019a), considerada descartável ou até mesmo vexatória, dominada por criminosos profissionais. Ainda de acordo com a autora, a solução para o "problema político" perpassa a sua extinção, a sua tecnocratização, ou a sua demagogização "que manipula medos, raivas e ódios" (Gallego, 2019a, p. 5).

Dessa maneira, como uma nova tendência observada em diversas nações capitalistas, empresários vêm assumindo cargos políticos. Rotineira e paradoxalmente, vencem eleições com discurso antipolítico e, no governo, conduzem seus eleitores para atuarem contra o processo democrático. De acordo com Brown, a nova direita situa a democracia no campo oposto ao da liberdade e da inovação e, com isso, fortalece "a crença de que os negócios empresariais e a tecnocracia, assim como as tradições morais orgânicas são, em todos os sentidos, superiores à democracia para resolver nossos problemas e para nos governar" (Brown, 2019, p. 7).

Esse processo é sustentado pela crença, já citada neste texto, da superioridade moral e da maior capacidade gestora do mercado. Empresários são encarados como indivíduos bem-sucedidos e que possuem talento inato para administrar, com eficiência e eficácia, qualquer tipo de coletividade. Como exemplo emblemático, vale citar o governo de Thaksin Shinawatra, primeiro-ministro da Tailândia, entre 2001 e 2006, que reorganizou a estrutura burocrática do país, convertendo governadores em *CEO[2]-governors*, que executavam seus trabalhos sempre auxiliados por CFOs[3] lotados no Ministério das Finanças. De acordo com Brown (2013), ao assumir o cargo, Thaksin chegou a afirmar que seria o CEO da Tailândia. Contudo, e como de praxe em governos neodireitistas, sua gestão é lembrada pela tirania, pela negação de direitos humanos básicos e pela demagogia.

---

2. *Chief Executive Officer* ou Diretor Executivo é a pessoa que ocupa o mais alto cargo na hierarquia corporativa.

3. *Chief Financial Officer* ou Diretor Financeiro é a pessoa responsável por administrar os recursos da corporação.

Historicamente, em especial nos países situados na periferia do capitalismo, como os latino-americanos, africanos e do Sudeste Asiático, a direita é marcada por sua estreita relação com o autoritarismo, a ditadura e o nacionalismo exacerbado. A democracia, assim, mesmo meramente instrumental ou liberal, nunca foi bandeira dos teóricos e ideólogos direitistas. No entanto, defensores da já mencionada precedência dos direitos de propriedade (considerados naturais e, portanto, a-históricos) sobre os civis, políticos e sociais (King, 1987), coagidos por um clima progressista, acabam, em determinados contextos históricos, dissimulando uma falsa aura democrática expressa em discursos moderados. Todavia, não abrem mão da intimidade com as forças armadas e os setores mais conservadores das Igrejas que, na América Latina, em especial, guiam-se pela teologia da prosperidade (Giordano, 2014). E mais, na primeira oportunidade, geralmente quando deixam de ser oposição e passam a compor governos, neodireitistas abandonam a camuflagem e lançam mão das práticas despóticas que primam, por um lado, pelo livre-mercado e, por outro, pelo Estado forte na proteção a este mercado e na regulação moral da sociedade. Assim,

> [...] a democracia simplesmente se equipara à existência de mercados capitalistas livres, abertos e desregulados, só às vezes combinados de maneira mínima com eleições modestamente livres. O conceito próprio de democracia e seus princípios básicos — igualdade, liberdade, soberania popular — foi ressignificado em um sentido orientado ao mercado. Desse modo, a igualdade simplesmente significa o direito de competir uns com os outros, em um mundo de vencedores e perdedores (Brown, 2017, s/p).

A democracia, sob o jugo neodireitista, torna-se mera prática ocasional — e ilusória, vale ressaltar — de concessão de autorizações a terceiros; a participação popular vai se restringindo ao voto em eleições periódicas. No entanto, mesmo o ato de votar tem sido esvaziado de significado político sólido, já que as supostas decisões de eleitores conscientes e bem informados são formadas, correntemente, pela influência direta de *fake news*, ou, mais gravemente, manipuladas por empresas privadas pagas para coletar, sem autorização, dados de usuários de redes sociais e induzir, de acordo com o perfil pesquisado, deliberações que favoreçam o candidato ou partido contratante[4].

Conclui-se, daí, que a democracia é de fachada. Funciona — como aquele teatro de sombras mencionado no início deste capítulo — "na aparência, mas cada vez mais esvaziada de conteúdo e sentido" (Gallego, 2019b, p. 4). A partir desta constatação, a autora continua:

> [...] as grandes decisões não são tomadas 'demos', pelo 'poder popular', e sim pelas grandes concentrações privadas de capital que pensam a democracia como um instrumento para atingir maiores níveis de intervenção política e lucro. [...] O âmbito do poder decisório está totalmente afastado da população e fica na órbita das grandes empresas e oligarquias políticas (Gallego, 2019b, p. 4).

A democracia, portanto, passa a ser um acessório do capitalismo, especialmente na sua atual fase neodireitista, uma palavra-chave acionada indiscriminadamente, muitas vezes para justificar ou ocultar atrocidades antidemocráticas. Hoje, não há democracia, nem plena, nem representativa, nem parcial, mas uma *corporocracia*: um modelo político no qual as decisões que impactam as coletividades são tomadas por grandes corporações nacionais e internacionais, por bancos e outras instituições financeiras.

Para ilustrar esta afirmação, a entrevista do sociólogo Jessé Souza com um anônimo CEO de um banco nacional sobre a compra de políticos, jornalistas e juízes é representativa. Segundo ele,

> [...] meu trabalho é expandir ao máximo a margem da legalidade a serviço dos interesses do banco [...] A gente sabe fazer bem feito, sem

---

4. Um dos casos mais recentes foi o da empresa de marketing britânica *Cambridge Analytica*, que atuou, oferecendo propagandas direcionadas a eleitores de acordo com seu perfil e preferências pessoais, nas campanhas presidenciais e em plebiscitos de várias nações, sendo as mais notórias as de Donald Trump e do Brexit.

deixar rastro. A cidade é toda comprada (sobre São Paulo), não se iluda. Toda licitação pública e todo negócio lucrativo, sem exceção, é repartido e negociado. [...] E para todo negócio é necessária uma informação privilegiada aqui, um amigo no Banco Central ali, uma sentença comprada ali ou a influência de um ministro em Brasília acolá. [...] A mina de ouro de qualquer banco comercial ou de investimento é o Banco Central. Ali só entra gente nossa. E o país é gerido a partir do Banco Central, que decide tudo de importante na economia. [...] Quem controla toda a economia somos nós e a nosso favor, o Congresso nem apita sobre isso. Quando, muito eventualmente, decide sobre algo, apenas assina o que nós mandamos (Souza, 2019, s/p).

Não é à toa que, no âmbito brasileiro, "temos a bancada das empreiteiras, a bancada ruralista, a bancada da grande mídia, dos grandes bancos, das montadoras, e ficamos à procura da bancada do cidadão" (Dowbor, 2013, s/p). E essa realidade não se restringe ao Brasil. De acordo com pesquisa do Instituto Federal de Tecnologia da Suíça, pouco mais de 700 empresas comandam mais de 80% do mercado do globo, e uma "superentidade" formada por apenas 147 empresas transnacionais — a maioria de instituições financeiras —, que representa menos de 1% das multinacionais existentes, comanda quase a metade da riqueza existente. Uma rede de poder, vulnerável ao colapso, que controla a economia do mundo. Não há dúvida de que, para exercer esse controle, esses oligopólios planetários influenciam ou decidem impasses políticos em nações.

A "democracia" do capitalismo neodireitista ilude para justificar sérios cortes no orçamento público; desmantelar políticas sociais; subtrair direitos; ampliar, legalmente, a exploração do trabalho. E seu *modus operandi*, ainda que permita revezamento de dirigentes de filiações partidárias diversas, garante que as estruturas do modo de produção do capital não sejam ameaçadas. Em outras palavras,

[...] a república democrática é a melhor crosta possível do capitalismo. Eis por que o capital, depois de se ter apoderado desta crosta ideal [...] firmou o seu poder de maneira tão sólida, tão segura, que nenhuma mudança de pessoas, instituições ou partidos, na república democrática burguesa, é suscetível de abalar este poder (Lenin, 1978, p. 18).

Nesta democracia de mercado, ou corporocracia, não há espaço para a soberania popular e a autonomia de pessoas com voz ativa. Ao contrário, o cidadão, reduzido a mero produtor e consumidor de mercadorias, só se humaniza e se torna detentor de direitos se possuir carteira de trabalho — documento que se constitui como verdadeira "certidão de nascimento cívico" (Santos, 1979, p. 76) — e recursos para conquistar a liberdade (negativa) de expressar suas preferências no comércio capitalista.

Aos "não nascidos" civicamente, proteção social residual, que estigmatiza e aprisiona em armadilhas de pobreza e desemprego, focalizada e condicional. E, de preferência, que rapidamente insira seu "beneficiário" no mercado de trabalho abstrato, melhor se na condição de "empreendedor de si mesmo".

Política social

Os adeptos da ideologia da nova direita desacreditam da ideia de universalidade, que, para eles, contraria a *ordem espontânea* que rege, com estabilidade, todas as coisas. Consequentemente, repudiam a proteção social que busque o atendimento de necessidades humanas básicas, objetivas e universais. O Estado Social, considerado inerentemente perdulário e ineficaz, deve ceder lugar ao mercado, considerado inerentemente unificador e estimulante, já que respeita a ordenação natural da vida social, promove a competição, incentiva as descobertas e oferece produtos e serviços de alta qualidade, adaptados ao gosto e às preferências de cada freguês em particular (Pereira, 2016).

Não há, contudo, conforme já assinalado neste texto, objeção ao Estado. Este deve ser forte, controlador e ativo, porém apenas para restaurar autoridades morais e garantir respeito aos valores tradicionais. Também deve servir para salvaguardar o mercado dos riscos intrínsecos à sua livre ação e socorrê-lo sempre que estiver ameaçado.

Diante das demandas populares, o Estado neodireitista atua em três frentes. Primeiro, coopta e desvirtua movimentos sociais, esvaziando seus caracteres anticapitalistas originais, convertendo-os em meras instâncias de luta por representatividade identitária. Daí o surgimento, conforme denuncia Harvey (2019), do feminismo corporativo — representado, nos EUA, por Hillary Clinton — e a possibilidade de abertura para a satisfação, limitada, de reivindicações de pessoas LGBT, negras e indígenas. Geralmente, a atuação estatal para estes segmentos populacionais sintetiza-se à incorporação de pessoas com mais "passabilidade" em empresas e universidades, mas que seguem, nestes espaços, sendo alvo de relações opressoras de gênero, sexualidade, raça e etnia. Ou, ainda, pode ser expressa em ações que facilitem o acesso destes grupos ao consumo, geralmente mediante o sequestro e a mercadorização de suas pautas específicas, fenômeno observado, por exemplo, no *pink money*[5].

Segundo, exalta o indivíduo enquanto dilapida suas possibilidades reais de organização coletiva e de exercício democrático. Vários países possuem mecanismos de participação popular, como audiências públicas, orçamentos participativos, ouvidorias, plebiscitos, conselhos de direitos, entre outros. Com o avanço da nova direita e de sua versão extremada em parcela significativa do planeta, cada uma dessas modalidades de atuação social tem sido deliberadamente enfraquecida. Estes últimos, sobretudo, talvez por se configurarem como instâncias de controle e pressão em favor da soberania dos povos, vêm sofrendo ataques brutais.

---

5. Representa o poder de compra de pessoas LGBT explorado por empresas capitalistas que, percebendo possibilidades de lucro neste nicho de mercado, adotam discurso e marketing comprometidos com seus pleitos e oferecem bens e serviços para esta comunidade. No entanto, nem sempre essas condutas anunciadas refletem um posicionamento real prático.

No Brasil, por exemplo, os conselhos previstos na Constituição Federal de 1988, como órgãos colegiados deliberativos, de caráter público e paritário, configuram-se como instrumentos de controle democrático por meio dos quais ocorre "a regulação, pelos cidadãos, do Estado e de instituições da sociedade com vista à ampliação da democracia" (Pereira, 2007, p. 7). Eles são instâncias de combate à desintegração social resultante de participações individualizadas que buscam o atendimento a interesses de poucos; órgãos que combatem a formação de oligarquias e a gestão verticalizada, hierarquizada, centralizada. São essas instâncias que, na letra da lei, são as responsáveis por aprovar e fiscalizar os planos, as políticas e os gastos dos governos, com vistas à proteção dos cidadãos (Pereira, 2007); mas que, na prática, vêm sendo desconstruídas.

Levando-se em consideração o contexto corporocrático e neodireitista atual, percebe-se que não há nada mais indesejável e ameaçador para quem não tem nenhum interesse na democracia e na justiça social do que a convivência forçada com organismos que facilitam a ampliação da participação popular. E quando uma liderança nacional, ocupante do cargo de Presidente da República, afirma, como fez, no Brasil, Jair Bolsonaro, que "nós queremos enxugar os conselhos, extinguir a grande maioria deles para que o governo possa funcionar [...] não podemos ficar reféns dos conselhos"[6], ficam manifestas as intenções antidemocráticas que estão por trás de medidas que permitam os seus desmontes.

Sem o controle democrático e a participação popular nas decisões e na fiscalização das políticas, dos planos e dos gastos governamentais, cresce o risco de que demandas e necessidades de grupos populacionais, historicamente massacrados e invisibilizados, não sejam atendidas. Ou, se forem, o sejam de forma estigmatizante, desumanizante e precária.

Além disso, nos conselhos, espaços múltiplos e diversos, o contraditório, a divergência e o conflito, processos intrínsecos às deliberações

---

6. Frase proferida durante entrevista à imprensa no dia 22 de julho de 2019.

coletivas heterogêneas e com diferentes interesses de distintas vozes, são substituídos por ordens ou decisões tomadas por grupos poderosos homogêneos, que legislarão sempre em seu próprio benefício. Comandos, ordens e decisões verticalizadas de vozes uniformes são características de regimes autoritários.

Mais uma vez, se as decisões políticas são tomadas por corporações e bancos com o objetivo exclusivo de aumentar seus lucros e poder, não há interesse em se manter órgãos colegiados (conselhos, comitês ou comissões) de fiscalização, controle, debate diverso e deliberação acerca dos direitos dos idosos, das mulheres, da população LGBT, da população de rua, dos negros e negras, indígenas e quilombolas, das florestas.

Desde os primeiros meses do governo Bolsonaro, vários conselhos e outros órgãos colegiados foram extintos; sofreram redução drástica de participantes, em especial dos membros da sociedade civil; foram impedidos de convocar suas conferências nacionais; tiveram vagas de determinadas categorias profissionais extintas, como médicos, assistentes sociais, psicólogos, educadores e juristas; ou experimentaram a proibição da publicização dos seus debates sem autorização prévia do governo. Enfim, embora a luta dessas instâncias para sua sobrevivência e funcionamento adequados, conforme previstos em Lei, seja incansável, os golpes sofridos são sintomáticos do posicionamento despótico e antidemocrático do atual governo do país.

Muitos dos conselhos, e outros órgãos colegiados atacados, possuem atribuições essenciais para a execução de políticas públicas. A extinção, o enxugamento ou a exclusão de representantes da sociedade, nestas instâncias democráticas, geram enorme insegurança para todos os beneficiários e possíveis beneficiários de políticas sociais. A intenção parece ser, de fato, o fim do já tão precário Estado Social brasileiro e a condenação da classe trabalhadora, especialmente a negra, indígena, LGBT e feminina, à morte. É, como vem chamando Mbembe (2016), uma necropolítica, que mata ou deixa morrer quem é considerado descartável para o império do capital.

Por fim, sob o véu mistificador de argumentos racionais, neodireitistas posicionam-se contrários à proteção social comprometida com o atendimento de necessidades sociais, porque, ao confundirem necessidades humanas com preferências individuais, alegam que o Estado não tem capacidade de oferecer soluções que respeitem individualidades e preferências pessoais. Ou pior: acreditam que o Estado impede qualquer possibilidade de escolha, já que benefícios, programas e projetos sociais estatais são sempre pensados para coletividades e não para pessoas isoladamente. Ademais, sendo considerado perdulário e ineficiente, o Estado seria incapaz de mitigar a pobreza e os "comportamentos desviantes" que, supostamente, dela decorreriam.

Por outro lado, também é argumento usual de adeptos da nova direita que nem todos os problemas sociais devem ser enfrentados. Alguns, segundo eles, são naturais e espontâneos, inerentes à natureza humana e à vida em sociedade, por isso devem ser acolhidos e reconhecidos como males necessários para o alcance da felicidade, possível, para eles, apenas via mercado no modo de produção capitalista (Pereira, 2016). Ao mesmo tempo, o que não for inato e essencial para o correto funcionamento do capitalismo, é considerado fracasso de inteira responsabilidade de sujeitos adoecidos, incompetentes ou desajustados, portanto, sem qualquer implicação de reparação proveniente dos poderes públicos.

Entretanto, aos problemas que merecem a relutante atenção estatal, são priorizadas ações que concedam algum poder de escolha (mercantil) ao indivíduo beneficiário, como as transferências diretas, focalizadas e condicionais de renda. E que sejam contingenciais, voltadas para a (re)inserção da população-alvo no mercado de trabalho capitalista. A proteção social permitida pela nova direita é aquela que se rege pela lógica meritocrática, buscando autoalavancar e desenvolver capacidades de sujeitos "empoderados" para a produtividade (Siqueira, 2012) e que seja *mínima* e estigmatizante, gerando vergonha e culpa para inibir uma suposta "dependência da tutela estatal".

Contudo, embora nitidamente desfavorável às camadas mais empobrecidas da população e à classe trabalhadora, a política social aceita e implementada pela nova direita encontra, nestes segmentos sociais, defensores fervorosos. Conforme já mencionado, o uso despudorado de mistificações que revisitam a história, ressignificando ou negando acontecimentos e fatos, e os reconstroem como irrealidades saudosas, manipula e convence. As notícias falsas, céleres e geralmente em formato de imagens que despertam emoções, desempenham importante papel nesse processo. Somados a isso, o ódio à política e a desconfiança generalizada contribuem para o ensimesmamento geral que põe em xeque qualquer projeto democrático.

O espetáculo, agora também jurídico, midiático, político, econômico e religioso que converte tudo em mercadoria e cria mitos (com pés de barros), encontra a grande empresa capitalista poderosa e as coletividades catatônicas, e se torna peça-chave para o estabelecimento de corporocracias especialistas em produzir desumanidades, a começar pelo desmonte de direitos e das políticas sociais.

Reflexões finais

A Nova Direita não é, simplesmente, partidária da política social residual, mas sua idealizadora e entusiasta primária, propagando-a, sobretudo com o auxílio da grande mídia, das redes sociais e das Igrejas, como o único — e mais justo — modelo protetivo possível.

Legitimada por parcela significativa da população, que contribuiu para a sua chegada ao poder em diversas nações da década de 1970 (com destaque para os Estados Unidos e a Inglaterra) aos dias presentes (com a eleição de Jair Bolsonaro para a Presidência da República brasileira), a ideologia neodireitista só conseguiu ocupar lugar de destaque nas Academias, na economia e na política graças à utilização, desmesurada, de estratégias de manipulação pública, do fetiche, da mentira e do logro, da alienação e da inversão do real que transforma abominações em trivialidades.

Hoje, fazem cada vez mais sentido as famosas palavras do poeta e dramaturgo alemão Bertolt Brecht: "que tempos são esses em que é preciso defender o óbvio?". A busca atual por alternativas é à Nova Direita, que chega ao poder e se extrema. A luta pela universalização das políticas sociais teve que retroceder e voltar à mais primária e essencial defesa do reconhecimento da humanidade de indivíduos e grupos que devem ter direito ao menos à vida. No Brasil, desde o dia 1º de janeiro de 2019 são divulgadas atrocidades diárias, retrocessos inimagináveis, desmontes de direitos que julgávamos certos e vitalícios. Tem sido necessário, por exemplo, provar (embora dados e fatos estejam em decadência) que existe fome no País, que queimar a floresta amazônica não é uma boa ideia, que a Terra é redonda e que, se o aquecimento global não for administrado, exterminará tudo aquilo que é conhecido e amado.

A saída da caverna, a negação do teatro das sombras, a conscientização crítica da realidade que é vivida são o primeiro passo para uma resistência efetiva. É preciso conhecer o tamanho do monstro contra o qual lutamos. Caso contrário, parafraseando Millôr Fernandes, teremos "um enorme passado pela frente".

Referências

BOBBIO, Norberto. *Direita e esquerda:* razões e significados de uma distinção política. São Paulo: Unesp, 1995.

BROWN, Wendy. American Nightmare: Neoliberalism, Neoconservatism and De-Democratization. *Political Theory*, v. 34, n. 6, December 2006.

BROWN, Wendy. Neoliberalismo: estamos diante de um novo capítulo — Entrevista com Wendy Brown. *In*: *CTX,* 30 nov. 2017. Disponível em: http://www.ihu.unisinos.br/78-noticias/574278-neoliberalismo-estamos-diante-de-um-novo-capitulo-entrevista-com-wendy-brown Acesso em: 27 set. 2019.

BROWN, Wendy. A Nova Direita e os ataques à democracia — Entrevista com Wendy Brown. *POLITIZANDO*, Brasília, ano 9, n. 31, abril de 2019.

DEBORD, Guy. *A sociedade do espetáculo*. Rio de Janeiro: Contraponto, 2017.

DOWBOR, Ladislau. A CPMF era um imposto justo — Entrevista concedida a Eder Fonseca. *Panorama Mercantil*. Disponível em: https://www.panoramamercantil.com.br/a-cpmf-era-um-imposto-justo-ladislau-dowbor-professor-titular-do-departamento-de-pos-graduacao-da-puc/. Acesso em: 15 nov. 2019.

FEUERBACH, Ludwig. *A essência do cristianismo*. Petrópolis: Vozes, 2007.

GALLEGO, Esther Solano. La Bolsonarización de Brasil. *In: Documentos de Trabajo IELAT*, n. 121. Alcalá de Henares: Instituto Universitario de Investigación en Estudios Latinoamericanos — Universidad de Alcalá, abril, 2019a.

GALLEGO, Esther Solano. Bolsonaro: a aliança neoliberal-neoconservadora. *POLITIZANDO*, Brasília, ano 9, n. 31, abril, 2019b.

GIORDANO, Verónica. ¿Qué hay de nuevo em las "nuevas derechas"? *Revista Nueva Sociedad*, n. 254, noviembre-diciembre 2014. Disponível em: https://nuso.org/media/articles/downloads/4068_1.pdf Acesso em: 25 set. 2019.

HARVEY, David. Veremos um ressurgimento da esquerda, mas precisa buscar uma nova voz — Entrevista concedida a Edgar Sapiña. *El Diario*, 14 jun. 2019. Disponível em: http://www.ihu.unisinos.br/78-noticias/590201-veremos-um--ressurgimento-da-esquerda -mas-precisa-buscar-uma-nova-voz-entrevista-com--david-harvey. Acesso em: 27 set. 2019.

KING, Desmond S. *The New Right:* Politics, Markets and Citizenship. London: Macmillan Education, 1987.

KONDER, Leandro. *A questão da ideologia*. São Paulo: Companhia das Letras, 2002.

LENIN, Vladimir Ilitch. *O Estado e a revolução*. São Paulo: Hucitec, 1978.

LIPOVETSKY, Gilles; SERROY, Jean. *A estetização do mundo:* viver na era do capitalismo artista. São Paulo: Companhia das Letras, 2015.

MBEMBE, Achille. Necropolítica. *Arte & Ensaios* — Revista do PPGAV/EBA/UFRJ, n. 32, dezembro 2016. Disponível em: https://revistas.ufrj.br/index.php/ae/article/view /8993/7169 Acesso em: 13 ago. 2019.

MOTTA, Fernando Cláudio Prestes. As empresas e a transmissão da ideologia. *Rev. Adm. Empres*. São Paulo, v. 24, n. 3,: jul/set., 1984. Disponível em: http://www.scielo.br/pdf/rae/v24n3/v24n3a04.pdf Acesso em: 15 nov. 2019.

PEREIRA, Camila Potyara. *Proteção social no capitalismo:* crítica a teorias e ideologias conflitantes. São Paulo: Cortez, 2016.

PEREIRA, Potyara A. P. *Controle democrático como garantia de direitos da pessoa idosa.* Brasília: Secretaria Especial dos Direitos Humanos, Subsecretaria de Promoção e Defesa dos Direitos Humanos, 2007.

SANTOS, Wanderley Guilherme dos. *Cidadania e justiça.* Rio de Janeiro: Campus, 1979.

SIQUEIRA, Marcos César Alves. *A Política de Assistência Social do Governo Lula*: entre a inovação e a ortodoxia neoliberal. Dissertação (Mestrado em Serviço Social) — Programa de Pós-Graduação em Política Social (PPGPS), Departamento de Serviço Social (SER), Instituto de Ciências Humanas (IH), Universidade de Brasília (UnB), Brasília, 2012. Disponível em: http://repositorio.bce.unb.br/bitstream/10482/10749/1/2012_MarcosC%C3%A9sarAlvesSiqueira.pdf Acesso em: 23 out. 2019.

SOUZA, Jessé. Executivo de banco conta como se compram políticos, juízes e jornalistas em entrevista a Jessé Souza. *In*: *Diário do Centro do Mundo*. 2019. Disponível em: https://www.diariodocentrodomundo.com.br/executivo-de-banco-conta-como-se-com pram-politicos-juizes-e-jornalistas-em-entrevista-a--jesse-souza/ Acesso em: 26 ago. 2019.

Parte II

APORTES REFLEXIVOS E PROPOSITIVOS SOBRE A AMÉRICA LATINA E O BRASIL

Unidade, participação e resistência: subsídios socialistas à batalha de ideias

Maria Auxiliadora César

Introdução: explicitação de princípios, concepções e ações transformadores

Este ensaio objetiva refletir sobre algumas ideias que podem fornecer pistas para se tentar responder a uma instigante questão: "quais os principais fatores que contribuem para que o avanço da esquerda seja tão pouco, nestes momentos, depois de conseguir impor sua hegemonia ao conjunto da sociedade?". Para desenvolver esta reflexão, serão utilizadas as concepções de *unidade*, *participação* e *resistência* como suporte analítico à contribuição ao debate e à reflexão da questão acima exposta.

É necessário pautar o significado dessas concepções na realidade vivida, concreta, na luta por transformações que incluem projetos societários e revolucionários. Ou seja: projetos com mudanças de estruturas de dependência e dominação em todas as esferas da vida social; e um exercício norteado, em última instância, pela concepção de uma América Latina unida, que José Martí[1] chamou de 'Nuestra América', de profundo significado cultural e político, para além de geográfico, aos nossos povos.

Além de Martí, tomam-se também ideias e ações semeadas e concretizadas por figuras históricas que as integraram em uma plataforma ideológica, que hoje podem e devem orientar pensamentos e ações para continuidade da luta cotidiana de transformar em realidade esses projetos.

Ademais, em um contexto mundial de instabilidade, crises econômicas e geopolíticas, além de guerras, que ocasionam conflitos nacionais, lutas populares e de classes, essas ideias e ações podem contribuir para que se reencontrem caminhos e rumos em direção da igualdade, da autodeterminação dos povos e nações, de uma política internacional de paz e justiça social.

Este é um movimento de construção da organização política que não se deve adiar, e que inclui momentos dialeticamente articulados em um processo no qual a unidade é fundamental.

Na história recente ocorreram mudanças em países da América Latina, com a assunção de governos progressistas e/ou de esquerda, como na Venezuela, na Bolívia, na Argentina, no Brasil, no Uruguai, na Bolívia e no Equador, que se caracterizaram por uma diminuição das desigualdades econômicas e sociais e da exclusão social, e foram, exceto a Venezuela e a Bolívia, substituídos por governos de direita, ultraconservadores, como no Brasil, que defendem e implementam, abertamente, políticas neoliberais excludentes e de combate à diversidade de gênero, raça e etnia (Harnecker, 2010; 2013)[2].

---

1. José Martí (1853-1895), inspirador da Revolução Cubana, prócer das lutas pela independência de Cuba, político, uma das altas figuras da literatura de língua espanhola, brilhante orador, excelente poeta, cronista, jornalista e educador. Com morte prematura, na sua primeira batalha, deixa um grito de libertação da que ele chamou Nossa América. Martí é figura presente na vida do povo cubano até a atualidade (ver a respeito César; Poey, 2019).

2. Marta Harnecker desenvolve pedagogicamente essa análise.

Com o advento dessa plataforma política, a pobreza, a miséria, a exclusão social, vêm se agudizando, como no Brasil, Equador, Chile e na Argentina, enquanto as riquezas se concentram cada vez mais em poucas mãos. Nesse sentido, a classe trabalhadora, heterogênea, sofre processos de flexibilização laboral e desemprego e é dividida internamente. Não só as condições objetivas de um pensamento individualista e de ênfase no mercado como o grande protagonista da distribuição de riquezas, próprias das políticas neoliberais, implementadas pelo capital financeiro internacional, proliferam; há também a utilização de poderio militar e midiático, uma dominação da vida cotidiana das pessoas, não vistas como cidadãs portadoras de direitos, mas como consumidoras, com o objetivo de desmantelar um projeto político de mudança e/ou transformação em busca de uma ordem social justa e igualitária.

Neste aspecto, vê-se que a direita[3] tomou o caminho das ideias e se apropriou delas. Com essas ideias, semeadas no dia a dia, os setores burgueses que compõem o governo e os espaços considerados 'privados' obtêm aceitação de significativos setores da população, inclusive daqueles beneficiados pelas políticas de governos progressistas. E as redes sociais são apropriadas de maneira ardilosa, criando necessidades superficiais e convencendo, com o reforço dos meios de comunicações de massa aliados ao poder econômico, que a solução dos problemas dessas necessidades seria a adesão ao sistema econômico dominante, o capitalista em sua fase neoliberal.

Com este pano de fundo, é importante discutir a importância das ideias para elucidar, o melhor possível, as concepções de unidade, participação e resistência.

Para tanto, cabe mencionar que a utilização e veiculação dessas ideias em diferentes países capitalistas resultam em assimilação acrítica do que se passa nas realidades concretas e são apreendidas mecanicamente pelos setores excluídos da população.

---

3. Harnecker (2010; 2013) analisa os instrumentos políticos para a luta política das esquerdas e os desafios colocados, assim como os equívocos cometidos.

Por outro lado, na atualidade, em países capitalistas como o Brasil, não é fácil discutir ideias referenciadas na prática revolucionária, uma vez que nem sequer setores de esquerda querem discutir opiniões divergentes, mesmo as relacionadas a aspectos periféricos da luta política. Para embasar reflexões sobre a importância das ideias como ferramenta para a participação, a unidade e a resistência, tome-se como exemplo o socialismo cubano.

Experiência revolucionária cubana: um caso exemplar

Reflita-se sobre a *batalha de ideias*, da qual falava Fidel Castro; de ideias referidas à realidade objetiva, vivida, com exercícios de crítica e reflexão oportunas e, como dizia ele, capazes de semear, cultivar e desenvolver pensamentos justos e convictos. A Revolução Cubana, até hoje, soube resistir porque semeou ideias. Antes dela, José Martí já afirmava: "trincheira de ideias vale mais que trincheira de pedras"; e complementava: "ser culto é a única maneira de ser livre". Por essa perspectiva, as ideias são matéria-prima da consciência e da ideologia; são cultivadas através da ação coletiva, que fazem parte do processo de participação e resultam na unidade e resistência.

As ideias também são ferramentas eficazes para análise e adoção de políticas que contribuam para a formulação de projetos societários contra ingerências antidemocráticas na América Latina e golpes contra governos eleitos legitimamente.

A face mais feroz dessas ingerências é o bloqueio dos Estados Unidos, que atinge países como Cuba e Venezuela, agora em etapa de recrudescimento. É importante anotar, no caso cubano, que, após quase 60 anos de bloqueio, participação, unidade e resistência são palavras inscritas na vida cotidiana.

No Brasil, a palavra resistência é muito utilizada atualmente — a expressão 'ninguém solta a mão de ninguém' é veiculada em todos os meios de comunicação da esquerda, indicando unidade. Mas como resistir, coletivamente, sem uma participação consciente? Para isso, há necessidade de construir o processo político de transformação com os partidos, movimentos sociais e demais setores da sociedade, com vista a uma luta consciente e unida em favor de uma sociedade justa e solidária.

Outra questão relacionada a estas reflexões é o fundamental conhecimento das realidades latino-americanas. Dizia Martí que "de Nuestra América[4] se sabe menos de lo que urge saber". E os caminhos martianos levam a compreender e interpretar as tendências do que está ocorrendo neste início de século na América Latina, no Caribe e no mundo. Nesse contexto, cada país tem suas peculiaridades históricas, cujos resultados foram vitórias políticas e eleitorais de forças progressistas e populares, o que forjou uma tendência para a obtenção de conquistas nos planos democrático, dos direitos de cidadania (individuais e sociais) e da afirmação das aspirações patrióticas dos povos, como também do alcance da soberania.

Hoje, quando se vivenciam perdas de direitos, há necessidade de lutar para reconstruir, em alguns casos, e para consolidar em outros, as conquistas alcançadas. Devem-se adotar estratégias e alternativas[5] que edifiquem o diálogo e a defesa da identidade, de aspirações e culturas regionais, visando constituir um polo geopolítico que produza

---

4. Martí (2011).

5. Indicam-se, aqui, algumas alternativas, como a "Alianza Bolivariana para los Pueblos de Nuestra América" (ALBA), o "Mercado Común del Sur" (Mercosur), a "Comunidad de Estados Latinoamericanos y Caribeños" (CELAC), a "Unión de Naciones Suramericanas" (Unasur) e a Petrocaribe, que criaram um mercado comum para fomentar a produção sustentável na região latino-americana e caribenha. O objetivo final é desenvolver um mercado com grandes desafios positivos e com facilidades para os trâmites de importação e exportação e desenvolver um mercado Alba-Mercosur-Celac-Petrocaribe-Unasur potente com grandes desafios positivos, além de consolidar as relações comerciais e diminuir as dramáticas brechas entre ricos, cada vez mais ricos, e pobres. Há também a "Televisión del Sur" — Telesur, uma rede de televisão multiestatal para América, com sede na Venezuela, que iniciou suas transmissões em 24 de julho de 2005, aniversário de nascimento de Simón Bolívar. O canal, criado por Hugo Chávez, tem como lema "Nuestro Norte es el Sur", e financiado pelos governos da Venezuela, Cuba, Equador, Bolívia e Uruguai. Há uma representação no Brasil.

novas correlações de forças contra os hegemonismos imperiais e o advento de nova ordem política e econômica mundial excludente da maioria da população.

Nesse sentido, cabe insistir, Martí expressa que, para compreender a ideia de liberdade, o elemento central é a independência dos povos em todos os sentidos: político, social, cultural, econômico — enfim, da própria condição humana — e, para tal, a concepção de unidade é fundamental.

Há necessidade de desenvolver uma transformação da consciência, livre das amarras do colonizador, pois as antigas relações coloniais analisadas por Martí aparecem nos dias de hoje travestidas de libertadoras e, por isso, extremamente perigosas, inclusive com a formação de elites que se comportam como colonizadoras do pensamento — exemplo demonstrado pela grande mídia — e que mantêm estruturas de dominação e de dependência com proximidade aos países europeus e aos Estados Unidos.

Como consequência da perpetuação do colonialismo, nas estruturas políticas internas, os interesses nacionais não são representados na formação da imensa maioria dos partidos políticos; consequentemente, estes mantêm ideias abstratas e liberdades formais, que violentam e estereotipam grupos da sociedade, plantando discriminações e preconceitos fomentadores da desigualdade de gênero, classe e etnia. "Juntar-se: esta é a palavra do mundo", já dizia Martí, o qual, referindo-se ao Partido Revolucionário Cubano, reafirmava que o Partido deve ser multiclassista, multirracial, com igualdade de condições para todos.

Dessa forma, o exercício da política exige conhecimento da realidade local. E a compreensão dessa realidade necessariamente requer uma perspectiva histórica na construção do conhecimento para subsidiar o pensamento e a prática de governos progressistas.

A ideia de uma identidade latino-americana perpassa grande parte da obra de Martí e se encontra mais elaborada no ensaio *Nuestra América*, que, reiteradamente, conclama "união tácita e urgente da alma continental". Como assinala Cintio Vitier nas notas comentadas desse ensaio, "a união tácita e urgente da alma continental", segundo Martí, não é a união das nações ou federação política dos países de Nossa América. Não significa a união de um governo central e distante dos países da revolução, mas a unidade de espírito, da força da alma continental, da alma popular. Em outros escritos, Martí sempre acreditou na resistência e no valor da luta pelas ideias.

Um exemplo de unidade para a luta, José Martí identifica na proclamação do Partido Revolucionário Cubano (PRC)[6], em 10 de abril de 1892. Já a partir de 1891, ele dedicaria todas as suas energias para estruturar uma forte e sólida unidade revolucionária, única na história da América Latina. O PRC, que não era uma agremiação eleitoral, foi dedicado à luta pela independência de Cuba e Porto Rico, o qual Martí articulou em conversações, cartas e discursos com exilados cubanos. Trata-se de uma agrupação criada com o objetivo de organizar e servir de preparação a uma futura revolução — momento significativo para a independência, que não era fim em si mesmo, mas se destinava a promover uma mudança *dos* homens que exercem o poder e, principalmente, *nos* homens que fazem a revolução. E, a partir de 4 de janeiro de 1892, foi iniciado um processo de estudo e aprovação coletiva das Bases e Estatutos Secretos do Partido por parte da emigração de Cayo Hueso, Tampa e Nova York. Finalizado este processo amplamente anti-imperialista, foram eleitos os delegados, tesoureiros, secretários e presidentes dos chamados Corpos de Conselho.

Vale ressaltar que Martí viveu exilado nos Estados Unidos durante quinze anos, onde testemunhou o aparecimento de um projeto imperialista de América e um contexto no qual os poderes coloniais se rearticulavam em novos jogos de forças. A esse respeito, é célebre uma de suas frases: "Vivi no interior do monstro e conheço suas entranhas". Sendo anti-imperialista radical no contexto da ascensão do imperialismo, particularmente do norte-americano, na época em que

---

6. Está no prelo a publicação do livro *O Partido Revolucionário*, de José Martí: concepção ético-política original, que compila textos, cartas e documentos sobre o PRC das Obras Completas de Martí, com edição bilíngue (César; Poey, 2019).

viveu, Martí estava convencido dos intentos históricos de natureza expansionista dessa potência emergente. Portanto, no seu ideário estava presente a união dos mais avançados valores políticos latino-americanos, nos quais também figuravam proeminentes as ideias de Simón Bolívar. Em vista disso, pode-se afirmar e reiterar que, no legado de Simón Bolívar e de José Martí aos povos da América Latina, está a necessidade imperiosa da unidade para enfrentar o colosso imperial do Norte e seus aliados, hoje mais perigosos do que nos tempos em que viveram ambos os heróis.

Na perspectiva de Martí, a unidade é um processo para a construção de lutas com o objetivo de transformação de uma ordem social e politicamente injusta e de um pensamento colonial. Logo, não pode ser figura de retórica, comumente utilizada, como atualmente, em discursos e/ou como prática formal de representantes de partidos políticos, movimentos sociais e sindicalistas, para citar alguns exemplos.

A unidade deve ser uma construção cotidiana e coletiva em todas as instâncias de luta, e deve estar presente no pensamento de quem, como Martí, é anti-imperialista, democrático e socialmente comprometido com as classes populares. E essa cotidianidade das lutas com unidade deve atravessar fronteiras, sempre com a perspectiva da unidade latino-americana, da cultura e da política independentes e soberanas das nações que integram esse continente.

Outros conceitos e princípios, como liberdade, justiça social, democracia, referidos sempre a uma prática política de transformação, aparecem de maneira relacional na obra de Martí e são utilizados por ele para a análise viva que desenvolve sobre aspectos importantes, como: cultura, saúde, amor pela terra natal, nossa América, igualdade entre homens e mulheres de todas as raças, anti-imperialismo, latino-americanismo e espírito democrático, respeito à dignidade humana e solidariedade entre todos os povos oprimidos do mundo.

Toma-se José Martí como referência porque ele sintetiza o melhor do pensamento revolucionário e da vocação latino-americanista, por meio do conceito de "Nossa América" e de unidade com plataforma ideológica que inclui um reclamo ao sentimento patriótico e universal;

um reclamo que é parte inseparável do crescimento deste herói como fonte de pensamento, sentimento e ação. E serve de orientação para a continuidade da luta latino-americana diária na contemporaneidade.

O projeto político martiano preconizava a unidade estreita de todas as classes e setores sociais interessados na independência de Cuba. Incluía operários, empresários, camponeses, negros, brancos, espanhóis e todos que desejassem viver numa nação democrática onde os interesses das massas populares fossem levados em consideração e jamais esquecidos; e onde se procurasse o máximo de equilíbrio possível numa nação deformada pelos séculos de domínio colonial e de escravismo.

Essa nação, e junto com ela uma república diferente das conhecidas até esse momento — "uma nação com todos e para o bem de todos" —, foi prometida por Martí, refletida nos objetivos, no agir, dos documentos programáticos do Partido Revolucionário Cubano e divulgada em inúmeros artigos. A unidade de diferentes classes e setores sociais aparece nos escritos martianos como páginas extraordinárias de grande atualidade contra o racismo e a discriminação racial e de apoio à luta dos trabalhadores.

Era necessário, dizia Martí, que essas ideias predominassem na futura república independente cubana e fossem implementadas desde antes da guerra. Nesse sentido, o Partido Revolucionário Cubano se constituiu num laboratório social no qual se praticava a democracia, as sãs discussões e trocas de ideias, e se reconhecia o mérito de todos e de cada um dos integrantes, sem distinções de classes ou de *status* social, fato inédito em uma sociedade como a cubana, criada na e para a desigualdade.

Fala-se, ainda, das concepções orgânicas do processo de luta política e de construção do socialismo, da participação que adquire expressões particulares — social, política, comunitária, laboral, popular, segundo cada realidade histórica —, mas cujo elemento comum deve ser o envolvimento consciente dos coletivos na atividade prática transformadora e na tomada de decisão. A participação tem sido central para o pensamento estratégico da Revolução Cubana, expressa nos discursos de Fidel Castro e na prática revolucionária que, importa salientar, se impõem como objeto de análise para atualização de suas ferramentas frente às novas conjunturas que se apresentam no contexto do incessante bloqueio dos Estados Unidos a Cuba. Esta é a participação orientada a uma meta, e não a um fim em si mesmo, que se identifica como processo e não fenômeno circunstancial.

Concepción Nieves Ayús (2019) indica que, na teoria revolucionária, desenvolvida pelos fundadores do pensamento marxista, é relevante a participação consciente, ativa, de aprendizado nas ações práticas concretas, de conhecimento da realidade. Uma participação que se expresse como obra dos próprios trabalhadores na luta contra a exploração capitalista para criar novas relações de produção, trabalho e de direção na transição socialista. Para tanto, recomenda, como âncoras referenciais, vários escritos e documentos, tais como: "Estatutos Gerais da Associação Internacional dos Trabalhadores"; "Sagrada Família", de Karl Marx; e "Manifesto Comunista", de Marx e Engels.

Práticas participativas ilustrativas

Como exemplos concretos de práticas participativas no socialismo cubano, citam-se, a seguir, os que têm a ver com o tema central desta Coletânea.

Em relação às políticas sociais[7], desde o triunfo da Revolução Cubana, o processo de formulação e implementação dessas políticas caracteriza-se por dois movimentos: um de cima para baixo, que conta com a decisão política do governo revolucionário; e, outro, por retroalimentação, emanado de baixo para cima, a partir dos interesses e necessidades da população. Nessa dinâmica surgem entidades que chegam à comunidade, como Conselhos Populares, Conselhos

---

7. Ver César (2004).

Escolares, diferentes Comissões que representam os Ministérios, assim como demandas veiculadas por meio das organizações de massa, como o Comitê de Defesa da Revolução — CDR; a Federação de Mulheres Cubanas — FMC; a União da Juventude Comunista — UJC; a Federação dos Estudantes Universitários — FEU; a Federação de Estudantes de Ensino Médio — FEEM; a Associação Nacional de Agricultores Pequenos — ANAP; a Central dos Trabalhadores de Cuba — CTC; o Poder Popular e também as Assembleias de Prestação de Contas pelos deputados eleitos para as Assembleias Municipais e Provinciais, que são realizadas em todos os bairros e têm função de levar às instâncias superiores as demandas da população, além de divulgá-las pelos meios de comunicação de massa. Ou seja, Programas de diferentes organismos se articulam para criar as condições de participação.

As políticas sociais são pautadas pelo princípio de atenção às necessidades humanas, ou sociais, que se contrapõe ao princípio do atendimento aos imperativos da rentabilidade econômica privada que presidem as políticas sociais capitalistas, principalmente na contemporaneidade neoliberal/conservadora. A prática do princípio da atenção às necessidades sociais resulta no alcance de índices e taxas expressos em seus indicadores de saúde, educação e emprego comparáveis a países de desenvolvimento humano alto.

Outro exemplo é dado pela consulta popular para os lineamentos (diretrizes) da Política Econômica e Social que, após discussão pela população, em 2010/2011, foi aprovada no VI Congresso do PCC, em 2011, e atualizada no VII Congresso de 2016, após ser submetida ao mesmo processo de consulta popular[8].

O processo de consulta popular inicia-se com a elaboração dos lineamentos por uma Comissão da Assembleia Nacional do Poder Popular (ANPP), cabendo ao Estado, através de suas instituições, organizar e supervisionar esse processo e suas implicações.

---

8. Ver o documento "Lineamientos de la Política Económica y Social del Partido y de la Revolución para el periodo de 2016-2021 (Julio de 2017)", em tabloide de 48 páginas. Destaca-se que o 'social' não é apêndice do econômico, como costuma ser nos países capitalistas.

Essa Comissão trabalha de maneira permanente para gerenciar todo o processo, desde a organização nos diferentes organismos e locais de trabalho, passando pela preparação dos quadros e demais categorias de pessoal que dirigirá e executará a divulgação dos resultados.

Foram também aprovadas as normas jurídicas necessárias para criar a base legal e institucional que respaldasse as modificações funcionais, estruturais e econômicas a serem adotadas. Ao Partido correspondeu a responsabilidade de controlar, impulsionar e exigir o cumprimento dos lineamentos aprovados no VI e no VII Congresso do PCC[9].

Num verdadeiro e amplo exercício democrático, o povo manifesta livremente suas opiniões, esclarece dúvidas, propõe modificações, exprime suas insatisfações e discordâncias e dá sugestões para solução de outros problemas não incluídos no documento. As estatísticas a seguir demonstram a amplitude da consulta: 8 milhões de pessoas debateram os lineamentos (diretrizes), com 3 milhões de intervenções. O documento original continha 291 lineamentos, dos quais 16 foram incorporados em outros, e 94 mantiveram a redação inicial. Um total de 181 teve seu conteúdo modificado e 36 novos foram incorporados, perfazendo um total de 311 no atual projeto. Mais de dois terços foram reformulados, mostrando a dinamicidade qualitativa da consulta.

Semelhante processo verificou-se por ocasião da realização do referendo da nova Constituição da República de Cuba, que teve início em junho de 2018 com a criação de uma Comissão para elaborar o anteprojeto.

Após discussão pela Assembleia Nacional do Poder Popular, um projeto foi levado à consulta popular no período de 13/8 a 15/11 de 2018, em reuniões nos locais de trabalho e nos bairros coordenados pelo CDR — Comitê de Defesa da Revolução. As estatísticas desse evento também refletem a ampla participação popular: foram modificados

---

9. O projeto para discussão é distribuído à população, assim como o documento final, após a aprovação.

103 artigos, incorporados 87 e excluídos 11, de um total de mais de 10 mil propostas, das quais 50% foram incorporadas. Participaram também cubanos residentes no exterior, em 122 países. Um montante de 8.750.723 votantes, com idade a partir dos 16 anos, compareceram a uma consulta não obrigatória, como costumam ser as demais consultas e a eleição para a Assembleia Nacional do Poder Popular. Para tanto, foram realizadas 12.635 assembleias eleitorais em todo o país, além de 122 no exterior; e habilitadas 25.348 mesas de votação, sendo 195 especiais, em locais de alta concentração de pessoas — hospitais, aeroportos, terminais de ônibus — e 1048 no exterior.

Pontuações finais

Por fim, cabe ressaltar que, embora estas reflexões sobre a construção da unidade estejam referidas a uma sociedade socialista, Cuba, acredita-se que se pode — e se deve — no capitalismo romper as barreiras para a construção de uma sociedade justa, se empreendido o processo de construção difícil e complexo, mas possível, de uma nova ordem política e social, sob o signo da unidade, participação e resistência.

Isso porque o aparelho de Estado, no capitalismo, ainda que a serviço privilegiado dos interesses de uma classe dominante, tem que incorporar as demandas populares; assim como a construção de uma sociedade justa pode e deve começar a ser estabelecida, cotidianamente, na sociedade capitalista mediante ação coletiva dos trabalhadores e de seus aliados: partidos políticos de esquerda, movimentos sociais e diversas instâncias que lutam contra as políticas neoliberais.

A concepção de unidade que embasa essa ação vai estar dialeticamente relacionada à participação e à resistência. As três concepções abordadas neste ensaio têm caráter relacional, e as práticas no socialismo cubano, baseadas nessas concepções, explicam, em grande medida, por que — nas piores circunstâncias econômicas nos últimos

60 anos, inclusive atualmente com o recrudescimento do bloqueio econômico, financeiro e comercial — o percentual do gasto social no Produto Interno Bruto sempre manteve valores altos comparados a outras economias de maior nível de desenvolvimento e que não vivem os desafios gerados por esse bloqueio.

Referências

CÉSAR, Maria Auxiliadora. *Mulher e política social em Cuba*: o contraponto socialista ao bem-estar capitalista. Brasília: Edições Alva, 2004.

CÉSAR, Maria Auxiliadora; POEY, Dionisio Baró. *O Partido Revolucionário de José Martí*: concepção ético-política original. Seleção, compilação e tradução de textos selecionados de José Martí. Brasília: Ceam/UnB, 2019, no prelo. Edição bilíngue.

HARNECKER, Marta. *América latina y el socialismo del Siglo XXI*. Inventando para no errar. 2010. Disponível em: http://www.rebelion.org/docs/101472.pdf. Acesso em: 20 maio 2020.

HARNECKER, Marta. *Un mundo a construir (nuevos caminos)*. España: El Viejo Topo, 2013.

MARTÍ, José. *Nossa América*. Tradução de Maria Auxiliadora César e Dionisio Baró Poey. Brasília: Editora da UnB/Interlivros: 2011. Edição bilíngue.

NIEVES AYÚS, Concepción. La centralidad de la participación en la transición socialista. Intervención en la Sociedad Económica de Amigos del País — capítulo Matanzas. *Revista Bimestre Cubana de la SEAP*, La Habana, n. 50, p. 184-186, enero-junio, 2019.

Crise econômica mundial, extrema direita e impasses da esquerda

Gilson Dantas

Economia

Mesmo entre notáveis economistas do sistema, já reina o pessimismo quanto aos anos vindouros. Já falam em "estagnação secular" e "estagnação sincronizada", e mais de um desses especialistas prevê, em curto prazo, um agravamento sem precedentes dessa crise global que se arrasta desde 2008-9.

Até *The Financial Times* (14 de outubro 2019) agora fala sobre a economia global como tendo entrado num período de "estagnação sincronizada", "com crescimento fraco em alguns países e sem crescimento ou uma moderada contração em outros" (Patniak, 2019, s/p).

Economistas ortodoxos já falam em uma conjuntura econômica muito sensível a abalos sistêmicos. Artigo de destaque da BBC britânica acende a luz amarela:

> [...] já vivenciamos o principal risco de uma estrutura financeira unificada com a crise de 2008. Hoje, grandes empresas, bancos e instituições

> financeiras estão altamente interligados, e os choques que afetam uma empresa ou um banco podem desencadear uma grave instabilidade e até mesmo colapso de toda a economia, diz Ductor [Lorenzo Ductor, pesquisador da Universidade Middlesex de Londres, no Reino Unido]. (Barria, 2019, s/p).

Ele alerta para o mais estreito entrelaçamento do capital e das instituições financeiras internacionais, fenômeno que faz com que a desestabilização do sistema possa começar em qualquer lado, em qualquer parte do sistema.

> É justamente essa sincronia entre agentes econômicos que pode criar uma onda expansiva capaz de contaminar toda a economia mundial a partir de uma crise econômica em um único país. Ou seja, mesmo com a divisão geográfica entre nações, a economia e os negócios são altamente interligados — uma crise que aconteça hoje nos Estados Unidos, por exemplo, pode se alastrar para mercados de todo o planeta em pouco tempo (Barria, 2019, s/p).

O jornal *Valor Econômico*, de 7/10/2019, argumentou no mesmo sentido:

> Os últimos quatro meses foram caracterizados por uma contração de atividades no setor manufatureiro global e, em particular, na indústria automobilística. Essa tendência está associada à queda de exportações de países como a Alemanha, a Coreia do Sul, a China e o Japão. Mas a economia dos EUA, cujo ciclo de expansão pós-crise financeira global já se estende por mais de dez anos, também começa a apresentar sinais de desaceleração (Braga, 2019, s/p).

Nouriel Roubini também entende que a possibilidade de uma crise sistêmica pode ser desencadeada por um evento como a disputa China-Estados Unidos por tecnologia de ponta, mas também pela disputa acirrada pelo petróleo do Oriente Médio ou qualquer outro fator nacional de instabilidade profunda:

Nouriel Roubini [economista americano que ficou célebre por antecipar a crise de 2008] está prevendo agora a possibilidade de uma nova recessão global, talvez já a partir de 2020. Além da guerra comercial EUA-China, dois outros choques, na visão de Roubini, poderiam desencadear uma retração econômica generalizada. Um deles é a disputa tecnológica, também entre Estados Unidos e China, pelo domínio de mercado dos novos e revolucionários usos da inteligência artificial, da robótica e das redes de comunicação 5G. O outro é um acirramento de conflitos no Oriente Médio, em torno dos suprimentos de petróleo, novamente opondo Estados Unidos e Irã (Kupfer, 2019, s/p).

A resposta do sistema, além do recurso ao endividamento público, tem sido a de reduzir até o zero, até o negativo, a taxa de juros.

Mas nem assim o investimento de grande porte aparece; não se sente atraído. E se menos juros significa melhor condição do Estado para remunerar sua dívida, e também uma festa para o capital financeiro, no real, trata-se de um processo que vai esvaziando o grande elixir para a emergência da crise.

Não surpreende, portanto, o fato de que mais da metade dos executivos financeiros nos EUA estejam prevendo uma recessão em 2020, de acordo com uma pesquisa recente da Universidade de Duke. O mercado de títulos do Tesouro dos EUA, por exemplo, registrou inversões na curva de rendimentos nos últimos meses. Tais inversões, o fato de títulos de curto prazo pagarem uma taxa de juros maior do que as taxas pagas por títulos de longo prazo, são historicamente prenúncio de desaceleração econômica. A realidade é que a estrutura financeira global está em equilíbrio instável e as dificuldades das autoridades monetárias sugerem que o quadro apocalíptico não pode ser ignorado (Braga, 2019, s/p).

Michael Roberts, economista britânico de perfil marxista, também argumenta que os banqueiros centrais estão se dando conta de que

[...] a política monetária, seja a convencional [redução das taxas de juros] ou a não convencional [impressão de moeda ou 'flexibilização quantitativa'], não está funcionando na hora de fazer com que as economias saiam de seu baixo crescimento e pouca produtividade e evitem uma nova recessão (Roberts, 2019, s/p).

O autor segue argumentando sobre a ilusão estratégica dos porta-vozes da economia dominante:

> [...] em minha opinião, nem os 'monetaristas' nem os keynesianos/TMM têm razão. Nem uma maior flexibilização monetária nem estímulos fiscais poderão deter a recessão que se aproxima. Isto se deve a que não tem nada a ver com a débil 'demanda agregada' (Roberts, 2019, s/p).

Estímulo keynesiano não pode evitar uma nova recessão, mais profunda.

Tais medidas, continua Roberts (2019, s/p),

> [...] de gastos fiscais funcionaram, como exceção na economia de guerra de 1940, quando o grosso do investimento foi público ou dirigido pelo governo, e a capacidade de decisão sobre o investimento industrial arrebatado das empresas capitalistas.

Na economia capitalista, esgotam-se as opções diante da iminente agudização da crise global.

A estagnação tem impactado a indústria, ao mesmo tempo que os títulos da dívida pública norte-americana passaram, basicamente, a oferecer mais remuneração aos títulos de longo prazo; um evidente prenúncio de mais recessão.

> A recente inversão nas taxas (e rendimentos) de títulos da dívida americana, com retornos menores para papéis de longo prazo, em relação ao rendimento dos títulos de curto prazo, trouxe mais um sinal de alerta. A inversão, que ocorrera pela última vez no período que antecedeu à grande crise global de 2008, voltou a acontecer agora em agosto.

Muitos atribuíram a ocorrência a um prenúncio de uma nova recessão na economia global (Kupfer, 2019, s/p).

No argumento desse mesmo comentarista econômico *mainstream*

[...] o aumento dos investimentos em papéis com juros negativos refletiria um mau presságio sobre a atividade econômica internacional. Já são mais de US$ 15 trilhões de aplicações com juros negativos — um volume sem precedentes — a indicar que, diante das incertezas sobre o futuro da economia global, a busca por segurança está superando a atração pela caça de lucros (Kupfer, 2019, s/p).

De toda forma, a surpreendente aplicação de capitais mesmo a juros negativos e o retrocesso na produção das montadoras são importantes problemas em termos do crescimento.

Sinais de desaceleração da economia mundial estão se acumulando a cada dia. O mais recente é o da queda na produção industrial global mais acentuada e disseminada em pelo menos seis anos. O recuo está sendo puxado pela indústria automobilística (Kupfer, 2019, s/p).

E o governo, com seu limite para expandir ilimitadamente o déficit orçamentário, não tende a tributar os grandes capitalistas, e, por outro lado, aumentar mais ainda os impostos sobre os trabalhadores não soluciona o problema [contrai consumo]. Só lhe resta a cada vez mais precária política de medidas monetárias.

Isso no marco de uma economia que não cresce, de fato, o que esgota mais ainda sua política monetária.

Para além de que a contabilidade de variáveis fundamentais como investimento, produtividade ou o consumo permanecerem débeis, o déficit comercial anual chegou a um valor máximo em 2018, o impulso inicial dos recortes orçamentários impositivos esgota-se e as tendências da desaceleração da economia norte-americana permanecem sem mudanças qualitativas (Bach, 2019, s/p).

Ou seja, cada vez mais o arsenal contracíclico, ou de emergência econômica do governo, se reduz à política monetária.

Quanto à chegada das taxas de juros ao negativo: eis um fenômeno sem precedentes na história do capitalismo e que tampouco pode ser solução para crescimento como mostra a experiência recente.

E, sem crescimento, o futuro do capitalismo aparece como um desastre.

> Desse ponto de vista, o futuro da economia capitalista aparece sombrio. Nos Estados Unidos, o esgotamento dos efeitos da política monetária de *Quantitative Easing* [expansão da liquidez monetária] e a evolução da dívida pública marcam os limites de uma política de alavancagem que não toca nas alucinantes desigualdades na distribuição de renda. O sobressalto japonês reduziu-se a nada, pelas consequências da catástrofe nuclear. Quanto à Europa, ela bate no muro com alegria (Husson, 2011, s/p).

E o crescimento do PIB mundial, por sua vez, mostra uma tendência sustentada à estagnação ou ao agravamento mais profundo da crise.

O elixir usado no início da crise, dez anos atrás, de injetar dinheiro público para salvar as grandes corporações financeiras "grandes demais para quebrar", não apenas perdeu a sua eficácia como engendrou brutais dívidas públicas, e diretamente tem a ver com a crise de estagnação econômica, com capitais sobreacumulados e sem encontrar a rentabilidade na produção.

Quanto ao capitalismo, sua postura só pode ser — e está sendo — a clássica: trata de descarregar sobre as massas ajustes tarifários, cortes em todo tipo de proteção social, achatamento salarial, sem que, ao final, nada disso tenha efeito concreto na recuperação econômica.

O grande empreendimento neoliberal faliu, a chamada *globalização* veio abaixo sem que nenhum outro "modelo" possa ser apresentado pelo capitalismo.

Ao contrário, politicamente, o sistema vem reagindo por meio de governos de extrema direita, exacerbação do nacionalismo *vis-à--vis*, uma esquerda, nova ou tradicional, por sua vez, que não tem apresentado saídas (e que tem levado adiante, em regra, um projeto de adaptação ao regime).

Em suma, economicamente, o capitalismo não deu qualquer resposta autossustentada à sua grande crise que se arrasta há uma década.

Apenas criou mais *bolhas* financeiras, mais dívida pública, mais recessão e mais déficit público.

O próprio déficit norte-americano já anda na casa do trilhão de dólares e parece incontrolável (para que se tenha uma ideia, o PIB brasileiro foi de 1,8 trilhão de dólares em 2018, e o dos Estados Unidos, 20,5 trilhões de dólares).

> O déficit orçamentário dos Estados Unidos aumentou no ano fiscal de 2019 ao seu maior patamar em sete anos, ficando pouco abaixo do US$ 1 trilhão estimado no início do ano. [...], um aumento de 26% em relação ao déficit de US$ 779 bilhões do ano anterior (Down Jones Newswires, 2019, s/p).

Trata-se de um déficit que vem crescendo em relação ao PIB, enquanto a receita cai em relação aos gastos públicos.

Michael Husson (2018) chama a atenção para um dos elementos de fundo desse processo, no qual, em que pesem todas as respostas que os governos dos países centrais vêm dando à crise, nem a taxa média de lucro, nem a produtividade [rendimento do trabalho] puderam ser resolvidos.

> O dinamismo do capitalismo repousa, em última instância, sobre a capacidade de elevar os ganhos de produtividade, isto é, em sua capacidade de fazer crescer o volume de mercadorias produzidas em uma hora de trabalho. Depois das recessões generalizadas de 1974-75 e 1980-82, os ganhos de produtividade foram se lentificando. Tornou-se passado

aquilo que alguns qualificaram de "A idade de ouro" [para acentuar o caráter excepcional daquele período], em relação ao capitalismo neoliberal, hoje ameaçado pela estagnação secular (Husson, 2018, s/p).

Durante este período, o capitalismo conseguiu a seguinte proeza: restabelecer a lucratividade a despeito da lentificação dos ganhos de produtividade. No entanto, vale sempre lembrar que, no caso de economias periféricas, como a argentina e a brasileira, problemas como a baixa produtividade estão conectados com a espoliação imperialista e somente podem ser entendidas no marco dessa lógica.

Não se pode, portanto, falar, pura e simplesmente, de problemas de baixa produtividade entre países. Se houver uma tentativa de explicação a partir de um país, em si mesmo, nela ainda restará

> [...] por explicar de onde vem a maior inversão, que historicamente deu origem a tais diferenças. O que nos levaria, dentre outras coisas, a constatar que um efeito fundamental da ação das transnacionais patrocinadas por seus Estados imperialistas foi o de moldar as economias dos países dependentes e semicoloniais em função das necessidades do próprio capital imperialista (Maiello, 2019a, s/p).

Isso para não mencionar a espoliação pela dívida e do próprio peso de estruturas econômico-sociais perpetuadoras do atraso e da dependência, como argumenta Maiello (2019a), estruturas estas submetidas à sangria imperialista.

Ao mesmo tempo, a anterior relação virtuosa, da era neoliberal, Estados Unidos-China alcançou o seu limite e vem se tornando um problema, uma tensão estrutural para o conjunto do capitalismo.

A atual guerra comercial Estados Unidos-China, para além de sua cara comercial, expressa a mais profunda disputa na esfera da tecnologia; de onde investir grandes capitais [quando o mercado se estreita] tende, logicamente, a ir encontrando sua tradução em disputas geopolíticas de grande porte.

No caso dos países imperialistas, "as guerras comerciais entre potências, o nacionalismo destes países centrais, no fundo são explicados pela disputa pela primazia no desenvolvimento tecnológico em setores estratégicos" (Maiello, 2019a, s/p), portanto, no marco da forte presença imperialista no centro do palco das nações, da geopolítica — o que anula qualquer previsão de um horizonte pacífico no capitalismo.

O cenário internacional é, ao mesmo tempo, de feroz disputa imperialista por recursos naturais. Cada imperialismo trata de fortalecer sua localização na concorrência dos oligopólios.

> O domínio das matérias-primas, desde os combustíveis como o petróleo, gás, urânio e os recursos da mineração em geral, e também a água doce etc., constituem um privilégio fundamental para o qual o poderio militar é, indiscutivelmente, chave. Seria impossível entender a geopolítica norte-americana e guerras recentes, como a do Iraque ou a própria luta pelo domínio do Oriente Médio, com suas centenas de milhares de mortos, sem levar em conta o fator-chave — ainda que não exclusivo — do controle dos recursos energéticos. Claro que não se trata apenas de intervenções militares diretas; no Brasil, por exemplo, a operação Lava Jato, articulada com o Departamento de Estado dos Estados Unidos, teve, desde sempre, como um dos seus objetivos, a apropriação das reservas petrolíferas do Pré-Sal para as multinacionais imperialistas (Maiello, 2019a, s/p).

Na verdade, esses são países de perfil semicolonial, como o Brasil e tantos outros da periferia, que garantem a reprodução do imperialismo, cobrem seus déficits fiscais, suas dívidas. Esses elementos devem ser levados em conta no entendimento da crise econômica internacional.

Essa lógica tampouco pode ser entendida sem que seja levado em conta o poderio militar do imperialismo norte-americano.

> Claro está que, para que aquela posição do dólar não seja questionada, são indispensáveis, em última instância, outra vez as armas. Por sua vez, Estados Unidos, União Europeia e Japão são a base de operações

dos grandes bancos e instituições financeiras que drenam a riqueza do mundo periférico. Graças a isso, por exemplo, hoje a Argentina encontra-se, de fato, governada pelo FMI (Maiello, 2019a, s/p).

E, na base desse processo econômico, a crise seminal do sistema: incapacidade histórica de seguir acumulando capital no mesmo ritmo, ainda que no marco da produção colossal de desigualdade e da mais brutal sangria dos países dependentes.

Por exemplo, o capitalismo se *deslocalizou* em busca de força de trabalho mais barata na periferia, incluindo México, China e antes os "tigres asiáticos", mas o efeito dessa mundialização foi contraditório: há uma vastíssima acumulação de capitais [e de capital fictício] que não são *queimados* desde a crise de 1973, também a de 2008. Um hiato histórico entre a valorização do capital na produção e seu acúmulo fictício. Uma trava que impede ao capital de ampliar suficientemente sua base de valorização. Ao contrário, o espaço para sua valorização vem sendo reduzido ao mesmo tempo que a esfera financeira chega às alturas que são insustentáveis ao longo do tempo.

Como denominador comum, seja para capitais chineses, norte-americanos, alemães, seja para japoneses, a imperiosa necessidade, expressa na política de todos eles, é a de forçar a classe trabalhadora a pagar a conta da crise *deles*.

Por sua vez, a catástrofe iminente, ou a falta de horizonte econômico para o sistema, se expressa na sua cultura decadente, na violência universal, no agravamento da desigualdade e também nos graves problemas sociais, no belicismo, na exclusão de grandes massas do consumo; mas também na indústria de entretenimento, no cinema da distopia, que só vê futuro na decadência, na hecatombe (de *Blade Runner* a *Mad Max*, até o atual *Coringa*).

O capitalismo opera como um colossal "exterminador do futuro".

A gravíssima poluição desenfreada dos mares, das florestas (devastadas), das águas e dos alimentos não pode cessar no capitalismo, um sistema no qual a acumulação do capital não pode se deter e, por isso mesmo, impõe a barbárie climática.

Política

Por essa razão, os chamados governos pós-neoliberais ou populistas de esquerda fracassaram (e sempre fracassarão) com sua estratégia de desviar o movimento de massas para a colaboração com o capitalismo, com a administração burguesa e seu balcão de negócios, na ilusão reacionária de achar uma "terceira via" ou algum progressismo nos marcos do capitalismo.

Lula, Evo Morales, os Kirchner, Rafael Correa, os neorreformistas do Syriza e tantos outros, cada um com suas particularidades, não passam disso: de aposta em pífias reformas de um sistema irreformável.

A crise econômica vai muito além do vão pensamento dos economistas do possibilismo (política da miséria do possível do neorreformismo), os quais, na recusa de uma saída com protagonismo de massas, do proletariado, insistem em consumar contrarreformas neoliberais, como o caso Lula, conciliar com as classes patronais, dar a mão a um sistema que não pode mais que agravar suas contradições.

Um dos efeitos daquelas políticas econômicas do capitalismo, no marco da crise atual, vem sendo na esfera da política, a crise orgânica ou crise de hegemonia dos regimes burgueses.

Seus estadistas e os partidos tradicionais perdem credibilidade eleitoral, a burguesia deixa de lograr sua hegemonia através de seus tradicionais partidos, desacreditados, todos, por suas nefastas políticas neoliberais.

A defesa explícita de tais políticas, de submissão ao FMI, não mais permite uma credibilidade para ganhar eleições.

Nesse vácuo, emergem *outsiders* da política, que se mimetizam como se fossem antissistema, a exemplo dos governos de extrema direita que ganham apoiando-se, como o caso do Brasil, na desmoralização da esquerda (tipo PT, PCdoB).

O resultado desse processo tem sido a aparição de figuras presidenciais que procuram uma governabilidade através de sua bonapartização pela direita e extrema direita, pela via do golpismo, como regra.

A crise econômica que vem desde 2008, com o fracasso de toda a *empresa neoliberal*, ficou sendo o ponto de viragem que abriu caminho para o renascimento da extrema direita. Que se lançou no vácuo de toda tentativa da esquerda de conciliação de classe, de governar para o capitalismo, de agir como se a única saída fosse o neoliberalismo.

No entanto, como se vê na América Latina, tais países estão abertamente evoluindo para crise profunda, desencadeada pela sua impotência estrutural e, mais abertamente, pela eclosão da luta de classes.

As recentes jornadas populares e revolucionárias na América Latina mudam cenários e perspectivas. Governos de extrema direita, neoliberais ao extremo (caso do Chile), estão sendo desestabilizados pelas massas em movimento.

A burguesia acusa o impacto da crise econômica, seus cardeais econômicos vislumbram o desastre no horizonte econômico, e agora estão sob o horror (para eles), da entrada em cena da luta de classes, do protagonismo das "classes perigosas".

Na economia,

> [...] a inquietação dominante resulta do fato de que não existe mais munição disponível. Gordon Brown, o primeiro-ministro britânico, assim se expressou: 'Quando a próxima crise se produzir, nós descobriremos que não contamos mais com a margem de manobra fiscal ou monetária, nem sequer a vontade de usá-la. E nos faltará a necessária cooperação internacional' (Husson, 2018, s/p).

E, sobretudo, poderão não contar com a passividade das massas.

As jornadas revolucionárias no Chile são o ponto mais alto até o momento de um novo ciclo político que começa a atravessar a América Latina. Não se trata de um caso isolado, isso se dá no marco do retorno

ASCENSÃO DA NOVA DIREITA E COLAPSO DA SOBERANIA POLÍTICA

da luta de classes a nível internacional, que vem desde França e o Estado Espanhol, até Hong Kong, passando por Líbano, Iraque, dentre outros. Suas causas são profundas. A crise de 2008 marcou um ponto de inflexão, a desigualdade que o capitalismo gera chega a níveis cada vez mais insuportáveis, os partidos tradicionais se fundem, a chamada 'globalização' está em crise e o nacionalismo das grandes potências está de volta (Maiello, 2019b, s/p).

Teremos, portanto, a crise da hegemonia neoliberal [eleitoral, social, econômica], mas também a crise dos fenômenos populistas "pós-neoliberais" como Lula e seus pares de centro-esquerda na América Latina, que se sustentavam na reprimarização "bem-sucedida" ao contar, conjunturalmente, com o mercado internacional favorável.

O princípio do século XXI assistiu à irrupção das massas, fazendo cair presidentes no Equador, Bolívia, Argentina e derrotando um golpe imperialista na Venezuela, em 2002.

> Esses processos foram desviados, dando lugar a um segundo ciclo, o dos governos 'pós-neoliberais', que pôde sustentar-se graças ao ascenso econômico impulsionado pelo histórico *boom* das *commodities* (Maiello, 2019b, s/p).

Esse ciclo se foi. E é sintomático que o Chile, pioneiro do neoliberalismo, um laboratório pioneiro para economistas ultraneoliberais formados nos Estados Unidos, se torne, com massas na rua, a porta escancarada do seu fracasso nos dias atuais.

Em uma época, como a que vivemos, de processos convulsivos, a entrada de grandes massas em seu protagonismo histórico, político, dá como resultado uma aberta polarização social, de classe, e claramente a oportunidade de revoluções.

É precisamente nesse terreno que se dá a céu aberto a maior crise da humanidade, sua crise de direção política anticapitalista.

Existe uma esquerda habituada a promover ajustes neoliberais (os PCs europeus foram mestres nisso), a tentar governar preservando o capitalismo e sua acumulação do capital (como Chávez na Venezuela, Lula no Brasil, mas também o Syriza na Grécia e o *Podemos* na Espanha, cada um com sua história), desviando o movimento de massas para um beco sem saída.

Esse foi o papel da esquerda que assessorou Chávez, Lula e os Kirchner, na reacionária tentativa de uma saída de conciliação de classe.

A verdade é que toda esquerda que não acredita na mobilização da classe trabalhadora, a não ser para se por detrás do nacionalismo burguês, precisa ser superada.

Somente dessa forma o ciclo de derrotas políticas e contrarrevolucionárias pode ser superado.

Não pode haver saída que não seja derrota para as massas quando a esquerda recorre à estratégia de aliança e administração do processo de acumulação do capital e seus podres poderes.

Processos atuais de intervenção de massas, como na França, Equador, Bolívia, Chile, a própria Argentina, e, em algum momento o Brasil, implicam uma efervescência política e, ao mesmo tempo, emergência de uma vanguarda de massas.

No entanto, o que se vê na esquerda de maior visibilidade (a exceção, como veremos, vem sendo a FIT-U na Argentina), são crises e impasses, por sua experiência de negação da independência de classe do proletariado.

Na verdade, há dois impasses, que são críticos para o desenvolvimento do processo revolucionário (na América Latina, por exemplo).

O primeiro deles, uma tendência ao desenvolvimento de partidos amplos, sem qualquer delimitação anticapitalista, sem qualquer definição programática à altura da crise.

São partidos, como o PSOL, no Brasil, cuja direção tende a estender a mão à esquerda burguesa do regime, à conciliação de classe [como Boulos argumentando que a dívida pública não é um problema] e que, em geral, na esteira do nefasto legado petista de fazer política, alimentam a ilusão de algum tipo de neorreformismo.

Criticam o agronegócio, mas não organizam uma corrente pública pela sua expropriação e controle dos trabalhadores lado a lado com a reforma agrária ali onde ela se impõe para o trabalhador sem-terra. Não mobilizam pelo fim da dívida pública e, ao contrário, alimentam perspectivas sem qualquer futuro, como é a da judicialização da dívida. E assim por diante.

São partidos que, como regra, tomam o Parlamento como seu centro de gravidade, ao mesmo tempo que as necessárias transformações sociais estruturais não costumam ser sua bandeira de luta. Tampouco se ocupam da classe trabalhadora e da construção de órgãos de autoatividade de massas.

A política do PC chileno, neste momento de grandes mobilizações contra o governo Piñera, é típica: em vez do chamado à greve geral imediata, da luta por uma Constituinte soberana e de massas, propõe indiciar judicialmente o governo. Não se desprende dos marcos do regime.

Não se trata de uma esquerda que tome como centro o protagonismo proletário. Nem um programa transicional anticapitalista, pelo fim da dívida pública, pelo pleno emprego para criar serviços sociais de massa, na saúde, na educação, através da estatização dos tubarões da medicina e da educação.

Simplesmente operam a política do *mal menor*, de espúrias alianças com a burguesia, da miséria da luta institucional em si mesma.

Vejamos o exemplo do Chile.

A greve e as mobilizações no Chile, em outubro de 2019, estavam em marcha no mesmo momento em que a "esquerda do regime, o Partido Comunista e a Frente Ampla, com suas respectivas burocracias sindicais, estudantis e 'sociais' redobraram abertamente seu esforço em se lançar em auxílio de Piñera para salvar sua cabeça" (Maiello, 2019b, s/p).

Do rechaço inicial enquanto os militares estivessem nas ruas, ao diálogo, PC e Frente Ampla, com suas respectivas burocracias, passaram a apoiar acordos com o governo.

O jogo político da esquerda chilena de mais peso tem sido esse: o de buscar os meios institucionais para salvar o governo e o regime. E desviar as organizações de massa para essa política.

> Um dos principais referentes do PC, Camila Vallejos, enquanto festejava a meia sanção da jornada de trabalho de 40 horas na Câmara de Deputados, declarava que 'Não se trata de ser contra o presidente'. Uma esquerda do regime que deixou claro que, no máximo, se propõe a parasitar o movimento, mas de nenhuma forma desenvolvê-lo, sendo fundamental que nem o movimento operário e nem, sobretudo, o movimento estudantil, que foi protagonista, apareça com a força de suas organizações (Maiello, 2019b, s/p).

A operação de salvar Piñera foi claramente deflagrada em um evidente desvio do movimento de massas.

Essa esquerda jamais fez o balanço até o final do seu papel no golpe genocida contra o governo de frente popular de Allende, em 1973. Por isso, segue colocando as instituições capitalistas em primeiro lugar e subordinando a luta de classes a elas.

> A política do PC de reduzir o 'fora Piñera' a uma 'acusação constitucional' para que sua destituição seja decidida no Senado, o diálogo com Piñera 'sem deixar ninguém de fora', que impulsionam junto com a Frente Ampla, ou a Assembleia Constituinte nos marcos do regime atual proposta por ambos os partidos não são mais do que versões 'de esquerda' para salvar as instituições. Justamente porque, como se grita nas ruas, "30 não são pesos, são 30 anos", não é possível impor uma saída a favor do povo trabalhador com os mecanismos do próprio regime herdeiro do pinochetismo (Maiello, 2019b, s/p).

Tudo isso é revelador da magnitude da crise política do proletariado no nosso tempo: suas direções políticas tendem a salvar o regime quando este mergulha em crise mortal; e pior, salvar o moribundo, já que estamos em uma época em que o capitalismo não tem grandes concessões econômicas a fazer.

Diante do 'malmenorismo' [política do *mal menor*] das variantes pós-neoliberais, a ação de massas mostrou como fazer retroceder aos ataques, tanto no Equador quanto no Chile. A burguesia se vê obrigada a fazer concessões para não perder tudo. No entanto, não podemos abordar a situação atual da mesma maneira que as situações evolutivas anteriores, marcadas pela possibilidade de conseguir certas concessões sob o guarda-chuva do Estado e não lutando contra ele (Maiello, 2019b, s/p).

É imperiosa a avaliação de qual é a situação atual diante de tais processos de massas e tirar conclusões do que significa uma época de mudanças convulsivas bruscas.

Trata-se de mudanças bruscas nas relações de forças, situações de crises que podem evoluir ou não a situações revolucionárias, ser desviadas ou levar a saídas reacionárias. O resultado global desse ciclo não surgirá da somatória dos múltiplos resultados parciais; visto estrategicamente que o que está sendo posto sobre a mesa é a possibilidade ou não de encerrar décadas de saque e abrir uma via revolucionária na região (Maiello, 2019b, s/p).

O segundo grande problema que revela um grave impasse da esquerda de maior visibilidade é o seu completo silêncio em relação ao maior obstáculo à moderna revolução social: a burocracia sindical em sua confluência com o Estado burguês (ou Estado *integral* de Gramsci).

No caso concreto do Brasil — e de cada um desses países —, não se trata simplesmente de que existe uma divergência política da esquerda anticapitalista com a burocracia sindical, a exemplo da CUT no Brasil (a Central estatizada por Lula e que fez um silêncio mortal, agora em outubro de 2019, diante da reforma reacionária da Previdência do governo Bolsonaro, por exemplo).

Na verdade, tais Centrais burocratizadas (a CUT foi estatizada pelo governo Lula) não são tema, não chamam a atenção estratégica da esquerda em geral, para além de uma ou outra denúncia.

E esse, sim, é um seríssimo problema para destravar a revolução.

Trata-se de uma burocracia que tem interesses materiais e, por isso, conflui com o sistema, defende com todas as suas forças o capitalismo, para além de sua retórica "de esquerda". Está integrada ao capitalismo, presta-lhe o inestimável serviço de promover a divisão nas fileiras da classe trabalhadora e, concretamente, papel de polícia contra correntes revolucionárias no seio do movimento operário.

> É preciso assinalar que hoje, mais que nunca, o papel-chave da burocracia sindical passa por garantir a fragmentação da classe trabalhadora [precários e efetivos, sindicalizados e não sindicalizados, imigrantes e nativos etc.]. E a isso é preciso agregar, na atualidade, o desenvolvimento de burocracias em outros movimentos de massas muito importantes [estudantil, de mulheres etc.], em muitos casos sob a forma de ONGs, associações civis ligadas ao Estado etc. (Maiello, 2019b, s/p).

Combater os ataques do capitalismo aos direitos sociais e trabalhistas e, ao mesmo tempo, ignorar ou não ter política para os contingentes proletários, majoritários no caso, que seguem a liderança da burocracia sindical, equivale a preparar derrotas.

Não há como se pensar seriamente a revolução ignorando a maioria do proletariado. E, por conta disso, o papel da burocracia operária na contenção da luta de classes.

Um processo fundamental vem ocorrendo há décadas: começando pelos sindicatos, trata-se do desenvolvimento da estatização das organizações da classe trabalhadora, das massas.

> Na época imperialista, de concorrência pela exploração do mundo periférico, pelos privilégios de uma nação em relação à outra e para suas respectivas multinacionais, o Estado capitalista não pode limitar-se a 'esperar' o consentimento das massas e se vê obrigado a organizá-lo. Daí que introduza, como nunca, seus tentáculos na 'sociedade civil' (Maiello, 2019b, s/p).

Para dar conta disso, Antonio Gramsci soube desenvolver o conceito de 'Estado integral', segundo sua controvertida fórmula: "O Estado em seu significado integral: ditadura + hegemonia".

> Tanto Gramsci quanto Trotski assinalaram o papel de 'polícia política' que a burocracia operária cumpre, como agente da burguesia no interior das organizações de massas. A 'aristocracia operária' é caracterizada por Lênin como a base social mais sólida daquelas burocracias, por seus salários e por seu 'nível de vida' mas também 'por toda sua concepção de mundo' identificada com as 'classes médias' [pequena burguesia] (Maiello, 2019b, s/p).

Esse é o debate que, junto com a necessária criação do partido revolucionário, deve ser pautado.

Nesse sentido, uma experiência a ser discutida nesse momento é a que está sendo levada adiante pelo PTS na *Frente de Izquierda de los Trabajadores-Unidad* (FIT-U). Trata-se de uma frente político-eleitoral com base em um programa anticapitalista e de independência de classe.

Aqui, a experiência argentina, que se conforma como a grande novidade política e estratégica do nosso tempo, reflete um exemplo e um processo vivo rico em aprendizados para o conjunto da esquerda.

> A FIT é uma aliança eleitoral principista com um programa claro de independência de classe, anti-imperialista [como ficou evidente, por exemplo, no posicionamento da FIT contra o golpe na Venezuela, sendo ao mesmo tempo críticos ao extremo de Maduro] e em luta por um governo dos trabalhadores, proposta que vem formulando nas mais diferentes situações políticas e da luta de classes que vem enfrentando durante os últimos oito anos. E atravessada também, como seria de esperar em uma frente de diversos partidos, por discussões de cada caso onde surgiram diferenças importantes, como em relação ao processo político na Venezuela ou no Brasil, dentre outras, assim como diferenças públicas quanto à prática de cada partido nos sindicatos, em relação à organização das colaterais 'piqueteiras' e a administração dos centros

e federações estudantis. No entanto, estas questões não impediram que fossem tomadas posições políticas coerentes com o programa da FIT nos principais fatos da vida política (Crivaro; Maiello, 2019, s/p).

Debater a FIT-U argentina pode ser, na verdade, uma via para a ruptura com a tradição dos partidos de tipo *amplo* [que incluem reformistas e revolucionários no seu seio], mas também para trazer ao debate político a esfinge da burocracia sindical [e da burocracia dos movimentos sociais].

E também um livro aberto sobre a estratégia revolucionária.

O PTS vem levando adiante a tática de frente única operária [*golpear juntos, marchar separados*], uma tática que permite o acesso revolucionário à classe trabalhadora que ainda segue as centrais burocratizadas.

> A FIT se coloca, na prática política, como uma força que desenvolve, no cotidiano, a independência política da classe trabalhadora, há oito anos e nas mais diversas situações da luta de classes. A sua trajetória, de 8 anos de existência, nos quais se manteve como alternativa de independência de classe frente aos diferentes blocos burgueses nas sucessivas conjunturas políticas, converte a Frente de Esquerda em uma experiência inédita na história da esquerda argentina (Crivaro; Maiello, 2019, s/p).

Hoje constitui a quarta força política nacional, com parlamentares que, a partir do Congresso, impulsionam o verdadeiro centro de gravidade, isto é, o das lutas populares, operárias e de juventude; também de mulheres e LGBT.

> Nestes dias que se passaram desde as eleições [refere-se às eleições prévias ou PASO] definiram um salto significativo na crise orgânica que a Argentina atravessa. Neste marco, a consolidação da Frente de Esquerda Unidade, com seus 700 mil votos, sua extensão em todo o país, e sua localização como quarta força política, como um polo independente de classe, anticapitalista e socialista, não é um dado menor, e mais ainda

quando todo o regime tentou impor um cenário de polarização que terminou transformando-se em uma fenomenal onda de voto castigo ao governo, canalizada pelo peronismo, variante que absorveu quase todas as correntes de centro-esquerda, dos 'movimentos sociais' e da 'esquerda popular' (Crivaro; Maiello, 2019, s/p).

Nesse sentido é que se pode afirmar que, se a crise econômica é parteira de governos nacionalistas de extrema direita, que é sua "resposta" reacionária à crise econômica global [portanto, não resposta para a classe trabalhadora], também é verdade — uma verdade tão concreta quanto os atuais processos de massas no Equador, Haiti, Chile etc. — que o mesmo processo abre uma janela para a revolução proletária.

E explicita uma era de revoluções, crise sem precedentes do sistema e época de guerras (antecipadas pelas atuais fricções geopolíticas entre as potências e destas com países periféricos) e esperança apaixonante de pormos abaixo esse sistema que só pode gerar iniquidade, desumanidade e barbárie.

Referências

BACH, Paula. China-EE.UU: la disputa comercial y lo que verdaderamente está en juego. 2019. *La Izquierda Diario*. Disponível em: https://www.laizquierdadiario.com/Apuntes-sobre-la-disputa-comercial-y-la-relacion-chino-norteamericana. Acesso em: 27 out. 2019.

BARRIA, Cecilia. A próxima crise internacional pode ser pior que a de 2008? *BBC News Brasil* 2019. Disponível em: https://www.bbc.com/portuguese/internacional-43504687. Acesso em: 27 out. 2019.

BRAGA, Carlos Primo. Flertando com uma nova crise global? 2019. *Valor Econômico*. Disponível em: https://valor.globo.com/opiniao/coluna/flertando-com-uma-nova-crise-global.ghtml? Acesso em: 26 out. 2019.

CRIVARO, Octavio; MAIELLO, Matias. Apuntes sobre la consolidación del FIT-U, una novedad en la história Argentina. *La Izquierda Diario*. Disponível em: https://www.laizquierdadiario.com/Apuntes-sobre-la-consolidacion-del-FIT-U-una-novedad-en-la-historia-argentina. Acesso em: 27 out. 2019.

DOWN JONES NEWSWIRES. Déficit do orçamento dos Estados Unidos atinge maior patamar em sete anos. 2019. *Valor Econômico*. Disponível em: https://valor.globo.com/mundo/noticia/2019/10/25/deficit-do-orcamento-dos-eua-atinge-maior-patamar-em-sete-anos.ghtml. Acesso em: 27 out. 2019.

HUSSON, Michel. O capitalismo precisa de férias. 2011. *Carta Maior*. Disponível em: https://www.cartamaior.com.br/?/Especial/Desordem-Financeira-Mundial/O-capital ismo-precisa-de-ferias/72/17097. Acesso em: 27 out. 2019.

HUSSON, Michel. Crise economique et desordres mondiaux. 2018. *Mediapart*. Disponível em: https://blogs.mediapart.fr/jean-marc-b/blog/231018/crise-economique-et-desordres-mondiaux-par-michel-husson. Acesso em: 26 out. 2019.

MAIELLO, Matias. [Debate] Antiimperialismo y socialismo. A propósito de la respuesta de Charlie Post. 2019a. *La Izquierda Diario*. Disponível em: https://www.laizquierdadiario.com/Debate-Antiimperialismo-y-socialismo-A-proposito-de-la-respuesta-de-Charlie-Post. Acesso em: 27 out. 2019.

MAIELLO, Matias. Chile y el nuevo ciclo de lucha de clases en America Latina. 2019b. *La Izquierda Diario*. Disponível em: https://www.laizquierdadiario.com/Chile-y-el-nuevo-ciclo-de-lucha-de-clases-en-America-Latina. Acesso em: 27 out. 2019.

KUPFER, José Paulo. Roubini, o economista que previu a crise de 2008, está agora prevendo outra. 2019. *Coluna José Paulo Kupfer UOL*. Disponível em: https://josepaulokupfer.blogosfera.uol.com.br/2019/09/11/roubini-o-economista-que--previu-a-crise-de-2008-esta-agora-prevendo-outra. Acesso em: 27 out. 2019.

PATNAIK, Prabhat. A economia mundial em declínio. 2019. *Resistir.info*. Disponível em: https://resistir.info/. Acesso em: 27 out. 2019. [o original encontra-se em peoplesdemocracy.in/2019/1020_pd/world-economy-decline]. Tradução para o português por JF.

ROBERTS, Michael. El detonante de la nueva crisis mundial. 2019. *Sinpermiso*. Disponível em: http://www.sinpermiso.info/textos/el-detonante-de-la-nueva--recesion-mundial. Acesso em: 27 out. 2019.

STEPHENS, Philip. Populism is the true legacy of the global financial crisis. 2018. *Financial Times*. Disponível em: http://pinguet.free.fr/stephens818fr.pdf. Acesso em: 27 out. 2019.

UN/DESA. Growth in world Gross product. *United Nations*. Disponível em: https://www.un.org/development/desa/dpad/wp-content/uploads/sites/45/publication/mb _feb2017_fig1.jpg. Acesso em: 27 out. 2019.

Por uma revolução cultural na América Latina*: reflexões sobre o instrumento político e os momentos de sua constituição**

Marta Harnecker

Introdução

Neste texto assinalamos que devemos realizar uma verdadeira revolução cultural para podermos enfrentar a grande tarefa que temos pela frente: sermos capazes de nos colocar adiante dos distintos setores que rejeitam a situação atual e desejam construir uma sociedade na qual o povo seja o protagonista.

---

* Traduzido do original: *Por uma revolución cultural en America Latina: reflexiones sobre el instrumento político e los momentos de su constitución*. Por: Maria Auxiliadora César. Pesquisadora e fundadora do Núcleo de Estudos Cubanos (NESCUBA)/ UnB/Brasília-DF.

** [N. Org.] Para preservar o estilo de comunicação escrita da autora, mantiveram-se, nesta publicação, a sua tradicional enumeração dos parágrafos do texto (vide explicação própria na nota de rodapé a seguir), as citações não recuadas no corpo do texto e a localização das referências bibliográficas em notas de pé de página.

Por outro lado, devemos entender que a organização política não é construída de um dia para outro, que existem momentos diferentes na sua construção; e que umas das primeiras coisas a fazer é alcançar a unidade das forças revolucionárias.

Quero esclarecer àqueles que leem este texto, especialmente às gerações mais jovens, que encontrarão reflexões já expostas por mim há mais de 30 anos, junto a novas reflexões sobre os mesmos temas. Espero contribuir com este artigo para uma melhor compreensão das ideias que nos impulsionam a manter nossa luta por um mundo melhor.

I. A LUTA CONTRA A CORRUPÇÃO EXIGE UMA REVOLUÇÃO CULTURAL

1. Herança cultural que cria ambiente propício para a corrupção

1[1]. Para falar destes temas, vou partir do que tem acontecido na América Latina, ainda que muito do que diga possa ser aplicado a outros países.

2. Governos como Venezuela, Brasil, Argentina, Uruguai, Bolívia e Equador conseguiram, recentemente e de modo sensível, diminuir as desigualdades e a exclusão social, ao priorizarem a expansão do poder econômico e político dos setores populares e não a exclusiva proteção aos lucros dos setores empresariais. Concordo com Emir Sader[2] que as mudanças nestes países foram enormes, as mais significativas experimentadas até então.

---

1. Os parágrafos são enumerados para facilitar o intercâmbio das ideias deste texto.
2. SADER, Emir. La crisis hegemónica en América Latina, en: *Reanudar el Estado. Postneoliberalismo en América Latina* (2008). Publicado en: http://bibliotecavirtual.clacso.org.ar/clacso/coediciones/20100824013203/3cap.2.pdf.

3. A grande pergunta, então, é: por que hoje a esquerda está na defensiva? E por que e como, depois de conseguir impor sua hegemonia ao conjunto da sociedade, a perdeu?

4. Para entender o que acontece, devemos lembrar que as políticas neoliberais implementadas pelo capital financeiro transnacional vêm se impondo respaldadas pelo seu grande poderio militar e mediático, cujo centro hegemônico são os Estados Unidos. Isso apesar de, além de não resolverem os problemas das pessoas, agudizarem vertiginosamente a miséria e a exclusão social, enquanto a riqueza se concentra cada vez mais em uma minoria.

5. Por outro lado, nossa classe trabalhadora, atualmente bastante heterogênea, tem sido debilitada por processos de flexibilização laboral, de subcontratação e de divisão interna. Esse fato não se deve apenas às condições objetivas criadas pelo neoliberalismo, mas também às diferenças ideológicas, aos personalismos e caudilhismos. Por todas estas razões, os trabalhadores costumam não estar na linha de frente do combate.

6. "Há [como diz Álvaro García Linera[3], vice-presidente de Bolívia] um grande esforço dos meios de comunicação, de certas ONGs, de intelectuais orgânicos da direita, para desvalorizar, questionar, colocar em dúvida a ideia e o projeto de mudança e de revolução."

7. Um sistema tão injusto e desumano só consegue se sustentar porque sofremos um pesado fardo cultural: uma cultura individualista do salve-se quem puder; uma cultura paternalista que nos acostumou a esperar por soluções do Estado no lugar de nos organizarmos e lutar por consegui-las; uma cultura consumista que nos leva a pensar que, se temos mais, somos melhores, em vez de nos sentirmos mal por termos coisas supérfluas, enquanto há pessoas, muito perto de nós, que não têm o mínimo para viver dignamente[4].

---

3. LINERA, Álvaro García Linera. *No hay una revolución verdadera sin una profunda revolución cultural*. Conferencia na Universidade de Buenos Aires, em 31 de maio 2016.

4. HARNECKER, M. *Un mundo a construir: nuevos caminos*, parágrafo 108. Publicado en http://www.rebelion.org/docs/178845.pdf.

8. E o pior — como diz o pesquisador chileno Carlos Ruiz — é que os setores burgueses conseguiram semear seus valores e gerar uma ampla aceitação popular da ordem social capitalista. Isto é, apossaram-se da direção cultural da sociedade e, por isso, têm conseguido governar por consenso, em lugar do uso do chicote. Sua propaganda, muitas vezes, é tão bem elaborada que não apenas consegue criar necessidades artificiais, mas também iludir importantes setores da população de que seus problemas serão resolvidos com a implementação de seu modelo econômico[5].

9. Segundo o pesquisador cubano Fernando Martínez Heredia[6], o "principal esforço do capitalismo atual está posto na guerra cultural pelo domínio da vida cotidiana, para fazer com que todos aceitem que a única cultura possível nessa vida cotidiana é a do capitalismo". Por isso, muita gente, incluindo segmentos de esquerda, ao agir, tende a reproduzir o modo burguês de ver e organizar o mundo.

10. Esta situação permitiu, em alguns países importantíssimos e decisivos da região, um retorno ao governo de setores reacionários, junto com a "ameaça de que a direita retome o controle em outros"[7].

11. Levando em conta estas considerações, percebemos que não conseguiremos avançar em nossa luta por uma nova sociedade se não realizarmos, em nossas fileiras, "uma verdadeira revolução cultural"[8].

12. Esta não é uma ideia nova. Marx[9], já em 1853, dizia que seria preciso décadas de "guerras civis e lutas populares" não só para mudar a realidade, mas para mudar os trabalhadores e capacitá-los

---

5. HARNECKER, M. *Un mundo a construir nuevos caminos*, parágrafo 633. Publicado en http://www.rebelion.org/docs/178845.pdf.

6. HEREDIA, Fernando Martínez. *Claves del anticapitalismo y el antimperialismo hoy*, 12 enero 2017, aparecido en *CUBADEBATE*.

7. LINERA, Álvaro García Linera. *No hay una revolución verdadera sin una profunda revolución cultural*. Conferência na Universidade de Buenos Aires, em 31 de maio 2016.

8. LINERA, Álvaro García Linera. *No hay una revolución verdadera sin una profunda revolución cultural*. Op. cit. Nota de rodapé n. 3.

9. MARX, Karl. Revelaciones sobre el proceso a los comunistas en Colonia [1852]. En: *Obras Escogidas*, Editorial Lautaro, 1946, p. 94.

para "exercitar o domínio político". Segundo o pensador alemão, era necessário que as pessoas, por meio de suas práticas sociais e de sua luta, fossem saindo do "esterco" da cultura herdada e irem descobrindo, experimentando e incorporando, em sua maneira de viver, novos valores: do humanismo, da solidariedade, do respeito às diferenças, do combate ao machismo e de todo tipo de discriminações.

13. Mas não bastam estas práticas; são necessárias novas ideias que venham no caminho das velhas ideias. É necessária — como diz Fidel Castro — uma "batalha de ideias". Segundo Martínez Heredia, necessitamos de um pensamento "forte, convincente e atrativo, ao mesmo tempo em que útil como instrumento mobilizador e unificador do diverso e como ferramenta eficaz para análise e adoção de políticas acertadas que contribuam para a ação e formulação de projetos"[10].

14. É necessária — como dissemos — uma potente revolução cultural. Este é o grande desafio que temos pela frente e que, infelizmente, a direita tomou a iniciativa nesta área.

15. Como diz Aristóbulo Istúriz — prefeito de Caracas, antes do triunfo de Hugo Chávez, e Vice-presidente Social e Territorial recém-nomeado para coordenar o estratégico tema da participação cidadã no momento de escrever este texto —, temos que passar do "governo para o povo ao autogoverno do povo, para que o povo assuma realmente o poder"[11].

16. Embora o objetivo estratégico a ser alcançado seja o autogoverno do povo, isto é, que as pessoas governem a si mesmas, que o povo assuma o poder, isso não pode se realizar de um dia para outro; nossos povos não têm "cultura de participação", não têm "experiência real de governarem a si mesmos"; são povos acostumados

---

10. HEREDIA, Fernando Martínez. *Claves del anticapitalismo y el antimperialismo hoy*, 12 enero 2017, aparecido en *CUBADEBATE*.

11. Este tema sobre a democracia participativa e protagônica foi abordado por mim, especialmente em dois textos: *Inventando para no errar: América Latina y el socialismo del Siglo XXI*, http://www.rebelion.org/docs/101472.pdf. Segunda Parte. Capítulo III: "La democracia participativa y protagónica", e o Capítulo I: "Construyendo una nueva hegemonía", na Terceira Parte do livro: *Un mundo a construir...*

"ao populismo, ao clientelismo, a não raciocinar politicamente, a pedir coisas". Esse paternalismo de Estado, em vez de fazer com que as pessoas assumam como responsabilidade própria a construção da nova sociedade, as transforma em seres passivos. Devemos sair da cultura do/a cidadão/ã que mendiga para a cultura do/a cidadão/ã que conquista, que toma decisões, que executa e controla; ou seja, que se autogestiona, que se autogoverna.

17. Mas, para alcançar este objetivo — como adverte Aristóbulo —, é necessário "governar com as pessoas durante um certo período de tempo, para que elas aprendam a governar a si mesmas, isto é, a autogovernarem-se"[12].

18. Esta proposta transformadora sempre esteve muito vinculada a uma ética militante, fundada na renúncia pessoal, na valorização do coletivo sobre os interesses individuais e, por isso, não devemos estranhar que figuras como José Mujica, ex-presidente do Uruguai, uma pessoa simples, austera, solidária, seja hoje em dia uma referência da juventude latino-americana e de muitos movimentos sociais de novo tipo.

19. Mas, reconhecendo a necessidade de uma transformação cultural da esquerda, devemos ser realistas e, para conseguir avançar em nosso projeto, devemos trabalhar a partir do que foi herdado, buscando modificá-lo. Não devemos esquecer que, dadas às condições em que trabalhamos, vemo-nos obrigados a empregar quadros profissionais e técnicos que nem sempre compartilham o nosso projeto. Da mesma forma, temos que nos apoiar em um povo cuja cultura política está muito longe de ser a desejada. Também temos, muitas vezes, que trabalhar com partidos formados para lutar no terreno eleitoral e cheios de oportunistas que querem aproveitar sua adesão partidária para conseguir algum cargo ou prebenda, visto que, quem ocupa um cargo público goza de considerações especiais e privilégios (altos salários, subsídios especiais, boas moradias, passagens aéreas etc.). Em algumas ocasiões, temos que aceitar, temporariamente, que

---

12. HARNECKER, M. *Haciendo camino al andar.* Monte Ávila editores: Caracas 2005, p. 334-335. Publicado en: http://www.rebelion.org/docs/92120.pdf.

altos dirigentes do partido sejam, ao mesmo tempo, altos dirigentes do Estado, pela escassez de quadros muitas vezes explicável pela má política de promoção de novos quadros com capacidade de liderança. A isto se soma o constante perigo da burocratização dos quadros mais revolucionários, pois o aparato do Estado herdado costuma esmagar muitos deles: eles começam a abandonar a lógica revolucionária e trabalhar com a lógica administrativa ou a corromper-se.

20. Porém, além disso, estamos falando de processos de transição nos quais, junto ao novo setor socialista, cooperativo, guiado pela lógica da solidariedade, convivem e vão conviver durante um tempo setores privados guiados pela lógica capitalista do lucro máximo.

21. Isto levanta o problema, muito importante do ponto de vista econômico, de como assegurar que o modelo socialista seja o que vai direcionar o desenvolvimento do processo, evitando que a lógica capitalista prevaleça e acabe contaminando e desvirtuando os avanços sociais. Basta recordar o sucedido no Chile, de Allende, e o que agora mesmo sucede na Venezuela, para compreender até que ponto é importante resolver este problema.

22. Entretanto, neste momento, não vamos tratar deste tema; o que nos interessa agora é destacar que a existência dessa dualidade de modelos econômicos favorece o possível surgimento de práticas corruptas, já que o setor capitalista costuma oferecer vias de enriquecimento pessoal aos responsáveis do setor socialista, à margem dos princípios da solidariedade.

23. Por outro lado, pode haver outro tipo de corrupção, que é mais frequente nas economias socialistas do que nas capitalistas: ao haver a burocratização das primeiras, elas se estruturam de tal forma que os seus funcionários e quadros intermediários não mais respondem ao povo, mas ao superior que os designa. Como o futuro político desses funcionários e quadros não depende do povo a que devem servir, mas de seus superiores, é natural que fiquem mais inclinados a satisfazer as demandas hierárquicas do que as necessidades e aspirações populares.

24. Costuma acontecer, ainda, que, desejosos de agradarem seus superiores ou de conseguirem mais estímulos monetários, os

funcionários falsifiquem dados ou atinjam os resultados solicitados à custa da qualidade das obras. Foi comum, nos países socialistas, a tendência a aumentar os dados sobre a produção. Porém, isto não só é negativo do ponto de vista moral, mas também do ponto de vista político, porque, ao se falsificar os dados, não se informa sobre a situação realmente existente, impedindo assim que o partido ou o governo tomem a tempo as necessárias medidas corretivas.

25. A isto se acrescenta que aqueles que adulam os seus superiores costumam ser promovidos a cargos de maior responsabilidade, enquanto os que os criticam, adotando postura independente, são marginalizados, apesar de sua competência.

26. Por outro lado, como não se estimula o controle popular sobre o comportamento dos quadros funcionais, o desvio de recursos públicos para objetivos pessoais passa a ser algo muito tentador.

27. Nestas circunstâncias, é mais fácil entender por que a esquerda caiu mais uma vez em práticas corruptas que lhe tiraram a credibilidade, algo que nunca devemos perder porque temos que tornar nossas ideias convincentes. Deve-se lembrar de que um elemento essencial da esquerda deve ser a luta contra a corrupção, em particular dentro de suas próprias fileiras. Não há nada mais desmobilizador para a esquerda do que a corrupção.

28. Mais adiante falaremos de outras práticas que levam as pessoas a um desencanto da esquerda. Em seguida apontaremos algumas medidas para prevenir a corrupção.

2. Propostas para evitar a corrupção

2.1. Medidas pessoais

29. Para analisar o problema da corrupção, devemos partir da ideia de que o poder tende a corromper. Não só o poder exercido

pela oposição capitalista, mas também o poder exercido pelas forças de esquerda. Por razões aparentemente muito justificadas (falta de tempo, dedicação etc.), as pessoas no governo — embora revolucionárias — tendem a favorecer aos seus e, às vezes, o fazem sem grande consciência do que acontece, tendendo a receber prebendas, a aceitar altos salários etc.

30. Acredito que a única forma de evitar essa possibilidade é o controle a ser exercido por um pequeno grupo de pessoas do governo sobre esse tipo de funcionário. A função desse grupo seria adverti-lo sobre possíveis desvios que possam ser praticados na Administração Pública. Creio que esta deve ter sido uma das razões para que nossas organizações políticas se estruturassem a partir de núcleos ou células de base, como concebeu o PT (Partido dos Trabalhadores), do Brasil, em seus inícios[13], e como praticaram as comunidades de base e os partidos comunistas em vários países.

31. O presidente da República tem um papel crucial na campanha contra a corrupção; mas sozinho ele não pode ganhar a batalha. Para conseguir realizar este intento, esta batalha deve ser assumida por toda a sociedade.

32. No entanto, além desta medida pessoal, de o funcionário estar incorporado em um grupo que o controla, há também medidas sociais que podem ajudar na luta contra a corrupção.

2.2. Medidas sociais

a) Informação e transparência

33. Já dissemos que não pode haver uma luta bem-sucedida contra a corrupção se não houver transparência tanto nas entidades do Estado quanto nas organizações e empresas não estatais.

---

13. Para conhecer os inícios da vida do PT, ler o livro: *El sueño era posible*, Mepla, La Habana, 1994. Publicado en: http://www.rebelion.org/docs/95331.pdf.

34. Em alguns governos, como o de Kerala, na Índia, no primeiro governo comunista que tratou de construir a nova sociedade pela via pacífica, a transparência foi introduzida na lei. Todos os documentos do Plano, incluída a seleção das pessoas beneficiadas, as contas e comprovantes das obras etc., foram tornados públicos e sujeitos ao acesso de qualquer cidadão/a[14].

35. Para isso, livros abertos contendo todos os documentos devem estar disponíveis. E, no local onde o trabalho é realizado, deve ser colocado, de forma visível e no idioma local, um grande quadro-negro ou mural, no qual estejam exibidos todos os dados sobre as atividades e operações realizadas. Essas medidas também devem ser generalizadas às empresas estatais. Todo/a cidadão/ã deve poder se informar dos caminhos percorridos.

36. Além disso, os funcionários à frente de qualquer equipe de trabalho devem dar o exemplo neste quesito, como o fizeram o presidente boliviano Evo Morales e o vice-presidente Álvaro García Linera, que decidiram, voluntariamente, renunciar ao sigilo bancário de todas suas contas financeiras desde janeiro de 2006.

b) Comitês contra a corrupção incorporando a oposição nos distintos níveis do poder

37. Acreditamos que é importante imitar o governo de esquerda de Kerala, criando um Comitê Estatal contra a corrupção. Lá foi criado um grupo de sete membros, composto por: um juiz do Tribunal Superior, dois juízes distritais, dois secretários do governo e duas eminentes personalidades públicas selecionadas em consulta a líderes da oposição.

38. Incorporar o critério da oposição em fórmulas de execução e controle de distintas experiências tem sido fundamental para conseguir

---

14. Sobre a experiência de Kerala, ver o livro em formato eletrônico: *Estado Kerala, India: una experiencia de planificación participativa descentralizada* (FRANKE, Richard; HARNECKER, M y otros. Realizado em 2009 e publicado na página http://www.rebelion.org/docs/97086.pdf). Muitas das ideias expostas neste texto têm como referência a experiência de Kerala.

que as pessoas tenham confiança nos resultados deste e de outros comitês de controle.

39. Trata-se de Comitê com vastos poderes para verificar as malversações públicas a que governos locais podem incorrer no exercício de suas funções.

40. Este Comitê Estadual deveria ter o poder de ordenar medidas corretivas e punitivas se necessário. E, além dele, de escopo nacional, deveriam ser organizados outros, em âmbitos locais, com as mesmas características.

c) **Descentralização democrática**

41. Quando houver descentralização democrática, quando tudo o que puder ser feito em um patamar inferior for executado com a participação do povo, e a ênfase for colocada na transparência em todos os níveis, terão sido criadas as condições objetivas para reduzir a corrupção.

d) **Estabelecimento de uma Auditoria Social sobre as assembleias que integram o poder popular e as demais instituições populares**

42. É imprescindível estabelecer auditorias sociais regulares nas assembleias municipais e em todas as instâncias de participação popular e nos órgãos executivos. Esta medida obriga a transparência e ajuda muito a luta contra a corrupção.

e) **Campanhas educativas e publicitárias**

43. É muito importante um plano de campanhas educativas em todos os níveis de ensino, que utilize, de forma criativa, todos os meios de comunicação disponíveis: realização de concursos de ideias, de artes etc., para divulgar o prejuízo que a corrupção exerce e buscar o apoio da população para lutar contra ela, especialmente do setor mais jovem.

44. E, internamente, dentro das empresas estatais, será muito útil discutir com os trabalhadores a melhor maneira de usar o orçamento dessas empresas, realizando o que poderíamos chamar de orçamento participativo. Algo semelhante já foi feito na Universidade de Rosario, Argentina, onde esse processo participativo foi aplicado com sucesso[15].

f) Supressão de todo tipo de privilégios nos cargos públicos

45. Todos os privilégios concedidos àqueles que são servidores públicos, ou dirigentes políticos, devem ser eliminados, reduzindo salários preferenciais, bônus, diárias, privilégios com assistência médica ou hospitalar, residências de férias, pagamento de um número maior de assessores do que seria necessário e outras prebendas.

g) Enriquecimento pessoal durante seu mandato

46. Uma declaração juramentada de sua propriedade e a de seus familiares imediatos, antes de o funcionário ocupar um cargo público, é fundamental.

h) Punir os funcionários que caíram em corrupção

47. É necessário estabelecer um regime jurídico que, com as devidas garantias, puna, severamente, os funcionários e dirigentes políticos que tenham incorrido em ações de corrupção devidamente comprovadas, desabilitando-os, definitivamente, da ocupação de cargos político-administrativos.

i) Denúncia de práticas corruptas

48. Este regime deve facilitar a denúncia de práticas corruptas e garantir a proteção dos denunciantes e das testemunhas dessas

---

15. Sobre este tema, ver: Facultad de Ciencia Política y Relaciones Internacionales — Universidad Nacional de Rosario... *Presupuesto Participativo* (PP) de la Facultad de Ciencia Política y Sociales.

práticas, protegendo-os de represálias ou práticas intimidatórias. Porém, denúncias falsas também devem ser rigorosamente punidas.

49. Deve-se evitar o exercício de uma prática bastante generalizada de transferir funcionários suspeitos de corrupção para outros cargos. Em caso de acusação injusta, uma grande publicidade destes resultados deve ser realizada com igual ênfase.

j) Estabelecer tribunais locais de apelação

50. Outra providência útil é a instituição de um Tribunal de Apelações, em âmbito local, para receber reclamações se alguém for injustamente absolvido ou se uma determinada pessoa tiver sido injustamente julgada.

k) Licitação pública de todas as obras que o Estado empreenda

51. Para evitar favorecimento de projetos de amigos ou de pessoas que oferecem recompensa pela outorga de uma construção, é fundamental realizar licitação de todas as obras realizadas pelo Estado, em seus diferentes níveis, com todas as garantias necessárias à sua transparência.

II. PRÁTICAS DA ESQUERDA QUE CONTRIBUEM PARA O DESENCANTO

1. As pessoas comuns estão fartas do sistema político tradicional

52. No tópico anterior, referimo-nos como a corrupção afeta a credibilidade da esquerda e sustentamos que há uma série de características que dificultam o seu papel orientador e articulador.

53. Desconcerta a frequente adoção, por parte de alguns partidos de esquerda, de práticas que dificilmente se diferenciam dos procedimentos habituais nos partidos tradicionais. E isto ocorre quando "cada vez mais as pessoas rejeitam as práticas partidárias clientelistas, pouco transparentes e corruptas"[16], que só se aproximam do povo em momentos eleitorais, que perdem energias em lutas intestinas, de frações e pequenas ambições; em que as decisões são adotadas pelas cúpulas partidárias sem uma real consulta às bases e que prima pela liderança unipessoal sobre o coletivo[17]. "Repudia crescentemente as mensagens que ficam em meras palavras, que não se traduzem em atos[18]."

54. As pessoas comuns "estão fartas" do sistema político tradicional, das "mensagens que ficam em meras palavras" e nunca se traduzem em ações concretas[19]. As pessoas querem coisas novas, querem mudanças, querem novas formas de fazer política, querem uma política sadia, querem transparência e participação, querem recuperar a confiança.

2. Práticas que contribuem para o desencanto

55. A seguir assinalamos algumas das práticas que costumam ser usadas pela esquerda, especialmente pela esquerda partidária, e que — além da corrupção que assinalamos anteriormente — levam à perda de credibilidade.

---

16. HARNECKER, M. Introducción a un debate: Los desafíos de la izquierda, revista *Rocinante*, año III, n.18, p. 4, abril 2000,.

17. Coordenação Nacional da Consulta Popular. Um passo à frente estadunidense. Consulta Popular, Brasil, maio 2001 (Documento).

18. HARNECKER, M. Introducción a un debate: Los desafíos de la izquierda, *Op. cit.* p. 4.

19. HARNECKER, M. *La Izquierda en el umbral del Siglo XXI*. Publicado en: http://www.rebelion.org/docs/95166.pdf, parágrafo 1038.

2.1. Erros conceituais

a) Esquemas conceituais que agem como antolhos

56. A esquerda partidária teve dificuldade de se abrir às novas realidades. Muitas vezes ela permaneceu aferrada a esquemas conceituais que a impediam de aquilatar a potencialidade de novos sujeitos sociais, centrando seu olhar exclusivamente nos atores que tradicionalmente se mobilizavam, como os sindicatos, que hoje têm sido muito debilitados por diferentes fatores. Esta esquerda deve levar em conta as demais pessoas que se mobilizam.

57. Esta esquerda costuma não considerar, por exemplo, o movimento juvenil, que, depois de quase haver desaparecido durante vários anos, começa a despontar.

58. A aplicação reducionista do conceito de classe ao campesinato indígena levou a considerá-lo uma classe social explorada, que deveria lutar pela terra, como qualquer outro camponês; e a ignorar a importância do fator étnico-cultural que fez desse campesinato um setor social duplamente explorado, tanto do ponto de vista de classe, isto é, da sua situação em relação aos meios de produção, quanto do ponto de vista étnico.

b) Subjetivismo na análise da correlação de forças

59. Entre as coisas que devem ser rejeitadas está o subjetivismo na análise da correlação de forças. A este respeito, Bernardo Jaramillo, líder comunista colombiano e ex-presidente da União Patriótica, reconhece que há, na esquerda, uma tendência a "autoenganar-se; por exemplo: diz que consegue mobilizar milhares quando só mobiliza centenas." "Como pode uma força revolucionária liderar as massas dessa maneira?", pergunta ele, e acrescenta que: esteve na greve de outubro, de 1988, em Bogotá; percorreu a cidade durante todo o dia; esteve com os dirigentes da CUT [Central Única de Trabalhadores], na área industrial de Bogotá, e a greve não aconteceu. Portanto, "como pôde aparecer, em seguida,

na imprensa revolucionária, que a greve foi um êxito?". "Com base nisso — afirma —, nunca vamos a lugar nenhum. Mas a questão é que esse tipo de concepção, propagada pela nossa imprensa, é produto das concepções estalinistas que afirmam sempre termos razão, sempre sermos os melhores e que tudo o que fazemos dá resultado. Esse é o cerne do stalinismo, é o critério que, a meu ver, deve ser combatido; esse é o critério que nos leva a cometer erros graves[20]." É comum acontecer que os dirigentes, movidos por sua paixão revolucionária, tendam a confundir desejos com realidade. Não fazem uma avaliação objetiva da situação, inclinam-se a subestimar as possibilidades do inimigo e, por outro lado, a superestimar as próprias possibilidades.

60. "Confundimos, em parte, nosso estado de ânimo com o das massas", reconhece, autocriticamente, o comandante Roca[21]; e continua: "eu acredito que, sobretudo no final de 1988, a paixão subjetivista impregnou um pouco o Comando Geral. Não tenho problema em reconhecê-lo". Em janeiro de 1989, a informação que receberam fizeram com que vissem que a realidade era diferente. A incorreta apreciação da situação impediu, segundo o comandante salvadorenho, que se aproveitasse melhor a conjuntura desencadeada pela proposta eleitoral da FMLN.

61. "A única garantia de não se cometer esses erros é assegurar que a vanguarda seja capaz de avaliar a situação, não em função de seu estado de ânimo, mas após ter sentido o pulso do estado de ânimo das massas, do estado de ânimo do inimigo, da realidade internacional." Uma vez feita essa avaliação, é preciso buscar a fórmula política, militar, operativa e traçar as linhas de ação que permitam capitalizar toda essa situação. Não obstante o anterior, como se trata de um processo tão dinâmico, esse deve ser um trabalho cotidiano. Um trabalho que deve ser realizado sem jamais perder de vista que o sujeito da revolução são as massas, porque a revolução não se faz

---

20. JARAMILLO, Bernardo, em conversa com Marta Harnecker, janeiro, 1990 (texto inédito).
21. ROCA, Roberto. Entrevista inédita a Marta Harnecker e María Angélica Fauné, em julho de 1989.

a partir da intriga, da manobra política, ou das iniciativas no plano diplomático. Nisso se prova a arte, a capacidade de direção.

62. Mas também é importante que militantes e líderes intermediários sejam objetivos quanto a fornecer informações à sua liderança, evitando a tendência de contar os fatos como gostariam que eles fossem. Algumas vezes eles desinformam, em vez de informar, ao relatar, por exemplo, números aumentados de determinadas mobilizações ou ações.

63. Com isso, coloca-se em perigo a capacidade dos dirigentes para avaliar a situação na qual se vai atuar.

c) Generalizar a partir da experiência pessoal, sem levar em consideração a situação em seu conjunto

64. É lógico que as visões da realidade são diferentes, dependendo de onde as pessoas moram e do setor em que trabalham. A apreciação dos líderes que trabalham com setores mais radicalizados sobre a situação do país é diferente da apreciação dos líderes que realizam sua atividade política com setores mais atrasados.

65. Os quadros revolucionários que trabalham em um bairro popular combativo não têm a mesma visão do Chile daqueles que o fazem com os setores médios. Isto mesmo ocorre nos países onde existem zonas de guerra e espaços políticos. Os guerrilheiros que vivenciam enfrentamentos reais com o inimigo, que têm conseguido obter, graças a suas vitórias militares, o controle de determinadas zonas, tendem a acreditar que o processo revolucionário está mais avançado do que realmente está. Aqueles militantes que participam nos espaços legais dos grandes centros urbanos, têm visão diferente; nesses lugares, o poder ideológico e o controle militar do regime ainda são muito grandes.

66. "As valorações da Unión Patriótica e das FARC sobre o que ocorre no país são completamente diferentes, reconhece Bernardo Jaramillo, e acrescenta: isto me parece lógico. Estou desenvolvendo uma política de campo aberto, em contato permanente com as massas urbanas da sociedade colombiana; estou agindo na vida política de um

país de democracia restrita, e as FARC estão desenvolvendo uma ação armada na qual seu contato é com as massas camponesas cujas ações têm outras consequências políticas do que elas têm para mim...[22]."

67. Às vezes, os revolucionários se deslumbram com pequenos *flashes* de poder local que logram promover em alguns lugares do país. Estes são perfeitamente tolerados pelo inimigo porque não colocam em perigo a reprodução global de seu sistema. Por outro lado, êxitos locais os fazem esquecer que o inimigo ainda controla os pontos estratégicos nos quais se assenta seu poder.

68. Por isso é muito importante que, ao se analisar a situação, sejam superadas as apreciações subjetivas decorrentes da experiência pessoal, por si só, e se contemple o conjunto do país com suas áreas e setores mais avançados e mais atrasados.

2.2. Erros organizativos

a) Estilo autoritário impositivo de direção

69. Os movimentos populares e, em geral, os diferentes atores sociais que hoje estão nas principais trincheiras de luta para construir uma sociedade alternativa à sociedade capitalista, tanto em seus próprios países quanto em âmbito internacional, recusam, com razão, as condutas hegemônicas. Não aceitam a tentativa de imposição, de forma autoritária, da direção a partir de cima; da pretensão de conduzir o movimento por meio de ordens, por mais corretas que estas sejam.

b) Não saber escutar

70. Pode parecer indelicadeza dizer que é importante que os dirigentes máximos aprendam a escutar. Mas é fundamental que estes

---

22. JARAMILLO, Bernardo, entrevista já citada.

sejam capazes de assimilar as informações e opiniões dos outros, sobretudo quando estas não coincidam com as suas.

71. Se o líder não sabe escutar — diz o comandante Roca —, "para o qual é necessária uma grande dose de modéstia revolucionária; e, por outro lado, se informações falseadas são recebidas, o que acontece em seguida é que as linhas de ação não estarão em conformidade com as possibilidades reais de mobilização. E, depois, torna-se mais fácil atribuir o fracasso na consecução dos objetivos a uma falta de maturidade do povo. Se o povo não acompanha o ritmo requerido, o líder tem que se perguntar o porquê, o que está errado, e tem que ter a modéstia de reconhecer o que anda mal, e não descarregar a responsabilidade sobre outros"[23].

c) Atitudes sectárias

72. Este é um erro que a esquerda marxista tradicional arrasta desde a sua suposta condição de preeminência, como guardiã da ortodoxia marxista, quando o Partido subestimava os aportes de seus "companheiros de viagem".

73. Em sua forma mais extrema, só as ações dirigidas pelo Partido tinham valor. Uma vitória derivada da iniciativa de outra força, mesmo que fosse aliada, era pior que uma derrota.

74. E, na prática, o trabalho político foi substituído por manobras de salão para cooptar dirigentes de organizações de massa e eliminar rivais de outras forças de esquerda, destruindo qualquer possibilidade de colaboração entre essas forças.

75. Este erro, que ocorreu em muitas ocasiões, em partidos comunistas ortodoxos, reapareceu com mais frequência nos grupos separados daqueles que pretendem defender a pureza revolucionária e, infelizmente, persiste na nova esquerda, na qual o "patriotismo partidário" muitas vezes se impõe à lealdade com os companheiros de luta.

---

23. ROCA, Roberto, entrevista já citada.

76. É inaceitável que a esquerda partidária tenda a "partidarizar" — como dizem os uruguaios Enrique Rubio e Marcelo Pereira — todas as iniciativas e ações daqueles que lutam pela emancipação, em vez de se esforçar para articular suas práticas em um projeto político único[24]. Partidariza-se a luta quando esta se subordina à preeminência do Partido e a sua linha política.

77. No entanto, este erro, muito grave quando se trata de conflitos entre partidos de trabalhadores ou de origem marxista, é ainda mais grave quando tende a desconhecer a contribuição de forças que buscam, expressamente, representar outras classes ou setores, como os camponeses ou indígenas.

78. Esta esquerda parece ter esquecido que Lenin sempre enfatizou que a classe trabalhadora não pode adquirir consciência de classe se não for capaz de compreender e assumir, como seus, os interesses de todas as classes, camadas e grupos da população que são oprimidos pelo regime dominante. "Quem dirige a atenção, a capacidade de observação e a consciência da classe trabalhadora, exclusivamente, ou apenas de preferência, para si mesma, não é um social-democrata"[25] — escrevia o líder bolchevique em *O que fazer* —, pois o conhecimento de si mesma parte da classe trabalhadora; está inseparavelmente ligado à nitidez completa não só dos conceitos teóricos, ou melhor: não tanto nos conceitos teóricos, como nas ideias elaboradas com base na experiência da vida política, acerca das relações entre todas as classes da sociedade atual[26].

d) Manipulação das organizações populares

79. Deve-se reconhecer que houve uma tendência a considerar as organizações populares como elementos manipuláveis, como meras

---

24. RUBIO, Enrique y PEREIRA, Marcelo. *Utopía y estrategia, democracia y socialismo*, Ed. Trilce, Montevideo, Uruguay, 1994, p. 151.

25. Lenin emprega este termo como equivalente a militante revolucionário. Este significado não tem a ver com o uso atual do termo social-democrata.

26. Lenin, *¿Qué hacer?*, Obras Escogidas en tres tomos, T I, p. 75.

correias de transmissão da linha do Partido. Esta posição foi apoiada na tese de Lenin em relação aos sindicatos dos inícios da revolução russa, quando parecia haver uma relação muito estreita entre classe trabalhadora — Partido de vanguarda — Estado.

80. No entanto, poucos sabem — pela forma a-histórica e incompleta com que se tem lido — que esta concepção foi abandonada pelo líder russo nos últimos anos de sua vida, quando, em meio à aplicação da Nova Política Econômica (NEP) e suas consequências no âmbito laboral, previu o surgimento de possíveis contradições entre os trabalhadores das empresas estatais e os diretores de tais empresas; e argumentou que o sindicato devia defender os interesses de classe dos trabalhadores contra os empregadores, utilizando, se necessário, a luta grevista que, em um estado proletário, não estaria dirigida a destruí-lo, mas a corrigir seus desvios burocráticos[27].

81. "Esta tese mal digerida foi aplicada pela esquerda em seu trabalho, primeiro com o movimento sindical, e depois com os movimentos sociais. A direção do movimento, os cargos nos organismos de direção, a plataforma de luta, em suma, tudo se resolvia nas direções partidárias e, após, era indicada a linha a ser seguida pelo movimento social em questão, sem que este pudesse participar da gestação de nenhuma das coisas que mais eram de seu interesse[28]."

82. Essa mudança passou despercebida pelos Partidos marxistas leninistas que, até muito recentemente, pensavam que a questão da

---

27. Lenin dizia a respeito: Não podemos renunciar de nenhum modo à luta grevista, nem podemos admitir por princípio a lei sobre a substituição das greves pela mediação obrigatória do Estado. Por outro lado, evidentemente, o objetivo final da luta grevista sob o capitalismo é a destruição do aparato do Estado, o derrocamento do poder estatal de uma dada classe. Em um tipo de Estado proletário de transição, como o nosso, o objetivo final da luta grevista só pode ser o fortalecimento do Estado proletário e do poder estatal da classe proletária mediante a luta contra as deformações burocráticas desse Estado, contra seus erros e debilidades, contra os apetites de classe dos capitalistas que evitam o controle desse Estado etc. [...] (LENIN, Vladimir. Proyectos de tesis sobre el papel y las funciones de los sindicatos bajo la nueva política económica, en *Obras Completas*, Ed. Cartago, Buenos Aires, 1971, T 36, p. 109-110).

28. Ver parágrafo 1132, extraído do livro *La izquierda en el umbral*... p. 318.

correia de transmissão era a tese leninista para a relação do Partido com a organização social.

e) Trabalhar sem levar em conta as diferenças

83. Ainda há, na esquerda, dificuldade em trabalhar com as diferenças. A tendência das organizações políticas do passado, especialmente dos Partidos que se autodenominam Partidos da classe trabalhadora, sempre tratou de homogeneizar a base social na qual atuavam. Se esta atitude se justificou dada à identidade e homogeneidade da classe trabalhadora de épocas passadas, neste momento é anacrônica diante da presença de uma classe trabalhadora muito diferenciada e do surgimento de outros atores sociais muito diversos uns dos outros. Hoje, trata-se cada vez mais da unidade na diversidade, do respeito às diferenças étnicas, culturais, de gênero e de um sentimento de pertencimento a coletivos específicos.

84. É necessário realizar um esforço para conduzir os compromissos militantes, partindo das potencialidades próprias de cada setor, e ainda de cada pessoa que está disposta a se envolver na luta, sem buscar homogeneizar os atores. É importante ter uma sensibilidade especial para também perceber todos os pontos de encontro que possam permitir levantar, a partir da consideração das diferenças, uma plataforma de luta comum.

2.3. Erros políticos

a) Reduzir a ação política ao institucional

85. O trabalho de militância é, progressivamente, delegado a pessoas que ocupam cargos públicos e administrativos. A política é transformada em uma ação exclusivamente administrativa ou institucional. O esforço prioritário deixa de ser a ação coletiva para converter-se em ação parlamentar ou na presença midiática.

b) Deixar que a direita fixe o calendário das lutas da esquerda

86. A esquerda que respeita as instâncias democráticas está geralmente na defensiva. Ao limitar o trabalho político, salvo poucas exceções, a serviço da institucionalidade vigente, quase exclusivamente, isto é, ao adaptar-se às regras do jogo do inimigo, dificilmente o toma de surpresa. Cai-se no absurdo de que o calendário das lutas da esquerda seja fixado pela direita.

c) Ir às eleições no marco herdado sem denunciá-lo

87. "Quantas vezes não ouvimos queixas da esquerda contra as condições adversas nas quais se deu a campanha eleitoral, depois de constatar que não se alcançaram os resultados eleitorais esperados das urnas nas eleições? No entanto, essa mesma esquerda raramente denuncia em sua campanha eleitoral as regras do jogo impostas e coloca como parte dessa campanha uma proposta de reforma eleitoral. Pelo contrário, o que acontece, muitas vezes, é que, na procura de votos, em vez de realizar uma campanha educativa, pedagógica, que sirva para que o povo cresça em organização e consciência, emprega as mesmas técnicas para vender seus candidatos como aquelas utilizadas pelas classes dominantes."

88. "E isso determina que, em caso de um fracasso eleitoral, além da frustração, desgaste e endividamento da campanha, o esforço eleitoral não se traduza em crescimento político daqueles que foram receptores e atores, deixando a amarga sensação de que tudo foi em vão. Muito diferente seria a situação se a campanha fosse pensada, fundamentalmente, pelo ângulo pedagógico, usando o espaço eleitoral para fortalecer a consciência e a organização popular. Assim, mesmo que os resultados nas urnas não fossem os melhores, o tempo e os esforços investidos na campanha não seriam algo perdido[29]."

---

29. HARNECKER, M. *Reconstruyendo la Izquierda* (2006), p. 173, parágrafo 565, http://www.rebelion.org/docs/97076.pdf.

89. Alguns argumentam, com razão, que o culto à instituição tem sido o "cavalo de Troia" que o sistema dominante conseguiu introduzir "na mesma fortaleza da esquerda transformadora"[30], conseguindo miná-la por dentro.

90. A ação militante tende, então, a reduzir-se à data eleitoral, à colagem de cartazes e a algum ou outro ato público.[31]

d) Submeter-se a regras institucionais que fomentam o personalismo e afetam a unidade

91. Por outro lado, as próprias regras do jogo eleitoral impostas pelas classes dominantes dificultam a unidade da esquerda e fomentam o personalismo. E obrigam, em alguns países, a esquerda trabalhar pelo próprio Partido no lugar de fazê-lo por uma frente mais ampla.

92. A esquerda deve estar consciente deste problema e desenvolver regras internas que desativem os efeitos deste tipo de regras institucionais.

e) Contar com o financiamento da organização política quase que exclusivamente dos quadros institucionais

93. Infelizmente, o financiamento do partido provém, cada vez mais, da participação de seus quadros nas instituições do Estado: parlamento, governos locais, tribunais de controle eleitoral etc., com tudo o que isso implica de dependência e pressão.

---

30. CASTRO, David Hernández. "La revolución democrática (Otro mundo es posible)", documento preparado para la VI Asamblea Federal de la Esquerda Unida, Molina de Segura, Murcia, 6 de setembro de 2000.

31. Esta situação descrita por David Hernández, ao se referir à Esquerda Unida espanhola no texto assinalado, é, como se pode constatar, generalizável à esquerda institucional latino-americana (Ibidem).

2.4. Erros de comunicação

a) Mensagens e consignas mecanicamente repetidas sem considerar a evolução da realidade

94. Muitos ativistas da esquerda tendem a, simplesmente, repetir, de forma mecânica, mensagens e consignas sem considerar a quem estão se dirigindo e nem a ocorrência de fatos que justificariam uma modificação destas.

95. Referindo-se à prática da FMLN a este respeito, um dos seus comandantes — Fermán Cienfuegos — escreveu: "Quando todos os discursos e mensagens são feitos do mesmo tecido e transmitidos da mesma forma e com as mesmas palavras, proferidas no mesmo tom e pelo megafone, quando os anos passam e a marca e o *slogan* não mudam, a palavra é desvalorizada. É moeda que já não compra a imaginação de ninguém".

96. "Isto aconteceu em boa medida com a propaganda revolucionária. As pessoas se cansam de textos dos manuais, em que os conceitos são aplicados mecanicamente e a realidade parece não mudar. Nada é mais idealista do que isso, nada é tão carente de materialismo como essa imobilidade teórica e abstrata, esse osso sem carne. Como é possível ler um livro de 20 anos atrás e descobrir que ele diz a mesma coisa que a mensagem de hoje? Como podemos não mudar o discurso? [...] Não há novos problemas na revolução? Como é possível que não sejamos capazes de criar novas consignas? Às vezes temos sintomas de arteriosclerose ideológica. [...] Devemos evitar toda forma de doutrinação que simplifique a verdade, transformando-a em meras consignas, ou escondendo-a, ou manipulando-a. Às vezes caímos nesse truque enganoso de doutrinação por comodidade para ganhar tempo, por impaciência[32]."

---

32. CIENFUEGOS, Fermán (Eduardo Sancho). "Propaganda, democracia y revolución", artigo de julho de 1989, em *Estudios Centroamericanos (ECA)*, p. 562-563.

b) Mensagens uniformes não adaptadas às pessoas que se quer mobilizar

97. Muitas vezes os dirigentes de esquerda transmitem mensagens não adaptadas às pessoas que querem mobilizar.

98. É de nosso interesse lembrar aqui o que Facundo Guardado narrou-nos, em maio de 1989, em relação às bandeiras de luta e ao tipo de massas que, segundo elas, se movem. "Até poucos dias atrás", disse ele, "estava trabalhando com um companheiro que é responsável pelo trabalho do nosso bairro e perguntei-lhe: 'Quantas pessoas temos nos bairros que são uma base segura que você pode mobilizar para qualquer marcha de conteúdo político, ou o que seja?'. 'Nós garantimos 300 pessoas', respondeu ele. 'Quanta base temos para levar para as ruas de San Salvador pelas reivindicações do bairro?'. 'Ah, bem!'. Ele me disse: 'Aí garantimos que mil pessoas saiam e que essas mil pessoas também possam sair em uma situação de movimento mais amplo. Agora, se a chamada for feita apenas pelas organizações mais radicais, essas mil pessoas não saem; mas, se outros setores fizerem isso ao mesmo tempo, você pode alcançar esse número ou mais'[33]."

99. Quando se planeja uma mobilização, é fundamental determinar que tipo de pessoas se quer movimentar. A mensagem deve ser muito diferente se o objetivo é mobilizar os mais radicalizados ou amplos setores da população.

100. Mas também é importante que os militantes e líderes intermediários sejam objetivos ao entregar a informação. Algumas vezes eles desinformam, em vez de informar, ao proporcionarem, por exemplo, cifras elevadas para certas mobilizações ou ações.

---

33. GUARDADO, Facundo. *Métodos correctos para movilizar a las masas*. Entrevista a Marta Harnecker, junho de 1989. Este texto apareceu, junto com *Movimiento de masas urbano en situación de guerra*, em uma entrevista ao mesmo dirigente, em um folheto de nossa Biblioteca Popular, sob o título *Movimiento de masas urbano antes y durante la guerra*.

2.5. O tema econômico: um elemento-chave na crise da esquerda

101. O atual vice-presidente da Bolívia, Álvaro García Linera, analisou de maneira brilhante aspectos objetivos dessa crise da esquerda em sua Conferência de 27 de maio, de 2016, na Universidade de Buenos Aires.

102. Aqui gostaríamos de nos referir a um dos temas que ele abordou: o tema econômico que, em geral, está ausente do discurso da esquerda.

103. Concordo com o ponto de vista do vice-presidente boliviano de que, nesses processos de construção de alternativas ao neoliberalismo, a "economia é decisiva". Segundo ele, "na economia estamos jogando nosso destino como governos progressistas e revolucionários".

104. Devemos deixar claro que não há discurso que valha a pena se não vem acompanhado da satisfação das necessidades básicas da população. E, por isso, a direita decidiu tirar proveito dessa fraqueza da esquerda para atacá-la neste terreno.

III. NECESSIDADE DE UM INSTRUMENTO POLÍTICO DE ACORDO COM CADA REALIDADE

1. Por que é necessária uma organização política

105. As recentes mobilizações ocorridas na América Latina e no mundo confirmam o que Lenin escreveu em 1914: "quando as massas carecem de organização, estão privadas de uma vontade única", e, sem ela, não podem lutar contra a poderosa "organização terrorista" dos estados capitalistas[34].

---

34. Essas palavras foram escritas para explicar por que as massas proletárias europeias não se mobilizaram, em 1914, em plena crise provocada pela guerra. O dirigente bolchevique

1.1. Uma instância que ajude a superar a dispersão

106. "Para que a ação política seja eficaz, para que as atividades de protesto, de resistência e de luta consigam, realmente, mudar as coisas, para que explosões sociais levem a revoluções, para que as revoluções se consolidem, é necessária uma instância política que ajude a superar a dispersão e a atomização do povo explorado e oprimido, criando espaços de encontro para aqueles que têm diferenças, mas lutam contra um inimigo comum; que seja capaz de potencializar as lutas existentes e promover outras, orientando as ações baseadas em uma análise da totalidade da dinâmica política; que sirva de instrumento articulador das múltiplas expressões de resistência e de luta[35]."

107. A história das revoluções triunfantes confirma, de forma clara, o que pode ser alcançado quando há uma organização política capaz, em primeiro lugar, de "levantar um programa alternativo de natureza nacional"[36] e oferecer plataformas de luta que permitam canalizar as ações dos vários atores sociais para um objetivo comum, dotando milhões de homens de uma vontade única.

108. Esta instância política "é como o pistão em uma locomotiva"[37], que transforma a força do vapor no movimento que, transmitido às rodas, faz com que a locomotiva se mova, e com ela todo o trem. A sólida coesão organizativa não só dá maior capacidade objetiva para agir, como também cria um clima interno que possibilita uma intervenção enérgica nos acontecimentos e um aproveitamento das oportunidades que eles oferecem. É preciso ser lembrado que, na política, não se deve apenas ter razão, mas tê-la a tempo e contar com a força para materializá-la.

---

sustentou que estas não puderam atuar, organizadamente, porque sua organização, criada de antemão, as havia traído, e de um momento para outro não puderam improvisar outra nova. (Lenin, *La bancarrota de la II Internacional*, junio 1915, T 22, p. 336.)

35. HARNECKER, M. *Ideas para la lucha*, El viejo Topo, Barcelona 2017, parágrafo 5, p. 23.
36. *Op. cit.*, parágrafo 3, p. 22.
37. *Op. cit.*, parágrafo 4, p. 22.

109. Pelo contrário, a falta de ideias claras sobre o porquê lutar e a sensação de não contar com instrumentos sólidos capazes de levar à prática as decisões tomadas influem negativamente, favorecendo uma ação paralisadora.

1.2. Uma oficina de pensamento estratégico

110. É necessária uma entidade que crie as condições para o desenvolvimento de uma proposta, programa ou alternativa de projeto nacional ao capitalismo, que sirva como uma carta de navegação para orientar, para não perder o rumo, para avançar com precisão em direção ao objetivo perseguido, de modo a não confundir o que precisa ser feito logo, para saber quais passos precisam ser dados e como dá-los; isto é, é necessária uma bússola que permita que o barco não extravie e chegue com segurança a seu destino.

111. Esta é uma tarefa que — como diz Farruco Sesto — "requer tempo, pesquisa, conhecimento da realidade nacional e internacional. Não é algo que possa ser improvisado de um dia para outro, e menos no mundo complexo em que vivemos. Este projeto deve se refletir num programa que cumpra o papel dessa carta de navegação de que falávamos e que se concretize num plano nacional de desenvolvimento"[38].

112. Sempre terá que haver uma elaboração inicial pela organização, mas precisamos ter em mente que este programa deverá continuar sendo enriquecido e modificado a partir da prática social, das opiniões e sugestões dos atores sociais, porque, como dissemos, o socialismo não pode ser decretado de cima, ele deve ser construído com as pessoas.

113. Rosa Luxemburgo não se cansou de repetir que o caminho para o socialismo não é desenhado com antecedência, que tampouco

---

38. SESTO, Farruco. ¡Qué viva el debate! Editorial Pentagráfica, Caracas, 2009, p. 10-11. Citado em: Un mundo a construir, nuevos caminos, parágrafo 689.

há fórmulas nem esquemas predeterminados, já que "a classe proletária moderna não conduz sua luta de acordo com algum esquema reproduzido de um livro ou de uma teoria, mas a luta moderna dos trabalhadores é um pedaço da história, um pedaço de evolução social e, no meio da história, no meio da evolução, no meio da luta, aprendemos como devemos lutar"[39].

114. O instrumento político deve promover um debate constante sobre as grandes questões nacionais, a fim de enriquecer esse plano e os programas concretos que possam ser derivados dele. Concordo com Farruco Sesto[40] que este debate não pode ser limitado a um mero confronto de ideias, mas deve "levar à construção coletiva de ideias e de respostas aos problemas". "[...]. Alguns argumentos somados ou contrapostos a outros, permitirão a elaboração de uma verdade compartilhada".

115. A organização política deveria ser — de acordo com Farruco — "uma grande oficina de pensamento estratégico implantado em todo o território [...]". Penso, particularmente, que o instrumento político não deve apenas estimular um debate interno, mas também incentivar a criação e a participação ativa em espaços de debate público — como os que mencionamos anteriormente — sobre questões de interesse mais geral, convocando todas as cidadãs e os cidadãos interessados.

116. Por isso, concordo novamente com o autor quando diz que, como o Partido não é algo isolado do povo, mas tem que fazer "sua vida no povo", o lugar ideal para o debate é o "seio do movimento popular". E que "se uma das linhas estratégicas da revolução é transferir o poder ao povo, isso implica a transferência da capacidade,

---

39. LUXEMBURGO, Rosa. *La huelga política de masas y los sindicatos*, Discurso en Hagen, out. 2010, en: Luxemburg, R. *Obras escogidas*, México, Era, 1978, p. 478. Citado en: *Un mundo a construir...*, parágrafo 688.

40. *Op. cit.* Ver: *Un mundo a construir...* parágrafos 688 a 693. Neste mesmo sentido, vai a seguinte afirmação de Alejandra Kollontai: "Temores à crítica e à liberdade de pensamento, combinados com o desvio burocrático, produzem-se, amiúde, resultados nefastos. Não pode haver autoatividade sem liberdade de pensamento e de opinião, já que a autoatividade se manifesta não só em iniciativas, ação e trabalho, mas também em pensamento independente". Ver: *On bureaucracy and self activity of the masses*. Este texto pode ser encontrado em: www.marxists.org.

não só de decisão, mas da elaboração dos fundamentos da decisão. [Porque] produzir ideias e clarificar os caminhos é a mais importante das atividades no exercício do poder"[41].

1.3. Uma condução que elabore os passos a seguir

117. O instrumento político não só é necessário para coordenar o movimento popular e promover a elaboração teórica, mas também para definir estratégia. Uma condução política é necessária para elaborar os passos a seguir rumo à implementação das propostas teóricas, de acordo com a análise da correlação de força existente. Só assim as ações poderão ser lançadas no momento e no lugar oportuno, sempre procurando o elo mais fraco da cadeia inimiga, aproveitando o vapor contido na caldeira no momento decisivo, tornando-se força motriz, evitando, assim, que se desperdice. Claro que, como diz Trotski, o que move as coisas não é o pistão, mas o vapor, ou seja, a energia que surge das massas mobilizadas.

2. Vencer o bloqueio subjetivo

119. Reconhecemos que o terreno não é fértil para escutar essas ideias. Há muitos que nem sequer concordam em discuti-las. E adotam esta atitude porque as associam às práticas políticas antidemocráticas, autoritárias, burocráticas e manipuladoras que descrevemos em outros textos e que, infelizmente, caracterizaram muitos partidos de esquerda.

120. Eu acredito que é fundamental superar esse bloqueio subjetivo, porque estou convencida, como disse antes, de que não haverá luta eficaz contra o atual sistema de dominação, nem construção de

---

41. *Op. cit.*, p. 27 e 28.

uma sociedade alternativa, socialista, sem uma instância capaz de articular todos os atores e de unificar a vontade de ação destes em torno de metas propostas.

121. Concordo com pensamento de Hardt e Negri de que a ressurreição e a refundação da esquerda só serão possíveis com base em novas práticas, novas formas de organização e novos conceitos[42]; mas acho paradoxal que, de um lado, reconheçam: que vivemos em um "estado de guerra global"[43], que a democracia plena que buscamos ainda está para ser construída, que justifiquem o uso da violência para se defender do poder imperial, que afirmem que a multidão "vai precisar de um projeto político para dotá-la de existência"[44] e que "deva ser capaz de tomar decisões e de agir em comum"; e, por outro lado, rejeitem, ao mesmo tempo, a ideia de que haja um "posto de comando central"[45] e não proponham nada que permita levar à prática este processo de tomada de decisões para a ação comum.

3. Por que instrumento político e não partido político

3.1. Lenin contra uma visão universal

122. Por causa do desprestígio crescente da política e dos políticos, muita gente tende a rejeitar o termo Partido. É por isso que prefiro falar de instrumento político.

123. Mas essa não é a única razão; há mais uma razão de fundo que procura sublinhar o caráter instrumental que toda organização política revolucionária deve ter.

---

42. Hardt y Negri, *Multitud*, Random House Mondadori, Barcelona (España), 2004, p. 275.
43. *Op. cit.*, p. 257. "Notas sobre el tema de la vanguardia y la estructura orgánica".
44. *Op. cit.*, p. 260.
45. *Op. cit.*, p. 259.

124. Se o objetivo é conduzir a luta dos setores populares, as questões organizacionais não podem ser transformadas em um objetivo em si, mas em uma ferramenta para alcançar esse objetivo[46].

125. E como a forma na qual se baseia essa luta depende da realidade de cada país, não pode haver uma única fórmula de organização; ela deve ser adaptada às características de cada realidade social.

126. Ao contrário de muitos de seus seguidores, desde suas primeiras tentativas de criar um Partido revolucionário na Rússia, "Lenin tinha clareza absoluta de que não se tratava de fabricar uma fórmula universal". Ele sabia muito de perto como a democracia social europeia, que operava regimes democráticos burgueses, estava organizada: para travar a luta eleitoral, ela havia se organizado em partidos legais fortes e, por isso, suas características não podiam ser transferidas, mecanicamente, para a Rússia czarista, cujo regime autocrático impedia qualquer organização política aberta. Nem poderia ser empregado o modelo das velhas organizações clandestinas revolucionárias russas, embora fosse necessário aprender com elas determinadas técnicas conspiratórias[47].

127. Então, o que fazer para criar um Partido revolucionário na Rússia — um país no qual havia um Estado terrorista e que tinha uma classe trabalhadora minoritária, mas altamente concentrada e muito combativa? De acordo com o líder bolchevique, o que devia ser feito era criar um Partido fechado de militantes disciplinados, verdadeiros quadros revolucionários, e com eles ir "ao encontro do movimento espontâneo dos setores populares ou, mais precisamente, do proletariado das fábricas, [criando] a organização desse movimento adequada às condições" do país[48].

---

46. GUTIÉRREZ, Nelson. "Notas sobre el tema de la vanguardia y la estructura orgánica", 2 de setembro de 1989. Trabalho inédito.

47. LENIN, *Nuestra tarea inmediata* (no antes de oct. 1899), T. 4, p. 221.

48. LENIN, *Op. cit.*

128. "Lenin tinha clareza absoluta de que não se tratava de fabricar uma fórmula universal. Ele sempre concebeu o Partido como o sujeito político por excelência da transformação social, como o instrumento para exercer a condução política da luta de classes — luta que sempre se dá em condições históricas, políticas e sociais específicas — e, portanto, considerava que sua estrutura orgânica devia se adaptar à realidade de cada país e modificar-se de acordo com as exigências concretas da luta[49]."

3.2. A Terceira Internacional e os Partidos comunistas

129. "Essas primeiras ideias de Lenin foram ratificadas no III Congresso da Internacional Comunista, em 1921. Um de seus documentos argumenta que "não pode haver uma forma de organização imutável e absolutamente conveniente para todos os Partidos comunistas. As condições da luta proletária se transformam incessantemente e, conforme essas transformações, as organizações de vanguarda do proletariado também devem, constantemente, buscar novas formas [...]. As peculiaridades históricas de cada país determinam, por sua vez, formas especiais de organização para os diferentes partidos[50]."

130. No entanto, apesar dessas orientações da Internacional, na prática, os Partidos comunistas seguiram um mesmo modelo, não obstante as diferenças entre os diversos países onde foram criados.

131. Isso poderia ser explicado, de alguma forma, se se levassem em conta dois critérios que Lenin considerava de aplicação universal.

---

[49]. HARNECKER, M. *Reconstruyendo la izquierda* (2006), parágrafo 175, http://www.rebelion.org/docs/97076.pdf.

[50]. Tesis sobre la estructura, los métodos y la acción de los partidos comunistas. Internacional Comunista, Los cuatro primeros congresos de la Internacional Comunista, segunda parte, em *Cuadernos de Pasado y Presente* n. 47, Buenos Aires, 1973, p. 66. Citado en: *Reconstruyendo la esquerda*, parágrafo 176.

O primeiro referia-se à concepção do Partido revolucionário como Partido da classe trabalhadora, e o segundo, à exigência de que, para pertencer à Internacional Comunista, cada um destes Partidos devia, necessariamente, adotar o nome de Partido Comunista.

132. Estes critérios foram aplicados, muito dogmaticamente, pela seção da Internacional responsável pela América Latina. Sua influência foi muito perniciosa. Seus dirigentes dedicaram-se a transladar fórmulas já desenvolvidas para um Terceiro Mundo não diferenciado, sem saber da especificidade do nosso e dos diferentes países que fazem parte dele. Sem ir longe demais, lembremo-nos dos problemas que Mariátegui enfrentou por não acatar a decisão da Internacional sobre o nome do Partido operário que ele fundou e que denominou de Partido Socialista, e não Comunista, como se exigia para integrar a organização internacional.

3.3. São ignorados importantes setores populares

133. "A ênfase colocada na forma acrítica da classe trabalhadora conduziu, em nossos países latino-americanos — onde o cristianismo e, especialmente, a religião católica, e os fatores étnico-culturais, têm um peso muito maior do que em países avançados —, ao hábito de ignorar as especificidades do nosso sujeito social revolucionário; de não entender o papel que cristãos e indígenas poderiam desempenhar em nossas revoluções[51]."

134. É óbvio que, nestes momentos, em nossos países, a luta popular está se desenvolvendo em circunstâncias muito distintas das da Rússia czarista. Mas também é óbvio que a Venezuela não é Cuba nem Nicarágua, tampouco a Bolívia é igual ao Equador. Em cada país existem diferentes circunstâncias que medeiam a estratégia e modificam as formas de luta popular. Por isso, não creio que seja útil

---

51. HARNECKER, M. *Reconstruyendo la esquerda*, parágrafo 180.

propor um modelo único com a estrutura formal que o instrumento revolucionário deveria ter.

135. O erro de muitos Partidos e movimentos na América Latina é que estes têm priorizado o problema da estrutura organizacional sobre as necessidades da luta, quando deveria ser o contrário.

136. Uma maneira pela qual isso se expressa tem sido a tendência de aplicar formas muito sofisticadas de organização que não correspondem ao próprio desenvolvimento do movimento revolucionário, copiando-as de outras experiências que têm muito pouco a ver com a sua. Um desvio extremo de alguns grupos de esquerda, na América Latina, que se definiram em favor da luta armada, foi a criação de estruturas e comandos militares sem possuir qualquer força militar.

IV. A PRÁTICA NA MUDANÇA DA CONSCIÊNCIA

137. É a sua situação de classe explorada e o interesse do empregador em manter esta situação que fazem com que a classe trabalhadora, ao lutar por suas reivindicações imediatas, vá entrando em conflito com os interesses dos patrões e estabelecendo, primeiro, uma diferença e, depois, uma oposição entre os seus interesses de classe e os interesses da classe dominante; sua luta já não é mais uma simples luta econômica para melhorar suas condições de trabalho, ou vender sua força de trabalho, mas assume um caráter cada vez mais político. Começa questionando os aspectos parciais do regime capitalista, mas, em seguida, chega à convicção de que seus problemas não têm solução dentro deste sistema e, por isso, deve lutar para construir uma sociedade governada por outra lógica. A partir desta experiência prática, cada vez mais complexa, surge uma tomada de consciência, uma ideologia própria, que não está mais inscrita na ideologia da classe dominante.

1. Marx e a aprendizagem por meio da prática

138. Lembremos que Marx dizia que é na prática revolucionária que o processo de constituição da consciência está enraizado. E é através dela que "a classe em si se torna classe para si"[52].

139. E Engels reafirmava essa ideia ao argumentar — referindo-se à classe trabalhadora norte-americana — que o importante "não era tanto introduzir-lhe a teoria, como queriam alguns socialistas alemães residentes naquele país, mas fazer com que a classe trabalhadora se colocasse em movimento como classe porque, uma vez que isso fosse alcançado, em breve ela encontraria o caminho seguro. O importante, primeiro, era unir a massa em âmbito nacional, não importava com que plataforma, desde que a consolidação nacional desse movimento não fosse adiada"[53].

140. Acho extremamente interessante, neste sentido, as críticas que Marx e Engels faziam àqueles que, na época, valorizavam a posse da ciência mais do que a experiência prática do povo e, como resultado, argumentavam que os postos parlamentares deviam estar nas mãos de pessoas que tivessem tempo para se familiarizar com os assuntos a discutir, possibilidade que os trabalhadores não tinham. Marx e Engels, ironizando, lhes diziam: "Então escolham burgueses!". E mais adiante expressavam: "Não podemos marchar com aquelas pessoas que gritam que os trabalhadores são muito ignorantes para se emanciparem por eles mesmos e que devem ser libertados de cima, por filantropos burgueses ou pequenos-burgueses"[54].

---

52. Marx, *Misère de la philosophie*, Ed. Sociales, Paris, 1968, p. 177-178

53. Engels, Carta a Florence Kelley-Wischnewetzky, Londres, 28 dic. 1886, in: *Obras escogidas en tres tomos*, Editorial Progreso, 1974, T. 3, p. 509-510.

54. Marx y Engels a Bebel, W. Leibknecht, W. Bracke et autres, *Lettre circulaire à propos du "manifeste des tríos de Zurcí"* (se trata de Hoechberg, Berstein y Schram), *Obras Escogidas* en francês, v. 2, p. 525 s. Marx e Engels resumiam assim o pensamento destes personagens: [...] *A classe trabalhadora é incapaz de libertar-se por sua própria força. Para fazê-lo, deve colocar-se sob o molde dos burgueses instruídos e proprietários, que são os únicos que têm a possibilidade e o tempo de aprender a fundo o que pode servir aos trabalhadores*" (OE. v. 2 em francês, p. 527.)

141. Tudo isso é consistente com a concepção de Marx da transformação da "classe em si" (influenciada pela cultura burguesa) em "classe para si", ou seja, em uma classe que promove o surgimento de uma concepção do mundo diferente da concepção do mundo burguês, para a consciência de ser uma classe diferente.

142. Dizer que a classe trabalhadora pode adquirir consciência de classe por meio de sua participação na luta de classes não significa, no entanto, que se desconheça que sua consciência espontânea está muito influenciada pelas ideias e valores das classes dominantes; ideias e valores estes que, transmitidos através de distintos aparatos ideológicos do Estado, dentre os quais os meios de comunicação de massa, monopolizados por grandes consórcios transnacionais, exercem, atualmente, papel fundamental.

143. Em tempos normais, de calma, pareceria que os trabalhadores não poderiam escapar dessa influência negativa e da manipulação da consciência que é feita através de todos esses instrumentos: é como se redes invisíveis os encerrassem em uma armadilha da qual não poderiam escapar, a menos que ocorresse uma tempestade.

144. Por isso, é justamente quando são abertos períodos de luta, que este confronto lhes permite descobrir que as leis favorecem os proprietários de fábricas e que a polícia não serve para proteger o bem comum, mas os interesses dos patrões. Tudo isso vai permitindo uma consciência gradual do antagonismo entre seus interesses, como trabalhadores, e os dos donos dos meios de produção. Os trabalhadores vão adquirindo uma compreensão crescente de que todo o sistema institucional favorece a esses senhores.

145. Os confrontos de classes são "a escola política viva", a escola "na luta e pela luta" da qual falava Rosa Luxemburgo[55]. A revolucionária alemã não nega a necessidade de o proletariado ter um alto

---

55. LUXEMBURGO, Rosa. *La huelga política de masas y los sindicatos,* Discurso en Hagen, oct 2010, em: Luxemburg, R. *Obras escogidas,* México, Era, 1978, p. 478. Citado en *Un mundo a construir, nuevos caminos,* parágrafo 688.

grau de educação política, de consciência de classe e de organização, mas argumenta que ele não pode aprender tudo isso em folhetos ou em panfletos, mas na luta.

2. Lenin e a aprendizagem em períodos revolucionários

146. E o próprio Lenin — a quem tem sido incorretamente atribuída a defesa da necessidade de introduzir a teoria marxista no movimento operário como a única maneira de superar o economicismo a que este movimento tende espontaneamente — argumentava, reafirmando o dito por Marx e Engels, que a experiência prática desempenha um papel fundamental na formação da consciência de classe. Segundo ele, "o conhecimento de si mesma, por parte da classe trabalhadora, está inseparavelmente vinculado, não só a uma compreensão teórica absolutamente clara — ou dito melhor: não tanto teórica, como prática — das relações entre todas as classes da sociedade atual, compreensão adquirida através da experiência da vida política"[56]. Esta formação da consciência é muito favorecida nos períodos revolucionários pela "marcha dos acontecimentos", uma vez que as revoluções desmascaram os verdadeiros interesses das diferentes classes que, em tempos pacíficos, podem enganar o povo com a sua demagogia[57].

147. Em meio ao processo revolucionário russo, de 1917, o líder bolchevique faz a seguinte comparação: "[...] assim como toda virada que sobrevém na vida de um indivíduo ensina-o e o faz viver e sentir muitas coisas, a revolução oferece, em pouco tempo, tudo ao povo, os ensinamentos mais profundos e mais preciosos".

---

56. LUXEMBURGO, Rosa. *Op. cit.*, p. 467.
57. LENIN. Nuevas tareas y nuevas fuerzas (23 feb.1905), *Obras completas*. T. 8, p. 223.

148. E continua: "Em tempos revolucionários, milhões de homens aprendem em uma semana mais do que em um ano inteiro de rotina e vida sonolenta. Pois, nestas curvas ásperas da vida, um povo inteiro vê com clareza especial quais os fins que as diferentes classes sociais perseguem, de que forças dispõem, com que meios atuam"[58].

149. Concluindo, os setores populares podem despertar e serem capazes de desmascarar os verdadeiros interesses que movem os diferentes setores sociais em tempos de grandes comoções sociais e de revoluções. Nesses momentos, as classes dominantes tiram a máscara e revelam seus métodos de luta. Os povos se politizam e aprendem com uma velocidade inimaginável[59].

150. O golpe militar de 11 de abril de 2002, na Venezuela, contra o presidente democraticamente eleito Hugo Chávez permitiu que a população visse quem era quem: os comandos golpistas, dentro das Forças Armadas, foram desmascarados; as intenções fascistas de muitos dos políticos da oposição, que se autoproclamavam democratas, tornaram-se evidentes. O nível de consciência política nos setores populares aumentou enormemente. O povo aprendeu em poucos dias muito mais do que poderia ter aprendido durante anos por meio de leituras.

3. A prática transforma a consciência

151. Esta experiência de luta não só contribui para aclarar a cabeça dos trabalhadores, sua maneira de ver o mundo, mas vai

---

58. LENIN. Enseñanzas de la revolución, (jul-sep. 1917), *Obras escogidas en tres tomos*, T. 2, p. 21; *Obras completas*, T. 26, p. 309.

59. "Durante a revolução, milhões e milhões de homens aprendem em uma semana mais que em um ano de vida rotineira e sonolenta. Pois nestas viragens bruscas da vida de todo um povo se vê com especial clareza quais fins perseguem as diferentes classes, que força possuem, e que métodos utilizam" (LENIN, Vladimir. Las enseñanzas de la revolución, en: *Obras completas*, T. 26, Ed. Cartago, Buenos Aires, 1970, p. 309.)

transformando-os interiormente, vai criando neles a sensação de que, unidos a outros trabalhadores, podem tornar-se uma força que poderá obter triunfos frente aos patrões, ir conquistando coisas. Nesta prática de luta, vão adquirindo autoestima; vão se sentindo cada vez mais capazes de atingir seus objetivos, vão se transformando cada vez mais em sujeitos do processo no qual estão inseridos.

152. Como Michael Lebowitz diz, Marx entendeu muito bem que as pessoas não são estáticas; que a luta por satisfazer necessidades materiais pode produzir novas pessoas com novas necessidades radicais; daí a sua tese sobre o autodesenvolvimento da classe trabalhadora através de suas lutas. E ainda que as necessidades que pretendam resolver não se encaminhem para além do capital, o próprio processo de luta as transforma; transforma-as em pessoas com uma nova concepção de si mesmas: elas começam a se ver como sujeitos capazes de mudar o mundo em que vivem[60].

153. A própria experiência é uma dimensão insubstituível, pois só por meio dela são formados os sujeitos da transformação. Construir esses sujeitos implica autoeducação das massas no decorrer de sua própria experiência de luta[61]. E essa experiência prática faz com que surjam, nos trabalhadores, cada vez mais perguntas, mais ânsias para compreender e conhecer; vão se criando necessidades de adquirir conhecimentos cada vez mais profundos da realidade na qual esses sujeitos estão imersos e possíveis soluções para os seus problemas. Por isso é tão distinto ensinar o marxismo academicamente nas universidades e ensiná-lo aos trabalhadores imersos na luta. Para os primeiros costuma ser um conhecimento a mais; para os segundos, uma arma de luta.

---

60. LEBOWITZ, Michael. *Más allá de el capital*, Instituto Cubano del Libro, Editorial de Ciencias Sociales, La Habana, Cuba, p. 280.

61. PITTALUGA, Roberto. Reflexiones en torno a la idea de espontaneidad. en: LUXEMBURGO, Rosa, en: *Revista de política y cultura El Rodaballo*, Ediciones El cielo por asalto, año V, n. 9, 1998-99.

4. Conhecimento direto e conhecimento indireto

154. Do exposto, vemos que é necessário diferenciar — como diz o pesquisador argentino Lito Marín — dois tipos de conhecimento: aquele que pode ser acessado pelos trabalhadores e, em geral, pelos setores populares, como resultado dos enfrentamentos a que vêm sendo submetidos. Mas, além deste conhecimento direto, há outro tipo que não é possível acessar diretamente. É muito difícil, por exemplo, que os setores populares cheguem a adquirir, por si sós, uma apreciação global das condições da luta de classes em seu país e em âmbito mundial.

155. Muitas vezes as organizações marxistas tendem a valorizar, excessivamente, o conhecimento que vem da atividade científica, subestimando a experiência direta da prática social. Tendem a desconhecer o conhecimento que os setores dominados podem adquirir dessa maneira. "A experiência direta na construção de conhecimento é subestimada, especialmente quando se trata da experiência social de homens e mulheres comuns[62]." E isso termina, como ressalta Carlos Ruiz, deixando a análise da realidade nas mãos de intelectuais.

156. Contudo, também é verdade que se caiu no outro extremo da supervalorização da experiência que vem da atividade científica, desdenhando-se a necessidade de se ter uma compreensão dos acontecimentos históricos e seus ensinamentos, bem como um conhecimento mais global, tanto da situação nacional como internacional, por uma perspectiva crítica.

157. É necessário rejeitar as duas teses extremas: a organização política "dona da verdade" e o "basismo". A primeira concebe a instância política como a única capaz de conhecer a verdade: o Partido é consciência, sabedoria, e os outros são setores atrasados. A tese oposta, do basismo, supervaloriza as potencialidades dos movimentos sociais. Pensa que esses movimentos são autossuficientes. Rejeita,

---

62. RUIZ, Carlos. *Op. cit*. La centralidad de la política (mimeo), p. 15.

indiscriminadamente, a intervenção de qualquer instância política e, com isso, muitas vezes contribui para colocar água ao moinho da divisão do movimento popular.

158. Por esta razão, é necessária uma instância política capaz de desempenhar um papel educativo do povo. Esta não pode se limitar a proporcionar conhecimentos para combater a cultura herdada, mas também deve criar uma situação.

159. Para levar adiante o processo de profunda transformação social, é necessária, portanto, uma instância política que promova um processo coletivo de construção de conhecimento, que integre tanto a experiência direta quanto o exame da realidade global a partir da teoria. Tal tarefa só pode ser orquestrada por uma organização política concebida como um verdadeiro "intelectual coletivo"[63].

---

63. RUIZ, Carlos. Idem.

O Estado brasileiro: entre o velho e o novo no contexto do capitalismo dependente

Liliam dos Reis Souza Santos

Introdução

A abordagem, como aqui se faz, sobre as particularidades de formação do Estado capitalista brasileiro, sua trajetória de desenvolvimento histórico e suas configurações atuais, exige pontuar que o Estado capitalista é uma construção social, expressão da emancipação política burguesa e componente estratégico do processo de reprodução do sistema do capital.

Dessa forma, nega-se a compreensão apoiada na teoria política burguesa, de autonomização do Estado face à totalidade desse sistema, para afirmar que existe uma relação de organicidade, dialeticamente contraditória, entre Estado e capitalismo. Ou seja, há, estruturalmente, uma indispensável imbricação entre as dimensões econômicas, sociais e políticas no processo de desenvolvimento capitalista, evidenciando que o Estado não é um ente abstrato, absoluto e unívoco, mas histórico e relacional (Pereira, 2009; 2011).

Com efeito, o Estado capitalista expressa os aspectos políticos integrantes da estrutura de exploração do capital sobre o trabalho — cerne da acumulação capitalista. E assim procede por ser elemento essencial à reprodução das relações de produção e ao trato com as classes sociais fundamentais do capitalismo. Nesse sentido, importa salientar o seu caráter de classe, qualificando-o como um Estado burguês, que se revela como uma dinâmica central de poder, que subsidia a economia no fortalecimento do domínio do capital sobre todas as esferas da sociedade.

Mesmo que, aparentemente, o Estado seja compreendido como um ente apartado e unificador de divergentes interesses, a sua filiação classista lhe atribui um caráter dominador comprometido com os detentores do poder. Todavia, a despeito desse caráter, o Estado não pode ser reduzido a ele, por ser dotado de contradições internas que, dialeticamente, o impedem de servir a uma única classe. Ou seja, o Estado não pode estar, exclusivamente, a serviço dos interesses do capital, já que, para se legitimar, ele também tem que acatar, de alguma forma, às pressões e reivindicações da classe trabalhadora, sendo igualmente funcional a esta classe. São estas dinâmicas complexas e dialeticamente contraditórias que expressam a sua natureza relacional, sendo ele próprio, tal como o capital, uma "relação social" (Pereira, 2009; Poulantzas, 1980; Jessop, 2007) que reflete os resultados dos conflitos sociais ou de sua ausência. Compreensão esta que rompe com uma apreensão instrumentalizada, unilateral e autossuficiente do Estado.

Seus antagonismos e contradições, porém, assumem feições particulares a depender das peculiaridades das formações sociais que o contemplam. Em se tratando da realidade brasileira, cabe lembrar que a construção do Estado nacional é indissociável do desenvolvimento capitalista no Brasil; um desenvolvimento marcado pela coexistência da modernidade com o conservadorismo, que moldou uma economia dependente[1] e subsidiária do capitalismo internacional, baseada no

---

1. Capitalismo dependente refere-se a uma vertente teórica crítica formulada, mais expressivamente, por Ruy Mauro Marini, Vânia Bambirra e Theotônio dos Santos, entre as décadas

trabalho escravo e no latifúndio, da qual resultou: desprezo pelos princípios democráticos; um elevado grau de exploração da força de trabalho; manipulação e despolitização das lutas da classe trabalhadora e de suas frações.

Com este pano de fundo, abordam-se, nesse texto, os aspectos da formação do Estado capitalista brasileiro, permeando os principais eventos sociais e econômicos que lhe deram concretude histórica, no decorrer do século XX, como: o movimento revolucionário de 1930; a ditadura civil-militar de 1964; o processo de redemocratização do país, a partir dos anos 1985, e os eventos mais recentes da conjuntura política nacional.

Configuração histórica do Estado burguês brasileiro

No Brasil, a institucionalização do Estado burguês deu-se a partir da superação do Estado liberal-oligárquico e com a hegemonia do capital industrial, por meio da "Revolução de 1930", que subsidiou o desenvolvimento do capitalismo no país. Este foi um importante passo da revolução burguesa brasileira rumo às transformações econômicas, sociais e políticas que demarcaram a adesão do Brasil às relações de produção capitalista, que só se completaria na segunda metade do século XX.

Este movimento, contudo, continha um viés conservador, visto que não se instituiu sobre as ruínas do antigo regime, mas por meio da associação entre o novo e o velho, que resultou da crise econômica que assolava o país naquela conjuntura. Dessa forma,

---

de 1960 e 1970. Compreende o desenvolvimento econômico, político e social dos países da América Latina, como o Brasil, condicionado à expansão de economias imperialistas às quais estão subordinados. Dentre os elementos que caracterizam a condição da dependência, ressalta a categoria superexploração da força de trabalho.

[...] a crise do poder oligárquico não [foi] propriamente um colapso, mas o início de uma transição que inaugurava, ainda sob a hegemonia da oligarquia, uma recomposição das estruturas do poder, pela qual se configurariam, historicamente, o poder burguês e a dominação burguesa. Essa recomposição marca o início da modernidade, no Brasil, e praticamente separa [...] a era senhorial [...] da era burguesa (Fernandes, 1975, p. 203-204).

De fato, a hegemonia das relações produtivas capitalistas, no Brasil, resultou das contradições do modelo econômico agroexportador desenvolvido até então, que propiciou as transformações políticas e econômicas que viabilizaram o desenvolvimento da industrialização. Contribuiu para esse processo a acumulação de capitais promovida pela economia cafeeira, que, "assentada em relações capitalistas de produção, engendrou os pré-requisitos fundamentais ao surgimento do capital industrial e da grande indústria" (Mello, 1982, p. 98). Contribuiu, ademais, o apoio do capital estrangeiro, que, atendendo à dinâmica imperialista da conjuntura internacional, passou a exercer domínio em economias periféricas, como a do Brasil.

Isso deu suporte ao desenvolvimento do processo de industrialização, mas ao preço da condição subsidiária da economia nacional no âmbito da divisão internacional do trabalho, por meio de aliança da burguesia interna com a externa, baseada num modelo de industrialização restringida (Mello, 1982; Tavares, 1998), que inaugurou novas etapas do capitalismo dependente; ou seja, de um capitalismo caracterizado como tardio por não conter as mesmas particularidades dos países que participaram diretamente da primeira revolução industrial.

Nestas condições, a inserção do Brasil no circuito do capitalismo internacional transformou o país "em campo de exportação de capitais dos países capitalistas maduros" (Mello, 1982, p. 108-109), provocando contradições sociais que se expressaram na "extrema concentração social da riqueza, na drenagem para fora de grande parte do excedente econômico nacional [...] e na depressão medular do valor do trabalho assalariado" (Fernandes, 1975, p. 292-293), configurando o que ficou conhecido como *capitalismo selvagem*.

Para assegurar o funcionamento desse padrão feroz de capitalismo, foram criadas condições especiais de dominação burguesa, cujo principal agente residia na esfera política. Vale dizer, as contradições do capitalismo dependente eram resolvidas no campo político e no seu centro, o Estado. Este, portanto, se configurou no grande condensador e motor de enfrentamento das contradições do sistema, sendo utilizado não apenas pelas elites internacionais, mas também pelas nacionais, que, para além das suas discordâncias e conflitos de interesses, tinham no Estado um elemento comum de defesa e de autopreservação.

As novas estruturas políticas tinham que responder às necessidades da produção e reprodução do sistema então vigente, bem como às mediações com as frações da classe dominante e com as classes sociais fundamentais desse sistema, por meio de um vasto, complexo e particular sistema de dominação e coesão. Dessa forma, o Estado, assim como antes, foi fundamental para o desenvolvimento do capitalismo brasileiro, chegando inclusive a assumir o papel das classes burguesas nessa tarefa, estruturando-se como um Estado forte na defesa dos interesses capitalistas e da dominação de classe, embora com baixa soberania em relação aos interesses das potências imperiais.

A partir de então, foram promovidas reformas no aparelho do Estado com a criação de novas instituições. Entre elas, ressaltam o Ministério do Trabalho, por meio do qual foram realizadas importantes modificações na organização do trabalho, que posteriormente compuseram a Consolidação das Leis do Trabalho; e a legislação social incorporada na Constituinte de 1934. Contudo, as particularidades da formação do Estado capitalista brasileiro não viabilizaram o sentido liberal clássico que se buscava adotar, isto é, da vigência do Estado de Direito e dos princípios democráticos burgueses.

Efetivamente, como partes de uma pactuação de classes de base oligárquica e conservadora, regimes democráticos e o Estado de Direito não se instituíram como uma regra na cultura política brasileira. Por isso, o recurso aos governos de exceção se manteve na trajetória política nacional, como o golpe de 1937, instaurando o Estado Novo, por meio do qual Getúlio Vargas se manteve no poder até 1945. Dessa forma, na contramão da história dos países capitalistas centrais,

> [...] o que se concretiza, embora com intensidade variável, é uma forte dissociação pragmática entre desenvolvimento capitalista e democracia; ou, usando-se uma notação sociológica positiva: uma forte associação racional entre desenvolvimento capitalista e autocracia (Fernandes, 1975, p. 292).

Essas diferenças fundamentais no campo social e político explicam-se, em parte, pela condição dependente e subdesenvolvida de países como o Brasil, que torna a revolução burguesa e a formação política desses países uma situação histórica particular e peculiar, mas não só isso. A apropriação dual do excedente econômico — pela burguesia internacional e pela burguesia nacional — também responde por essas diferenças, uma vez que, nos arranjos que conformaram a classe burguesa, estavam envoltos interesses da aristocracia agrária que tinham no terreno político o "pacto tácito [...] de dominação de classe" (Fernandes, 1975, p. 204).

Assim, a dinâmica de desenvolvimento do capitalismo brasileiro fez do Estado um meio para o alcance dos seus objetivos particulares. Ou seja, "a oligarquia não perdeu a base de poder que lograra antes [...] e encontrou condições ideais para enfrentar a transição, modernizando-se onde isso foi inevitável, e irradiando-se pelo desdobramento das oportunidades novas, onde isso foi possível" (Fernandes, 1975, p. 204).

Desse modo, o poder burguês não apenas trouxe novas formas de dominação, mas as associou às formas já existentes. Com isso, manteve as múltiplas contradições das estruturas econômicas, sociais e políticas, ao mesmo tempo que circunscrevia o espírito modernizador ao "âmbito empresarial e às condições imediatas da atividade econômica ou do crescimento econômico [...] nunca para empolgar os destinos da nação como um todo, [mas] para revolucioná-lo de alto a baixo" (Fernandes, 1975, p. 206).

Consequentemente, ainda que o Estado assumisse muito bem as funções no campo econômico, típicas do Estado burguês, estava ausente dos valores progressistas no campo da cidadania e da democracia burguesa. Isso porque ele "se associava a procedimentos autocráticos, herdados do passado ou improvisados no presente, e era quase neutro para a formação e a difusão de procedimentos democráticos alternativos, que deveriam ser instituídos" (Fernandes, 1975, p. 207).

O desenvolvimento do capitalismo no Brasil se deu, portanto, sob um regime autocrático e de exceção, mostrando a capacidade que este sistema teve para se adaptar aos divergentes regimes políticos, não sendo, necessariamente, democrático e progressista. Essa característica, que se sobrepôs ao direito e à democracia burgueses, fez com que a realidade política nacional fosse marcada por um modelo de Estado cujos "fundamentos axiológicos legais e formais da ordem social competitiva eram extraídos da ordem capitalista idealizada" (Fernandes, 1975, p. 211), mas sob uma ordem concreta autocrática. Nesse contrassenso, "o modo pelo qual se constituiu a dominação burguesa e a parte que nela tomaram as concepções da velha e da nova oligarquia converteram a burguesia em uma força social naturalmente ultraconservadora e ultrarreacionária" (Fernandes, 1975, p. 213).

As contradições desse processo são claras e, ao mesmo tempo, particulares, uma vez que, sobre o regime ditatorial, se manteve o ordenamento burguês constitucional promulgado em 1937, que suspendeu os direitos políticos e relativizou os individuais, mantendo a perspectiva do Estado como o conciliador social e corporativista previsto na Constituição de 1934. Este caráter conciliador, que é uma expressão da ideia do Estado acima das classes e da sociedade civil, mostrou-se uma importante estratégia para a garantia da ordem e das necessidades econômicas do sistema que emergia frente às contradições e lutas de classes acentuadas nesse contexto.

Contudo, a ausência de princípios democráticos que contribuíram para que o Estado capitalista se configurasse como uma relação social redefiniu a sua dimensão condensatória de forças na mediação dos interesses entre as classes sociais, imprimindo no Estado brasileiro um aspecto dominador acentuado. E isso fez com que este Estado exercesse um processo proeminente de dominação, inicialmente pela via repressiva e, posteriormente, pela via política, ambas estritamente autócratas no sentido de "impedir que as massas populares conquistassem, de fato, um espaço político próprio, 'dentro da ordem'" (Fernandes, 1975, p. 208). Tais processos se expressaram em práticas de mandonismo, paternalismo, manipulação das massas e movimentos populares, bem como pelo controle e cooptação dos sindicatos, medidas estas camufladas pela falsa ideia de um Estado neutro e promotor do bem-estar coletivo — inscrito no discurso ideológico de um Estado paternalista e/ou pai dos pobres.

Em 1945, com o Governo Dutra, teve início no Brasil uma nova conjuntura democrática, que vigorou até o golpe civil-militar de 1964, embora se defendesse uma pauta liberal de forte associação com as frações de classe burguesas ligadas ao capitalismo internacional (Ianni, 1977). Este governo manteve a centralidade do Estado na condução dos interesses das frações das classes dominantes, nacionais e internacionais, agrárias e industriais, bem como na estratégia de dominação de classe pautada pela repressão, cooptação e corporativismo, revelando a essência autocrática do discurso liberal.

Foi assim que, ainda que com resistências, este período democrático[2] se manteve porque seus princípios não afetaram a estrutura de poder e das relações econômicas, desenvolvendo-se sem muitos conflitos até o governo de Juscelino Kubitschek (JK). Este, sob a égide da Constituição liberal-social, de 1946, e de uma política econômica conduzida pelo Estado, procedeu a uma conciliação dos divergentes interesses das frações de classe burguesa e entre esta e as classes subalternas.

Contudo, nos governos posteriores a JK, tais como os de Jânio Quadros e João Goulart, a tolerância aos princípios democráticos estava cada vez mais baixa. O Brasil passava por uma crise econômica, e as classes sociais já se reconheciam como classes e estavam bem definidas.

---

2. Não sem conflitos, como o que levou ao suicídio de Getúlio Vargas.

Estas já começavam a questionar o poder e as formas de dominação autocráticas, centradas no Estado, e buscavam ocupar esses espaços por meio das brechas democráticas e, com elas, a possibilidade de desencadear transformações sociais pela via pública. Dessa forma, a autocracia burguesa aumentava cada vez mais a desconfiança e a intolerância contra a democracia, visto que o grau de privatização do espaço público era tanto que qualquer ameaça de ocupação dos seus espaços ou

> [...] a simples autonomização institucional das funções básicas do Estado e a mera ameaça de que isso iria acarretar uma verdadeira nacionalização de suas estruturas administrativas ou políticas e servir de fundamento a um processo de centralização independente do poder, apareciam como uma clara e temível 'revolução dentro da ordem antiburguesa' (Fernandes, 1975, p. 325).

Este contexto foi marcado pelo avanço de movimentos sociais, como as Ligas Camponesas, que defendiam a ampliação dos direitos no setor rural; o surgimento da União Nacional dos Estudantes; o da Igreja Católica, que assumiu postura solidária aos interesses das classes subalternas; e o movimento operário (Simões, 2013). Esta mobilização social levou à Presidência da República um defensor de medidas progressistas no campo social, João Goulart[3], que, com apoio dos sindicatos, defendeu um conjunto de medidas denominadas reformas de base, que incluíam a reforma agrária, a regulação do capital internacional e a ampliação da cidadania por meio da extensão do direito ao voto aos analfabetos e aos militares sem patentes (Simões, 2013).

As reformas de base alteravam a estrutura das tradicionais heranças agrárias e colocavam em risco a sua dinâmica de poder. Apesar de não se contrapor ao sistema vigente, o governo Goulart prestigiava a centralidade do Estado na condução econômica e nas relações com

---

3. Assumiu o governo após a renúncia de Jânio Quadros, que ficou no poder apenas sete meses.

a sociedade, o que, nos marcos da formação política brasileira, era a expressão de um momento progressista e de forte efervescência social. Embora não estivessem vinculadas a um projeto socialista, as medidas políticas adotadas por Goulart ampliavam o escopo do Estado às demandas sociais, associando desenvolvimento econômico com desenvolvimento social.

Este processo, moldado por práticas de manipulação populista[4], demonstrava a dimensão da importância do Estado não apenas para a classe dominante, mas também para a dominada. E isso evidenciava o quanto a ideia de um Estado idealizado e promotor neutro do bem comum estava presente na massa social, que depositava nele a esperança de melhoria das condições concretas de existência — o que, com determinados limites, é uma possibilidade desde que norteada por princípios progressistas de cidadania e democracia.

Nesse contexto democrático, o Estado capitalista acentuava-se como uma relação social e, desse modo, era forçado a ampliar seus canais de diálogo e de realizações junto às classes subalternas, para além das históricas práticas de repressão e cooptação. Logo, pela primeira vez na história, os pleitos sociais chegavam perto dos aparelhos do Estado, o que implicava reestruturação do centro do poder político para o atendimento de tais demandas e alteração na correlação de forças e na estrutura de acumulação firmada nesse Estado.

Entretanto, como os projetos sociais conflitantes se acentuavam e se condensavam no Estado, esse foi o contexto em que germinou o golpe político civil-militar que depôs o Presidente João Goulart no dia 1º de abril de 1964, por onde se consolidaria a revolução burguesa brasileira e o caráter autocrático de seu Estado; e mais: demonstraria para as massas populares e para os grupos de esquerda, que depositavam esperanças nas reformas sociais conduzidas pelo Estado, o seu verdadeiro sentido de classe.

---

4. Segundo Weffort (1980, p. 36), esta prática "é uma forma popular de exaltação de uma pessoa na qual aparece como a imagem desejada para o Estado [...] a massa se volta para o Estado e espera dele 'o sol ou a chuva', ou seja, entrega-se de mãos atadas aos interesses dominantes".

A pretensa formalidade burguesa, de inspiração liberal-democrática, começou a ruir à medida que via suas estruturas de dominação, assentadas no Estado, ameaçadas; e, por consequência, o seu colapso "constituiu, em sua essência, um colapso do radicalismo burguês e da ordem pseudamente democrático-burguesa que o engendrara" (Fernandes, 1975, p. 339), mostrando a superficialidade das relações democráticas construídas até então e o fato de que "não existia uma democracia burguesa fraca, mas uma autocracia burguesa dissimulada" (Fernandes, 1975, p. 340).

Este processo culminou na conquista de uma nova posição de força e de barganha, que garantiu a continuidade do *status quo* e, assim, a burguesia garantiu as condições para "aprimorar a associação com o capitalismo financeiro internacional; reprimir com violência ou pela intimidação qualquer ameaça operária ou popular da ordem; retomar o Estado como um instrumento exclusivo do poder burguês" (Fernandes, 1975). Dessa forma, no auge do desenvolvimento capitalista brasileiro, a saber, seu estágio monopolista, a burguesia tomou o poder do Estado para si e, com isso, "a dominação burguesa mostrou-se plenamente como ela, evidenciando as forças sociais que a compõem e como ela própria funciona" (Fernandes, 1975, p. 217-218), isto é, bem distante do que vivenciaram, nesse mesmo estágio capitalista, países centrais que atrelaram à ampliação das funções econômicas do Estado funções sociais regidas por princípios democráticos e de cidadania. E, por consequência, o capitalismo brasileiro novamente firmou-se com base na hipertrofia de aspectos políticos, regidos pelos econômicos, que foram promovidos por meio de regimes de exceção.

Ademais, para além de preservar e fomentar o desenvolvimento do capitalismo no Brasil, este momento histórico brasileiro foi funcional ao imperialismo norte-americano no contexto da guerra fria. Concretamente, ele contribuiu para resguardar os interesses capitalistas contra os socialistas, convertendo países como o Brasil em verdadeiras "'vanguardas políticas' do mundo capitalista" (Fernandes, 1975, p. 294), e tornando o Estado persistente e elementar na condução da transformação capitalista e da dominação burguesa.

Por isso, a missão da burguesia brasileira foi manter sua hegemonia sobre o Estado para, com isso, preservar o regime capitalista, demonstrando que

> [...] a Revolução Burguesa na periferia é, por excelência, um fenômeno essencialmente político, de criação, consolidação e preservação de estruturas de poder predominantemente políticas, submetidas ao controle da burguesia ou por ela controláveis em quaisquer circunstâncias (Fernandes, 1975, p. 294).

Do exposto, fica demonstrada a imbricação entre o sistema capitalista e o Estado, pois o domínio político burguês não diz respeito apenas à manutenção dos privilégios de classe, mas, principalmente, à luta "por sua sobrevivência e pela sobrevivência do capitalismo" (Fernandes, 1975, p. 294). Daí a importância dos aspectos políticos do sistema capitalista para a viabilização da supremacia deste sistema; importância que desconstrói o discurso do autonomismo econômico burguês, visto que, para a imposição das suas relações de produção e de seus meios de exploração, são necessárias as ações do Estado, especialmente em países de condição dependente. E isto é o que particulariza a revolução burguesa no Brasil.

A importância do Estado e do poder político para a sustentação das relações capitalistas foi tanta que se fez necessária a privatização destes em vista dos interesses particularistas. O Estado burguês utilizou-se de "quaisquer meios para prevalecer, erigindo-se a si mesmo em fonte de sua própria legitimidade e convertendo, por fim, o Estado nacional e democrático em instrumento puro e simples de uma ditadura de classe preventiva" (Fernandes, 1975, p. 297). Esses elementos compõem um quadro em que o Estado é utilizado como instrumento de autodefesa de classe, a ponto de confundir dominação burguesa com o poder político, o que faz com que os interesses específicos da classe burguesa sejam universalizados e "impostos por mediação do Estado a toda a comunidade nacional e tratados como se fossem 'os interesses da nação como um todo'" (Fernandes, 1975, p. 301).

A particularidade brasileira é um excelente exemplo da relação visceral entre Estado e capitalismo, mostrando que este sistema não é composto de elementos econômicos rígidos e exclusivos, mas que têm na esfera política, uma das principais formas de autopreservação. Assim, o "Estado nacional não é uma peça contingente ou secundária desse padrão de dominação burguesa. Ele está no cerne de sua existência" (Fernandes, 1975, p. 307). Este fato acentua-se no padrão de capitalismo dependente que exige outras formas, para além dos "meios privados de dominação de classe e nas funções convencionais do Estado democrático-burguês" (Fernandes, 1975, p. 308).

Com isso, são silenciadas e, até mesmo, excluídas "outras classes da luta pelo poder estatal, conseguindo condições ideais para moldar o Estado a seus próprios fins coletivos particularistas" (Fernandes, 1975, p. 308). E nesse processo o consenso burguês é imposto como uma contrarrevolução, já que não se buscou o desenvolvimento da nação em uma perspectiva coletiva.

Redemocratização e o ideal de construção de um Estado Democrático de Direito no Brasil

O mais recente processo de redemocratização brasileira ganhou corpo a partir da década de 1980, com o esgotamento do modelo de desenvolvimento nesse período, em correspondência com as determinações do novo padrão de acumulação do capital imperialista, bem como com as contradições e pressões sociais contra a ditadura. Nesse contexto, cabe destacar a crise econômica associada à crise da dívida externa que, socializada com o Estado, assolou o país, produzindo fortes impactos sociais e exigindo formulações de novas estratégias econômicas que respondessem às novas demandas das potências imperialistas; isto é, a construção de novas estratégias de recomposição da supremacia burguesa no Brasil.

Desde então, a redemocratização passou a ser considerada e tolerada pelas classes dominantes. Mas, conforme Fernandes (1995), ela se deu de forma "lenta, gradual e segura para o grande capital, para os interesses conservadores, para a intransigente defesa da ordem estabelecida" (p. 127), sendo, no governo transitório de José Sarney, uma opção viável diante das forças sociais que, naquela conjuntura, representava uma possibilidade real de ruptura e ameaçava a segurança econômica e a dominação política.

Assim, embora houvesse, nessa transição, instabilidade política e aberta disputa entre frações de classe burguesa e suas tônicas neoliberal e desenvolvimentista, havia também um consenso entre as classes dominantes: a manutenção da nação dos poderosos; e esta tarefa incluía a criação de estratégia de reforma e de conciliação com as forças sociais insurgentes daquela conjuntura. Assim, embora impulsionada pela crise econômica, a redemocratização teve sustentação na grande mobilização social por meio do movimento *Diretas já*; das greves operárias; da Igreja Católica, que já não fechava com a ordem existente; das organizações profissionais, como a Associação Brasileira de Imprensa e o Conselho Federal da Ordem dos Advogados do Brasil; dos movimentos sociais; da estruturação de novos partidos políticos; da reorganização política da sociedade civil; do movimento estudantil e das universidades.

Ainda que essa ebulição social oferecesse pouco risco de insurreição, ela foi fundamental para a alteração do quadro político daquela conjuntura e, principalmente, para a concepção da Constituição Federal de 1988 (CF/88), que expressava o ideal de um Estado nos moldes social-democratas dos países capitalistas centrais. Nesse sentido, a construção do Estado Democrático de Direito no Brasil não foi isenta de disputas e de conciliações, e representou um momento ímpar nas lutas de classe no Brasil. A pressão e a mobilização social poderiam ultrapassar o controle das elites e deveriam ser consideradas. Dessa forma, interferiram na agenda política e instituíram algumas das suas bandeiras de luta na Carta Constitucional, como: direitos sociais de princípios universais, como a saúde; direitos e liberdades individuais;

regência do Estado pelos princípios da legalidade e do controle social sobre as suas ações, entre outros, formalizando, legalmente, um arcabouço de Estado Social no país.

Construída na contramão do avanço mundial do neoliberalismo, a Constituição Federal de 1988 representou uma reforma democrática do Estado brasileiro, ao qual foi conferido um perfil mais social-democrata. As funções sociais do Estado foram previstas legalmente, cabendo a este o papel de garantidor de direitos constituintes de perfil mais distributivista, a serem concretizados por políticas públicas.

Dessa forma, a Assembleia Nacional Constituinte (ANC), exclusivamente reunida para elaborar a Constituição Federal, que passou a ser conhecida como Constituição Cidadã, transformou-se em uma via de esperança dos trabalhadores e das classes subalternas para o alcance da igualdade e da justiça social. Essas conquistas, de certa forma, reproduziam entre classes dominadas a ideia do Estado garantidor imparcial de direitos, visto que a ele era creditado o papel de guardião das conquistas políticas obtidas.

Todavia, cedo a história demonstrou que, com esse procedimento, desconsiderou-se que, embora o Estado fosse um importante meio de garantia do bem-estar social e mediador nos conflitos trabalhistas, as suas ações se davam no limite do sistema, dado a seu pertencimento de classe. As apostas na Constituição de 1988 como a solucionadora dos problemas viscerais da sociedade brasileira acabaram por reproduzir a lógica de dissociação entre as esferas política e econômica, e centralizaram no Estado as contradições econômicas. E este, embora parte integral do sistema, viu-se impotente para reverter essa situação, até porque a sua ação, por ser dialeticamente contraditória, também serve para conservá-lo.

Portanto, contraditoriamente, a promulgação da Constituição Cidadã, construída sobre as aparentes ruínas de uma etapa autoritária, constituiu um grande avanço no campo das relações sociais e políticas da sociedade brasileira. Por um lado, ela deu uma freada na trajetória autocrática do regime político nacional, instaurado com o golpe civil-militar de 1964; e, por isso, mais como um princípio de ordem democrática, mostrou que foi bem-vinda a contraposição, nela inscrita, aos lastros autoritários e autocráticos que predominam na cultura política deste país. No entanto, por outro lado, cedo essa inscrição revelou-se limitada. Embora a Carta Magna tenha contemplado diversos direitos sociais, concretamente ela não rompeu com os traços conservadores que buscaram retardar ou desconstruir os ganhos sociais por meio de dispositivos políticos e ideológicos, como a desorganização orçamentária, burocrática e distorções na regulamentação constitucional complementar (Fagnani, 2005).

Além do mais, as medidas reformistas limitaram-se ao âmbito político, ao mesmo tempo que, na esfera econômica, adotaram-se medidas extremamente regressivas e conservadoras. Na correlação de forças entre frações da classe burguesa, o projeto neoliberal foi reforçado e, aos poucos, implementado pelo governo provisório de Sarney, tornando-se hegemônico na década de 1990, sob a ingerência e pressão externa do Fundo Monetário Internacional. E esse fato demonstrou a existência de novas formas de associação e de dependência brasileira ao capital internacional, repondo em novas bases o padrão de capitalismo dependente.

Com as eleições diretas, realizadas em 1989, iniciou-se uma nova etapa democrática no Brasil e, em seu bojo, a ameaça de que o Estado brasileiro viesse a ser conduzido por um candidato procedente das classes subalternas, o que poderia abalar as estruturas de dominação econômica, política e social sobre as quais, historicamente, se assentava a burguesia nacional.

O ânimo impeditivo desse acontecimento histórico mostrou-se urgente e, nesse sentido, novos arranjos e acordos entre forças conservadoras foram tecidos. Dele resultou a eleição de Fernando Collor de Mello, que não apenas conservou os interesses burgueses, mas também iniciou um movimento de contramarcha à então recém-Constituição Federal e a seus avanços sociais, por meio da defesa da "Reforma do Estado" e do processo de desestatização. Além disso, aprofundou-se a política econômica brasileira de acordo com os ditames neoliberais, adaptando-a à mundialização do capital, por meio da liberalização e desregulamentação da economia nacional como a principal saída para a crise econômica que atingia o país.

Embora o governo Collor tivesse aderido às diretrizes econômicas e sociais do Consenso de Washington — a maior expressão da agenda neoliberal —, o equilíbrio econômico não se restabeleceu de forma imediata. E isso implicou agitações sociais que aqueceram o potencial de conflito, atemorizando as classes dominantes extremamente esquivas às brechas democráticas instituídas pela nova Constituição, já que esta assegurava: a participação social e, ao mesmo tempo, restringia a "capacidade material e simbólica do Estado para lidar com as tensões e demandas sociais" (Sallum Jr.; Casaroes, 2011, p. 82), elementos que, situados em contexto de transição democrática inacabada, poderiam ser revertidos em ameaça às estruturas de dominação burguesa ainda pendente de adaptações à nova estrutura democrática.

Por conseguinte, os primeiros anos democráticos da chamada Nova República estiveram imersos em uma instabilidade política que abarcava as classes dominadas, mas também as classes dominantes que ainda encontravam dificuldade para fortalecer e hegemonizar essa nova etapa de recomposição burguesa no país; dificuldades estas que consistiam em reorganizar antigas e novas formas de dominação e acumulação, a partir das novas determinações do capitalismo mundial. Tais acontecimentos, portanto, fazem parte da explicação da interrupção, por meio de um processo de *impeachment*, do mandato deste presidente, em 1992.

Após a destituição de Collor da Presidência da República, o comando do poder executivo nacional foi assumido pelo seu vice-presidente, Itamar Franco, que teve a missão de controlar a crise política e superar a crise econômica, ou seja, garantir medidas asseguradoras da estabilidade burguesa no Brasil. A tarefa de estabilizar a economia foi posta em prática por Fernando Henrique Cardoso (FHC), Ministro da Fazenda do governo Franco, que liderou uma reforma tributária e um projeto para o controle das despesas governamentais, implantando o Plano Real. Este Plano garantiu o controle da inflação e a estabilização monetária do país, dando a FHC possibilidades de se eleger e ocupar a Presidência da República, na qual permaneceu por oito anos (1994-1998/1999-2002).

Com o governo FHC, a recomposição de forças e alianças burguesas se firmou com uma agenda político-econômica de subordinação ao capital imperialista contemporâneo, que tinha como pré-requisito importante a modernização do Estado brasileiro e, portanto, a sua reforma. Com base nesse ideário, traçaram-se as coordenadas para a realização das privatizações, da desregulamentação e da abertura econômica do país aos mercados internacionais, aprofundando a nova etapa de adaptação do Brasil às regras do livre-mercado mundial.

No entanto, essa agenda da "reforma" tinha, principalmente, o sentido de restringir os ganhos sociais e políticos previstos na Constituição Federal de 1988 (CF/88), ou seja, configurava-se um processo concreto de contraposição aos avanços sociais duramente conquistados no país, os quais, efetivamente, tiveram o significado de reforma por quê: as conquistas sociais garantidas pela CF/88 assemelhavam-se às reformas que estavam na base do denominado *"Welfare State"*, por meio do qual se garantiam vários avanços sociais, pautados em princípios progressistas do sistema capitalista que, contraditoriamente, ampliaram a dimensão relacional do Estado em países capitalistas centrais. Desse modo, a agenda reformista do governo FHC se contrapôs à verdadeira reforma que se instituiu com a CF/88 e, por isso, o seu significado não foi, propriamente, de "reforma", mas de "contrarreforma", pois partiu de um movimento de "reação burguesa conservadora e monetarista, de natureza claramente regressiva" (Behring, 2003, p. 129).

Para Coutinho (2012, p. 124), a contrarreforma constituiu um movimento de restauração e de "conservação [...] em face das eventuais e tímidas novidades", e buscava negar "as reformas já conquistadas pelas classes subalternas", tendo "por objetivo a pura e simples restauração das condições próprias de um capitalismo 'selvagem', no qual deviam vigorar sem freios as leis do mercado" (Coutinho, 2012, p. 23).

Nesse sentido, o Plano Diretor da reforma do aparelho do Estado assumiu um posicionamento contrarreformista que, além de fazer parte de uma reação burguesa, configurou-se como um movimento de recomposição das forças e das formas de controle e dominação da burguesia, promovendo a reorganização do papel estatal no sentido de adaptá-lo às necessidades da nova etapa do capitalismo. Dessa feita, a contrarreforma não significou a preterição do Estado. Ao contrário, sob as diretivas neoliberais e do capital imperialista, o Estado brasileiro novamente foi instado a dar impulso à nova etapa de acumulação do capital, moldando as estruturas políticas brasileiras aos novos interesses capitalistas, seja da burguesia nacional, seja da internacional.

Para tanto, atribuiu-se ao Estado a crise ocorrida no período, acusando-o de desvio de suas funções básicas; por isso, para a superação da crise, era necessário redefinir e enxugar as suas funções. Nesse cenário, coube novamente ao Estado a recomposição e reorganização do capitalismo no Brasil, que, ao contrário do discurso dos seus idealizadores, não diminuía o papel estatal frente ao mercado, mas o colocava no cerne dessa nova etapa de acumulação capitalista, especialmente por meio do mercado da dívida pública e da privatização das suas funções sociais.

Em adição, a contrarreforma foi alavancada por meio de um chamariz ideológico modernizador, mas que, dissimuladamente, distorceu os princípios democráticos, colocando-os em uma esfera superficial, de modo a não atingir as estruturas de poder, além de se impor sobre os avanços sociais conquistados e instituídos com a Constituição de 1988, atropelando-os e ignorando as lutas, a participação e a soberania popular. Concomitantemente, utilizou-se da premissa da descentralização, não para ampliar a participação da sociedade nas decisões políticas, mas para desresponsabilizar o Estado da oferta de políticas sociais, repassando-a para o mercado. Em vista disso, a contrarreforma do Estado manteve o traço histórico de criar mecanismos antidemocráticos que evitassem a participação das camadas populares na condução dos destinos do país e das transformações exigidas pelo desenvolvimento do capitalismo; por isso, tais mecanismos, tidos como modernos, tinham caráter burocrático e o propósito de desmontar os instrumentos que o Brasil ainda dispunha para afirmar-se como nação soberana e controlar as decisões e ações do Estado, especialmente no campo social.

A contrarreforma também fortaleceu a ideia de um Estado dissociado das classes sociais, simbolizado como um ente superior, harmônico e "político administrativo capacitado a promover intervenções criteriosas e eficientes nas falhas de mercado [...] produto de uma unidade entre todos os atores da cena política nacional" (Castelo, 2013, p. 365). Dessa forma, reproduzia-se a conveniente ideia burguesa de um Estado intermediário, isento de interesses de classe e que, como tal, poderia transformar os anseios capitalistas em anseios gerais. Ou melhor, sustentada na vertente do social-liberalismo[5], criou-se uma interpretação autonomizada do Estado e das suas funções econômicas e sociais, como se não existisse "uma relação direta entre as políticas sociais do Estado brasileiro e a política econômica" (Castelo, 2013, p. 365); e reforçou-se uma lógica tecnicista e formalista que buscava despolitizar as decisões tomadas, alocando-as em uma dimensão administrativa gerencial, que buscava flexibilizar os princípios legais que deveriam embasar o Estado de Direito, acusando-os de burocráticos e rígidos. E, com isso, banalizava-se o conceito de legalidade em busca da flexibilização do controle público e de acordos público-privados.

O movimento contrarreformista rearticulou, portanto, as forças burguesas com vista à dominação monopólica do grande capital. Nesse sentido, ele não foi contrário ao Estado, mas apenas "aos aspectos do Estado e da burocracia que [podiam] fortalecer a construção da universalidade"; isto é, aos aspectos do Estado que "podem fortalecer na sociedade a luta por transformações estruturais que levariam, aí sim, a mudanças do próprio Estado e de sua organização administrativa" (Souza Filho, 2006, p. 324). Portanto, a contrarreforma do Estado, instituída em 1995 e vigente desde então, nada mais foi que um processo de reordenamento e de recomposição das relações de

---

5. Variante ideológica do neoliberalismo "que surgiu para recompor o bloco histórico neoliberal dos pequenos abalos sofridos pelo capitalismo durante a crise conjuntural dos anos 1990" (Castelo, 2013, p. 27).

dominação burguesa, por meio do Estado, que sempre constituiu parte orgânica do capital, especialmente no Brasil, um país de condição capitalista dependente.

O governo FHC foi, assim, fundamental para a reorganização das forças burguesas, especialmente para as frações de classe ligadas ao capital internacional e para a adaptação do Estado brasileiro aos interesses privados de dominação e acumulação com base no livre--mercado; isso marcou uma nova etapa de dependência deste país, útil aos interesses das históricas classes dominantes, em detrimento das classes dominadas que arcaram com os custos sociais desse processo, como as altas taxas de desemprego, violência, precários serviços sociais, desmantelamento do patrimônio público, entre outros.

Nas eleições de 2002, o projeto representado por FHC foi recusado pela população brasileira, que elegeu Luiz Inácio Lula da Silva, do Partido dos Trabalhadores (PT), como presidente da República. A condução do Estado brasileiro pelo PT, na entrada do século XXI, reacendeu a esperança de retomada do projeto de construção do Estado nos moldes progressistas, conforme o preconizado na CF/88, e com ele a expectativa de justiça e equidade sociais. Isto porque foi emblemática e simbólica a chegada ao poder estatal de um candidato vindo das classes subalternas em um país historicamente conduzido pelos representantes da classe dominante, por meio do qual se implementou uma Estratégia Democrática Popular (Iasi, 2017, p. 279).

A ocupação do mais alto cargo de poder político da nação por um trabalhador não significou, porém, a hegemonia do projeto desta classe, ainda que tivessem sido inegáveis os avanços sociais e políticos no seu governo, que o diferenciaram de todos os demais governos do período pós-redemocratização do país.

Embora portador de um discurso em prol da igualdade social e das camadas pauperizadas, o governo Lula não foi capaz de se contrapor às diretrizes da política macroeconômica neoliberal, às imposições do capital imperialista contemporâneo e à tradição de dominação e acumulação da burguesia brasileira por meio do Estado. Em verdade, o governo Lula assumiu o compromisso com a agenda dos grupos dominantes centrada nas pautas neoliberais. Ainda assim, buscou romper com a utilização do aparelho do Estado para fins econômicos exclusivos, tornando-o mais permeável às demandas sociais e à ampliação da cidadania em direção aos segmentos historicamente excluídos, como a população LGBT[6], quilombolas e mulheres — fato relevante em uma formação social marcada pela ausência histórica de rupturas com o capitalismo internacional e nacional e de um projeto comprometido, essencialmente, com as demandas da classe trabalhadora.

Esta ausência de rupturas explica-se pelas alianças passivas que permitiram ao PT a chegada ao poder depois de três derrotas eleitorais consecutivas. Em decorrência, este Partido foi abrindo mão de uma perspectiva combativa, adaptando as bandeiras de luta dos movimentos sindicais às demandas do Estado do capital imperialista, sob um acordo de classes a partir da coalizão "com partidos de esquerda, centro e direita. Socialmente, uma coalizão entre setores da classe trabalhadora e setores do capital" (Pomar, 2013, p. 2).

Mas tal processo, apesar de não ter ameaçado as estruturas de poder e de acumulação avalizadas pelo Estado, alterou a correlação de forças entre frações de classe burguesa, visto que o governo, mesmo mantendo as diretrizes do Plano Diretor da Reforma do Estado e a política macroeconômica neoliberal, dos quais a dívida pública é um elemento central, não foi totalmente manejado pelos interesses do capital financeiro internacional, como foi o seu antecessor. O governo Lula redefiniu as relações de cooperação e de geopolítica internacional, na contramão dos interesses imperialistas norte-americanos, ao recusar a política de livre-comércio com os EUA em favor do fortalecimento do Mercado Comum do Sul e da cooperação com o BRICS[7].

No âmbito da reorganização de forças entre frações da classe burguesa, no seio do Estado, o governo buscou implementar uma agenda denominada "novo desenvolvimentismo", que defendia a

---

6. Lésbicas, Gays, Bissexuais, Travestis, Transexuais ou Transgêneros.

7. Constitui um bloco de cooperação política, econômico-financeira e multissetorial formado pelos seguintes países de economias emergentes: Brasil, Rússia, Índia, China e África do Sul.

atuação mais proeminente do Estado na economia, nos limites da política macroeconômica neoliberal e dos interesses dos países imperialistas, que fortaleceu segmentos burgueses nacionais, entre os quais os setores ligados à construção civil e naval, além do agronegócio.

Ademais, fortaleceu a estrutura do Estado, reformulando a política salarial dos servidores públicos e equipando as instituições, reafirmando, dessa forma, o perfil intervencionista do Estado capitalista, em contraposição ao de Estado mínimo, ainda que situado nos postulados do social-liberalismo. No âmbito dessas ações, assumiu um programa de democratização do Estado, fortalecendo suas estruturas jurídicas, com vista a ampliar as instâncias de controle social, por meio das quais o governo se tornava permeável às demandas das classes subalternas e, ao mesmo tempo, enfraquecia o padrão de democracia restrito "aos membros das classes possuidoras que se [qualificassem], econômica, social e politicamente, para o exercício da dominação burguesa" (Fernandes, 1975, p. 292).

Essas medidas não significaram que o Estado tivesse perdido a sua característica de classe e sua cooperação com o processo de acumulação e dominação do capital, mas apenas que ele expandiu a sua atenção às demandas do trabalho. Tanto que, ao mesmo tempo, ele foi fortemente usado para atender aos interesses econômicos das classes dominantes, fomentando-os e assumindo partes dos seus custos.

Também não significou que o governo do PT tivesse passado ileso pelas práticas políticas patrimonialistas e de corrupção tão arraigadas na cultura política nacional, porque, para que pudesse levar adiante sua agenda, ele teve de fazer acordos de bastidores em nome da governabilidade, que redundaram no mal afamado "escândalo do mensalão"[8]. Este esquema abriu as portas para uma das principais formas de contestação ao seu governo pelos setores autocráticos e suas ramificações midiáticas, os quais, junto com as hostes conservadoras inconformadas com o seu alijamento do poder central, transformaram o combate à corrupção em um cavalo de batalha que, em 2016, mediante

---

8. Esquema de compra de votos de parlamentares para a aprovação das pautas do governo.

um golpe de Estado, derrubou o segundo mandato de governo da presidenta petista Dilma Rousseff.

Ainda que sofresse abalos, a pactuação com setores da burguesia brasileira e com as classes subalternas manteve-se nos dois mandatos de Lula, os quais tiveram altos índices de aprovação; mas, aos poucos, eles foram dando sinais de esgotamento, tornando-se evidentes no final do terceiro mandato do PT, sob a gestão de Dilma Rousseff. Esta gestão se deu num cenário conturbado, dominado por uma crise estrutural de dimensões políticas, sociais e econômicas, que gerou insatisfações especialmente de frações de classe burguesa e do capital financeiro internacional, que minaram as já frágeis pactuações de classes e a democracia nacional, além de abrir brechas para que a histórica autocracia burguesa voltasse a se mostrar.

Nesse contexto de crise, o capital imperialista e seus representantes nacionais tornaram-se crescentemente intolerantes com as políticas de conciliação e de tons desenvolvimentistas, adotadas pelos governos petistas. Isso porque estas não mais correspondiam às suas exigências, especialmente no tocante às demandas sociais, uma vez que requeriam corte dos gastos e elevação dos juros, em resposta à redução do crescimento econômico e das receitas públicas.

Os governos petistas, além de não obedecerem à agenda de reformas profundas e imediatas exigidas pelo capital imperialista internacional, na sua mediação com as classes subordinadas, ampliaram medidas de formalização do trabalho que, embora modestas, aumentaram o custo do trabalho, incidindo na margem de lucros dos empresários, bem como adotaram medidas contrárias aos interesses das multinacionais petroleiras sobre o pré-sal (Fagnani, 2016). Isso além do fato de que, na conjuntura das manifestações de junho de 2013[9], o

---

9. Onda de protesto no Brasil, em junho de 2013, desencadeada pelo aumento do preço da passagem de ônibus em São Paulo. Esta onda foi, posteriormente, orientada por outras pautas e apoiada por outros estados do país, aglutinando divergentes posições políticas que, embora questionassem as estruturas e os privilégios políticos, tinham encaminhamentos e posições políticas contrárias.

governo mostrava-se enfraquecido na tarefa de "garantir o controle sobre as mobilizações sociais dos subalternos" (Mattos, 2017, p. 29).

À medida que a crise se aprofundava, ela se tornava cada vez mais personificada no Estado, o que, ao lado do elevado nível de conservadorismo social, expôs a ausência de hegemonia política sustentável do governo, assim como as insatisfações dos setores dominantes com a condução do Estado por um partido ligado às classes subalternas, ainda que este tenha sido muito funcional aos primeiros. Esses processos desencadearam uma polarização social que foi utilizada, estrategicamente, por um parlamento, justiça e mídia conservadores, como reforço ao golpe de Estado, que, em 2016, retirou do poder a presidenta legitimamente eleita.

Com o considerável respaldo da mídia, do Poder Judiciário e do Legislativo, o golpe de 2016 alavancou, em tempo recorde, o desmonte do aparelho estatal, por meio da privatização do patrimônio público, de forma direta e indireta, especialmente das funções sociais do Estado. Estas funções, por sua vez, viram-se ameaçadas e aniquiladas pela Emenda Constitucional n. 95, de 15 de dezembro de 2016 — que dispõe sobre o novo regime fiscal da Seguridade Social, congelando os gastos sociais por 20 anos — e pela reforma trabalhista que flexibilizou e derruiu históricos direitos dos trabalhadores.

Dessa forma, o movimento golpista, ainda em fluxo, tem buscado refuncionalizar o aparelho do Estado para atender, estritamente, aos interesses do capital. Em vista disso, vem adotando, por meio de ajuste fiscal, medidas que direcionam os gastos públicos quase que exclusivamente para o interesse do capital rentista, mediante o circuito das dívidas públicas; e, consequentemente, vem reproduzindo, em tom mais severo, a índole liberal do Estado capitalista brasileiro, que "faz com que ele seja, historicamente, mais perfilado a atender os interesses do capital e do processo de acumulação capitalista" (Cardoso Jr; Kliass, 2016, p. 6).

Efetivamente, o golpe de 2016 trouxe à tona a face mais perversa do neoliberalismo no Brasil, atacando, abertamente, as conquistas sociais e impondo, de maneira autoritária, o primado do Estado mínimo sobre o Estado Social e suas funções socialmente distributivas. E, dessa forma, vem impondo e exigindo medidas políticas que precarizam, mais ainda, o trabalho e aprofundam a privatização das políticas públicas.

Do mesmo modo, o referido golpe iniciou um novo processo de desmantelamento da democracia, que incluiu as instituições que deveriam resguardá-la, mostrando, novamente, que a democracia constitui um privilégio de classe e que os avanços sociais e a participação popular na política, ainda que modestos, são intoleráveis para o capitalismo dependente. Nesse processo, reforçaram-se práticas jurídicas seletivas e arraigadas a posições políticas que relativizaram o Direito e a Lei, em conformidade com interesses de associações partidárias e classistas, à custa do enfraquecimento dos princípios do Estado de Direito perante o fortalecimento de um Estado de exceção jurisdicional (Souza, 2018).

Ainda como parte do golpe de Estado de 2016, ocorreu a prisão do ex-presidente Lula, em meio a um claro processo de disputa política que contrariou os princípios e direitos individuais e políticos, e que, mais do que restringir, casuisticamente, a liberdade do ex-presidente, inviabilizou a sua participação no pleito eleitoral de 2018, no qual ele despontava como favorito. Esse fato contrariou, inclusive, regras de tratados internacionais, a exemplo da recusa ao cumprimento da decisão proferida pela Organização das Nações Unidas pelo direito de Lula à participação do referido processo eleitoral.

Esta intolerância ao regime democrático demonstrou que a velha autocracia burguesa não havia se extinguido, mas que estava viva e agora consolidada no Brasil, não apenas junto às antigas correntes políticas e classes dominantes, mas também nas instituições e junto aos agentes públicos, que falam em nome da lei. Esta, aliás, é uma das características deste processo histórico: um golpe dentro da ordem, que foi viabilizado dentro de uma aparente normalidade jurídica e democrática, que pode ser explicada pelo uso do estatuto do *lawfare*[10].

---

10. Uso indevido dos recursos jurídicos para fins de perseguição política.

Tais processos aprofundaram o quadro de crise estrutural e de polarização político-institucional no Brasil, que tem assumido proporções preocupantes com a adesão de grande parte da população às pautas da "nova direita", a qual tem canalizado insatisfações de setores neoconservadores com a extensão da cidadania a grupos minoritários, juntamente com pleitos privatistas da agenda macroeconômica neoliberal.

Esses processos foram condensados nas pautas que levaram Jair Bolsonaro à Presidência da República, fechando com chave de ouro uma etapa decisiva do golpe de 2016, contra o sonhado Estado Democrático de Direito brasileiro, porque: o governo ilegítimo de Michel Temer (que substituiu Dilma Rousseff) e a chegada ao poder de Bolsonaro, fiel representante da nova direita, retomaram com toda força o histórico projeto de privatização do espaço público, tal como ditado pelo capital corporativo atualmente hegemônico.

Tais acontecimentos exponenciam, segundo Alves (2019), um processo de crise estrutural do Estado burguês e da economia brasileira, que corresponde não à perda do poder político pela elite dominante, mas sim ao excesso de poder desta elite que, pelo discurso da nova política, inaugurou "a *novíssima velha República*"; e, por meio desta, visa promover as reformas estruturais do capitalismo ultraneoliberal, como a reforma trabalhista, da previdência, bem como a desestruturação do parco sistema de proteção social vigente no país — elementos que acirram uma nova etapa daquilo que Fernandes (1975) chamava de capitalismo selvagem. Neste cenário regressivo,

> [...] o dito "Estado democrático de direito", (...) *caducou, apodreceu e rompeu-se* na medida em que foi tensionado pela crise da economia [e pelas] demandas de reformas sociais que estavam [na] *base* do projeto neodesenvolvimentista, incomodando interesses históricos da oligarquia financeira, dona do poder no Brasil (Alves, 2019, s/p).

Todos esses processos fazem parte da luta de classes que, acirrada no contexto de crise, fomenta o ódio burguês que se expressa em "racismo, homofobia, machismo e misoginia, fundamentalismo religioso ou outra forma qualquer de irracionalismo, mas tendo como fundamento o ódio de classe" (Iasi, 2018). Luta de classes que, atualmente, é alavancada por uma fração de classe dominante sedenta por acumulação: "a *burguesia rentista-parasitária*, que é o agente invisível dos movimentos sinuosos da catástrofe brasileira" (Alves, 2019, p. 2). E que tem conformado um quadro político de desfalecimento dos princípios e normativas que regem o Estado de Direito capitalista e sua dimensão democrática.

Considerações finais

Partindo de estudos fundamentados nos postulados teórico-metodológicos da tradição marxista, realizou-se neste texto uma reflexão sobre o desenvolvimento sócio-histórico do Estado capitalista brasileiro.

Apreendeu-se que, nesse processo, o Estado adquiriu centralidade na formação e no desenvolvimento capitalista. Devido às particularidades nacionais, não é lícito afirmar que ele apresente as mesmas formas dos Estados capitalistas centrais, mas sim que, no Brasil, as suas funções também não se restringiram às clássicas atuações políticas. Ao contrário, o Estado brasileiro exerceu decisiva intervenção no progresso econômico e nas relações internacionais, sendo essencial à produção e à reprodução do capital em todas as etapas da vida nacional.

Tal como aconteceu nos países do capitalismo central, o capitalismo brasileiro se beneficiou do intervencionismo de um Estado que, desde sempre, criou as condições básicas para o seu desenvolvimento. Este protecionismo do Estado exigiu-lhe um rol de providências políticas, econômicas e extraeconômicas, atestadas pela realização de vários encargos e investimentos em infraestrutura, sempre na condição de colônia das economias centrais.

No que tange à relação com as classes sociais, o Estado brasileiro também foi um esteio de sustentação das relações capitalistas, controlando e desmobilizando a organização da classe trabalhadora, por meio de cooptação de apoiadores e da criminalização de sindicatos.

Esta desmobilização das massas ocorreu também mediante a difusão de ideologias que emprestavam às funções sociais do Estado caráter manipulatório, como quando comparava a legislação social a um ato de *outorga* do Poder Executivo e não de *conquista* da classe trabalhadora, retirando dessa legislação o significado de direito que deveria ultrapassar o setor urbano-industrial da economia e não se pautar em um modelo restrito de democracia caracterizado por Fernandes (1975) como *autocracia burguesa*.

Portanto, desde a sua adesão às relações capitalistas monitoradas pelos países centrais, o Estado brasileiro vem se apresentando como um elemento essencial à produção e à reprodução desse sistema, como uma "matriz *estadocêntrica* heterogênea e policlassista em sua intervenção" (Osorio, 2014, p. 223), mas sem, necessariamente, vivenciar a democracia burguesa. As grandes conquistas sociais, no país, só foram possíveis graças às lutas trabalhistas e populares, como as desencadeadas em prol da redemocratização do país, na década de 1980, por meio das quais se instituiu, constitucionalmente, um Estado Democrático de Direito. Mesmo assim, isso não alterou, substancialmente, a relação entre as elites burguesas com o Estado e com a classe trabalhadora, caracterizada pela cultura do privilégio e do repúdio aos direitos sociais.

Atualmente, vivencia-se uma crise econômica de grandes proporções, que tem sido redirecionada ao Estado, mais precisamente às suas ações no campo social. Tributária dessa crise e de uma conjuntura neoconservadora, uma agenda de extrema direita vem se impondo e aprofundando a precarização e a flexibilização das relações de trabalho, o afrouxamento das regulamentações, fiscalizações e tributações de setores mercantis e o descaso e desprezo pela questão ambiental. Estes elementos efetivam um projeto ultraneoliberal em prol do mercado financeiro, direcionando as ações do Estado à satisfação das necessidades de lucro do capital.

Portanto, as esperanças debitadas à estruturação de um Estado de Direito Democrático, no Brasil, têm sido fortemente desconstruídas pela crise estrutural de proporções econômicas, sociais, políticas, culturais e morais que assola o país e o mundo. As elites locais e o capital financeiro têm prestigiado um perfil de Estado socialmente repressivo às demandas sociais subalternas, mas amplamente favorável aos interesses de acumulação do capital. Elementos que evidenciam o enfraquecimento e o desprezo aos princípios democráticos, minimizando a sua dimensão relacional e acirrando seu viés punitivo e coercitivo frente às classes que vivem da venda de sua força de trabalho, configurando um quadro obscurantista, autoritário e regressivo até mesmo para os padrões circunscritos à emancipação política burguesa.

Referências

ALVES, G. Brasil: a catástrofe (parte 1). *Blog da Boitempo*. 2019. Disponível em: https://blogdaboitempo.com.br/category/colunas/giovannialves. Acesso em: 30 ago. 2019.

BEHRING, E. R. *Brasil em contra-reforma*: desestruturação do Estado e perda de direito. São Paulo, Cortez, 2003.

CARDOSO JR., J. C.; KLIASS, P. A PEC 241 e as três teses liberais equivocadas sobre o Estado brasileiro. *Marxismo 21*. O dossiê "A PEC 241 e o desmonte do Brasil". 2016.

CASTELO, R. O. *Social-liberalismo* — Auge e crise da supremacia burguesa na era neoliberal. 1. ed. São Paulo: Expressão Popular, 2013.

COUTINHO, C. N. A época neoliberal: revolução passiva ou contrarreforma? *Novos Rumos*, Marília, v. 49, n. 1, p. 117-126, jan.-jun., 2012.

FAGNANI, E. Golpe de Estado no Brasil. *POLITIZANDO*. Boletim do Núcleo de Estudos e Pesquisas em Política Social (NEPPOS/CEAM/UnB), Brasília, ano 6, n. 22, abr. 2016.

FAGNANI, E. *Política Social no Brasil (1964-2002)*: entre a cidadania e a caridade. Tese (Doutorado em Ciências Econômicas) — Universidade de Campinas, Campinas, 2005.

FERNANDES, F. *A revolução burguesa no Brasil*: ensaio de interpretação sociológica. Rio de Janeiro: Zahar, 1975.

IANNI, O. *Estado e planejamento econômico no Brasil*: (1930-1970). 2. ed. Rio de Janeiro: Civilização Brasileira, 1977.

IASI, M. *Política, Estado e Ideologia na trama conjuntural*. São Paulo: Expressão Popular — ICP, 2017.

IASI, M. E agora? É hora de chutar o tabuleiro!. *Blog da Boitempo*. 2018. Disponível em: https://blogdaboitempo.com.br/2018/01/26/e-agora-e-hora-de-chutar-o-tabuleiro/. Acesso em: 27 set. 2018.

JESSOP, B. O Estado e a construção de Estados. *Outubro*. Revista do Instituto de Estudos Socialistas, n. 15, p. 11-43, 2007.

MATTOS, M. B. *Estado e formas de dominação no Brasil contemporâneo*. 1. ed. Rio de Janeiro: Consequência Editora, 2017.

MELLO, J. M. C. *O capitalismo tardio*: contribuição à revisão crítica da formação e do desenvolvimento da economia brasileira. São Paulo: Brasiliense, 1982.

OSORIO, J. *O Estado no centro da mundialização:* a sociedade civil e o tema do poder. Tradução de Fernando Correa Prado. 1. ed. São Paulo: Outras Expressões, 2014.

PEREIRA P. A. P. Estado, sociedade e esfera pública. *In*: CFESS; ABEPSS. (Org.). *Serviço Social*: Direitos Sociais e Competências Profissionais. 1. ed. Brasília: CFESS, 2009, v. 1. p. 285-300.

PEREIRA, P. A. P *Necessidades humanas*: subsídios à crítica dos mínimos sociais. 6. ed. São Paulo: Cortez, 2011.

POMAR, Vr. *Os dez anos de governo do PT*: caráter de classe e relação com política neoliberal. *Marxismo 21*. 2013. Disponível em: http://marxismo21.org/10-anos-de-governos-do-pt-natureza-de-classes-e-neoliberalismo. Acesso em: 27 set. 2018.

POULANTZAS, N. *O Estado, o poder, o socialismo*. Rio de Janeiro: Edições Graal, 1980.

SALLUM JR., B.; CASAROES, G. O impeachment do presidente Collor: a literatura e o processo. *Lua Nova*, São Paulo, v. 82, p. 163-200, 2011.

SIMÕES, C. *Teoria & crítica dos direitos sociais*: o Estado social e o Estado democrático de direito. São Paulo: Cortez, 2013.

SOUZA FILHO, R. *Estado, burocracia e patrimonialismo no desenvolvimento da administração pública brasileira*. Tese (Doutorado em Serviço Social) — Universidade Federal do Rio de Janeiro, 2006.

SOUZA, J.; VALIM, R. *Resgatar o Brasil*. 1. ed. São Paulo: Boitempo, 2018.

TAVARES, M. C. *Acumulação de capital e industrialização no Brasil*. 3. ed. Campinas: Unicamp, 1998.

WEFFORT, F. C. *Populismo na política brasileira*. 2. ed. Rio de Janeiro: Paz e Terra, 1980.

Sobre os(as) autores(as)

CAMILA POTYARA PEREIRA — Socióloga, mestre e doutora em Política Social pela Universidade de Brasília (UnB), com período sanduíche na University of Copenhagen/Dinamarca. Professora do Departamento de Serviço Social e do Programa de Pós-Graduação em Política Social (PPGPS) da UnB. Pesquisadora do Grupo de Estudos Político-Sociais — POLITIZA, do Programa de Pós-Graduação em Política Social da Universidade de Brasília (UnB) (POLITIZA/PPGPS/UnB) e coordenadora do Núcleo de Estudos e Pesquisas em Política Social (NEPPOS/CEAM/UnB).
E–mail: camilapotyara@gmail.com

GILSON DANTAS — Médico graduado pela Universidade de Brasília (UnB); mestre em Ciências Sociais pela Universidade Federal de Sergipe (UFS); doutor em Sociologia pela UnB e pós-doutor em Política Social pela UnB. Pesquisador do Núcleo de Estudos e Pesquisas em Política Social (NEPPOS/CEAM/UnB); do Grupo de Trabalho "Estudos de História Contemporânea" (USP); do Núcleo de Pesquisas Marxistas da UEG (NPUEG) e do Grupo de Pesquisa/Capitalismo e História da UFG (NEPHC).
E–mail: gilsonfontesdantas@gmail.com

JOSEP BURGAYA — Doutor em História Contemporânea pela Universidade Autônoma de Barcelona e professor titular da Universidade de Vic (Uvic-UCC), vinculado à Faculdade de Negócios e Comunicação, da qual é decano e exerceu este mesmo cargo entre 1995-2002.
E–mail: josep.burgaya@uvic.cat

LILIAM DOS REIS SOUZA SANTOS — Professora adjunta do Departamento de Serviço Social da Universidade de Brasília (UnB). Graduada em Serviço Social pela Universidade Federal do Pará (UFPA). Mestre em Serviço Social pelo Programa de Pós-graduação em Serviço Social da UFPA. Doutora em Política Social pelo Programa de Pós-graduação em Política Social da UnB. Membro do Grupo de Estudos Político-Sociais — POLITIZA, do Programa de Pós-Graduação em Política Social da Universidade de Brasília (UnB) (POLITIZA/PPGPS/UnB) e do Núcleo de Estudos e Pesquisas em Política Social (NEPPOS/CEAM/UnB).
E-mail: liliamsouza@gmail.com

MARCOS CÉSAR ALVES SIQUEIRA — Doutor em Política Social pela Universidade de Brasília (UnB). Pesquisador do Núcleo de Estudos e Pesquisas em Política Social (NEPPOS/CEAM/UnB) e do Grupo de Estudos Político-Sociais — POLITIZA, do Programa de Pós-Graduação em Política Social da Universidade de Brasília (UnB) (POLITIZA/PPGPS/UnB).
E-mail: mcasiqueira@gmail.com

MARIA AUXILIADORA CÉSAR — Professora aposentada do Departamento de Serviço Social da Universidade de Brasília (UnB). Doutora em Sociologia pela Universidade de Havana/Cuba. Pesquisadora e fundadora do Núcleo de Estudos Cubanos/Ceam/UnB. Vice-líder do Grupo de Estudos Político-Sociais — POLITIZA, do Programa de Pós-Graduação em Política Social da Universidade de Brasília (POLITIZA/PPGPS/UnB) — Diretório de Grupos de Pesquisa do CNPq.
E-mail: maria.dorita51@gmail.com

MARTA HARNECKER — Educadora popular, pesquisadora e ativista política marxista. Autora de mais de oitenta livros. Nasceu no Chile e colaborou, nesse país, com o governo socialista de Salvador Allende. Em Cuba, a partir de 1991, foi fundadora e profícua pesquisadora do Centro de Recuperação e Difusão da Memória Histórica do Movimento Popular Latino-americano (MEPLA). Entre 2002 e 2006, foi conselheira do então presidente da Venezuela, Hugo Chávez. Faleceu em 14 de junho de 2019, no Canadá, onde residia com o seu último esposo, o intelectual marxista Michael Lebowitz.
E-mail: camila.ph@gmail.com

OSVALDO COGGIOLA — Graduado em Economia Política e História na Université Paris VIII. É doutor em História Comparada das Sociedades Contemporâneas pela École des Hautes Études en Sciences Sociales. Professor titular da Universidade de São Paulo (USP), na área de História Contemporânea.

E-mail: coggiola@usp.br

POTYARA AMAZONEIDA P. PEREIRA — Professora titular e emérita da Universidade de Brasília (UnB). Graduada em Serviço Social e Direito. Mestre e Doutora em Sociologia pela UnB. Pós-doutora em Política Social pela Universidade de Manchester/UK. Líder do Grupo de Estudos Político-Sociais — POLITIZA, do Programa de Pós-Graduação em Política Social da UnB (POLITIZA/PPGPS/UnB). Pesquisadora 1-A do CNPq e do Núcleo de Estudos e Pesquisas em Política Social (NEPPOS), do Centro de Estudos Avançados Multidisciplinares (CEAM) da UnB.

E-mail: potyamaz@gmail.com

GRÁFICA PAYM
Tel. [11] 4392-3344
paym@graficapaym.com.br